찰스 디킨즈의

「위대한 유산」
Great Expectations

꼼꼼히 읽기

이인규 지음

국민대학교출판부

책머리에

3년 전쯤 『찰스 디킨즈 소설 강의』를 펴내면서 추후 형편이 허락하면 『위대한 유산』에 대한 책을 따로 한 권 엮어보고 싶다는 희망을 밝힌 적이 있다. 사실 그 이전부터 부분부분 조금씩 준비해놓은 원고가 어느 정도 있었던지라 그리 어렵지 않게 집필을 매듭지을 수 있으리라는 속셈에서 나온 말이었다. 하지만 그 후 이런저런 일들이 겹치고 또 자꾸 늘어만 가는 게으름을 어쩌지 못하여 이제야 겨우 일을 마무리하게 되었다. 그나마 다행이라는 생각뿐이다.

『위대한 유산』은 디킨즈 작품들 가운데 강의실에서 학생들과 함께 제일 많이 읽은 작품이고 또 십수 년 전에 번역본을 출판한 인연도 있어서 사실 그 어떤 소설보다 애정이 많이 가는 작품이다. 내 개인적 취향으로는 『피퀵 보고서』나 『골동품 가게』를 더 재미있는 디킨즈 소설로 여기는 면이 있지만 문학작품으로 평가할 때는 늘 주저함 없이 『위대한 유산』을 디킨즈의 대표작으로 꼽는다.

이 책은 일차적으로 영문학을 전공하는 학부생이나 대학원생이 『위대한 유산』을 꼼꼼히 읽고 깊이 있는 비평적 이해를 하는 데 도움을 주고자 쓴 책이다. 혹시나 영어 원서로 읽는 경우에도 참고가 되도록 원문의 어려운 표현에 대한 설명도 끼워 넣었는데 얼마나 실용성이 있을지는 모르겠다. 하지만 전체적으로 볼 때, 작가인 디킨즈에 대한 간략한 소개부터 작품의 배경, 줄거리, 그리고 작품 전체 해석과 추천 참고문헌 설명에 이르기까지, 『위대한 유산』을 좀 더 깊이 읽고 감상하려는 학생이나 일반 독자에게 최소한 충실한 길잡이 역할 정도는 해줄 수 있지 않을까 기대해본다.

졸저를 앞에 내놓으려니 오직 부끄러운 마음밖에 없다. 하지만 이렇게라도 책을 엮어 출판할 수 있게끔 뒤에서 밀어주고 도움을 주신 모든 분께 진심으로 깊은 감사를 드린다.

2024년 봄

이 인 규

차례

책머리에 • 3

Ⅰ. 작가와 작품 배경 • 7

Ⅱ. 작품의 플롯과 해설 • 27

Ⅲ. 등장인물 소개와 분석 • 131

Ⅳ. 작품의 구조, 언어, 테크닉 • 151

Ⅴ. 토론 주제와 답 • 173

Ⅵ. 작품 해석 • 199

【부록】 추천 참고문헌 설명 • 309

I. 작가와 작품 배경

1. 디킨즈의 생애와 작품 세계
2. 『위대한 유산』의 탄생
3. 『위대한 유산』의 시대적 배경

1. 찰스 디킨즈의 생애와 작품 세계

윌리엄 셰익스피어(William Shakespeare)에 버금가는 영국의 국민 작가 찰스 디킨즈(Charles Dickens)는 1812년 2월 7일 영국의 남부 해안도시인 포츠머쓰(Portsmouth) 근처 포트씨(Portsea)에서 태어났다. 아버지 존 디킨즈(John Dickens)는 해군 경리국의 말단 직원이었는데 디킨즈는 그와 엘리자베쓰 디킨즈(Elizabeth Dickens) 사이에 태어난 5남 3녀 중 둘째이자 장남이었다.

디킨즈의 아버지 존 디킨즈는 다감하고 호인다운 성격이었지만 씀씀이가 헤픈데다가 책임감도 별로 없는 사람이었고 디킨즈의 어머니 역시 살림을 규모 있게 꾸려나가는 편이 못되었다. 디킨즈가 태어난 이후로 그의 집안은 날로 기울어 가는데, 디킨즈가 12세 때인 1824년 2월에는 그의 아버지가 빚 때문에 마셜씨(Marshalsea)라는 채무자 감옥에 갇히는 일이 벌어진다. 그 결과 디킨즈는 어려운 가계를 돕기 위해 친지가 경영하는 워런(Warren)이라는 구두약 공장에 나가 주급 6실링을 받고 구두약병에 상표를 붙이는 일을 하게 된다. 구두약 공장의 노동자 생활은 디킨즈의 아버지가 얼마 후 석방됨으로써 8개월여 만에 끝난다. 하지만 학교 다니던 것도 중단한 채 런던의 싸구려 하숙방에 혼자 외롭게 거처하면서 쥐가 들끓는 템즈(Thames)강변의 한 공장의 소년노동자로 일해야 했던 이 시절의 경험은 디킨즈의 마음에 평생 지워지지 않는 고통스러운 기억으로 남는다.

이후 디킨즈는 약 2년 반 동안 웰링튼 하우스 아카데미(Wellington House Academy)라는 사립학교에 다니다가 15세가 되던 1827년에 런던의 한 법률사무소 직원으로 취직한다. 여기에서 일하면서 그는 의회 기자가 되겠다는 결심을 하고, 틈틈이 속기술을 배워 마침내 1832년에 한 신문사의 의회 담당 기자로 취직한다. 그리고 2년 뒤에는 당시 유력 일간지였던 〈모닝 크로니클〉(The Morning Chronicle)의 기자가 된다.

그러는 동안 디킨즈는 문학과 연극에 깊은 관심을 기울인다. 그는 틈나는 대로 도서관에 가서 독서에 몰두했으며 연극 공연장을 기웃거리며 배우가 되는 꿈을 키우기도 했다. 연극에 대한 그의 강한 동경과 관심은 평생 그를 떠나지 않는데, 그의 작품에 연극적 요소가 상당히 강하게 나타나는 것도 바로 이 때문이다. 문학에 대한 그의 관심과 재능은 1833년경부터 런던의 풍물을 묘사하는 짤막한 문학적 스케치들을 '보즈'(Boz)라는 필명으로 잡지에 기고하면서 발휘되기 시작한다. 이것들은 1836년에 『보즈의 스케치들』(*Sketches by Boz*)이라는 제목으로 출판되고, 이를 통해 디킨즈는 정식 작가의 길에 들어선다.

이 무렵 디킨즈는 한 출판사의 제안을 받고 월간연재물을 쓰기 시작하는데, 『피퀵 보고서』(*The Pickwick Papers*)라는 제목의 이 작품은 곧 폭발적인 인기를 얻어 디킨즈를 일약 당대의 유명 작가로 올려놓는다. 디킨즈는 이에 자신을 얻어 곧 기자직을 그만두고 전업 작가로 출발한다. 그리고 이듬해인 1837년부터 『올리버 트위스트』(*Oliver Twist*)와 『니컬러스 니클비』(*Nicholas Nickleby*)(1839)를 비롯한 많은 장편 소설들을 연달아 발표한다. 그의 창조력이 특히 왕성하게 발휘된 시기는 1840년대와 1850년대인데, 그가 일생 동안 완성한 14편의 장편 소설 가운데 9편, 즉 『골동품 가게』(*The Old Curiosity Shop*)(1840), 『바나비 럿쥐』(*Barnaby Rudge*)(1841), 『마틴 처즐위트』(*Martin Chuzzlewit*)(1844), 『돔비 부자』(*Dombey and Son*)(1848), 『데이빗 코퍼필드』(*David Copperfield*)

(1850), 『블릭 하우스』(*Bleak House*)(1853), 『어려운 시절』(*Hard Times*)(1854), 『리틀 도릿』(*Little Dorrit*)(1857), 그리고 『두 도시 이야기』(*A Tale of Two Cities*)(1859)가 바로 이 시기에 출판된다. 널리 알려진 중편 소설 『크리스마스 캐럴』(*A Christmas Carol*)이 나온 것도 바로 이 시기의 초반부인 1843년이다.

한편 넘치는 에너지의 소유자였던 디킨즈는 왕성한 창작 활동과 동시에 다른 여러 가지 사회적 활동도 정력적으로 수행한다. 그는 1837년부터 『벤틀리의 잡지』(*Bentley's Miscellany*)를 비롯하여 『흔히 쓰는 말들』(*Household Words*)과 『일 년 내내』(*All the Year Round*) 등과 같은 잡지를 편집하거나 발행했으며, 1840년대 말부터는 당시 부유한 여성 복지가였던 앤젤러 버뎃 쿠츠 양(Miss Angela Burdett Coutts)과 함께 창녀들의 갱생을 위한 자선사업에 적극적으로 참여하기도 했다. 그는 또한 틈날 때마다 이런저런 아마추어 연극 활동에 열정적으로 참여하곤 했는데, 여러 차례 지방 순회공연을 다녔을 뿐만 아니라 1847년에는 극단을 직접 조직하여 배우 겸 매니저로 활동하기도 했으며, 1851년에는 빅토리아(Victoria) 여왕 앞에서 공연을 하기도 했다. 디킨즈의 연극적 재능은 작품의 대중 낭독이라는 형식을 통해서도 발휘되었다. 1853년에 가진 『크리스마스 캐럴』의 대중 낭독을 시작으로 디킨즈는 기회 있을 때마다 각처를 돌아다니며 작품 낭독회를 열곤 했다. 무대 위에 올라가 대중들 앞에서 자기 작품의 중요한 대목들을 직접 낭독하면서 연기를 곁들이는 이 낭독회에서 디킨즈는 실감나는 목소리와 동작으로 매번 청중들을 감동과 열광 속에 몰아넣곤 했다.

디킨즈는 여행도 자주 했다. 영국의 각 지방은 물론이고 프랑스와 이탈리아를 비롯한 유럽의 각처와 대서양 건너 미국까지 그의 발길이 닿았는데, 때로는 집필의 압박감에서 벗어나 휴식과 충전을 얻고자, 때로는 그 반대로 바쁜 사회 활동에서 벗어나 창작에만 몰두하기 위해 나서는 여행길이었다. 그리고 연극 공연이나 작품 낭독을 위한 여행도 적지 않았다. 물론 작가답게 그는 여행 경험을 기록으로 남겨 놓기도 했는데, 1842년에 수개월간 미국을 방문한 후 『미국 여행 노트』(*American Notes*)를 출판했으며 1846년에는 이탈리아 여행 경험을 기록한 『이탈리아의 풍경들』(*Pictures from Italy*)이라는 책을 펴냈다.

여러 가지 일을 정력적으로 수행해나가던 디킨즈는 1860년대 중반부터 건강에 이상을 보이기 시작한다. 『위대한 유산』(*Great Expectations*)(1861)을 발표한 지 3년 후인 1864년에 『우리가 서로 아는 친구』(*Our Mutual Friend*)를 쓸 때 그는 통풍으로 심하게 고생하는데, 이 작품을 완성한 뒤에도 그는 무리하게 두 차례의 지방 순회 낭독회를 하여 건강을 더욱 해친다. 게다가 1867년 말에는 친지들의 강력한 만류에도 불구하고 작품 낭독을 위한 두 번째 미국방문을 강행한다. 비록 금전적으로는 큰 수익을 올렸으나 무리한 여행과 혼신의 힘을 쏟는 낭독 연기로 인해 그의 건강은 이때 결정적으로 나빠진다. 이런 상황에서도 그는 영국에 돌아온 후 또다시 지방 낭독 여행을 떠나고 새 장편 『에드윈 드루드의 비밀』(*The Mystery of Edwin Drood*)의 집필도 시작한다. 이처럼 무리한 강행군 탓에 그의 건강은 점점 돌이킬 수 없을 정도로 악화되는데, 그러다 마침내 1870년 6월 8일 저녁 그는 개즈 힐(Gad's Hill)의 저택에서 뇌일혈로 쓰러진다. 그리고 다음날 그는 58세의 나이로 세상을 떠나고 만다.

소설가로서 디킨즈는 누구보다도 대중성이 강한 작가였다. 그는 귀족과 하층민, 지식인과 무식한 일반대중, 남녀노소 등을 가릴 것 없이 그야말로 각계각층의 빅토리아조 독자들로부터 사랑을 받았다. 물론 디킨즈의 작품에 특히 열중한 독자들은 당대의 지배계급이자 대다수 독자층을 형성하고 있던 중산계급이었고, 디킨즈 역시 중산계급과 늘 호흡을 함께 하면서 그들의 삶과 생각과 느낌을 소설로 훌륭하게 형상화했다. 하지만 수많은 인물 창조와 풍성한 이야기를 통해 디킨즈의 시적 상상력이 펼쳐 보이는 축제적 해학과 활기찬 소극(farce), 질박한 멜로드라마와 감상주의, 진솔하고 따뜻한 인도주의, 통렬한 사회 비판과 풍자, 그리고 인간과 삶에 대한 창조적 통찰 등은 그 보편적이고 대중적인 호소력으로 인해 계급에 상관없이 당대의 모든 독자층을 열광시켰다. 사실 빅토리아조의 최고 대중작가로서 디킨즈의 훌륭함은 중산계급의 삶을 옹호하거나 대변한 점보다는 오히려 중산계급의 한계를 비판하고 그들의 상실된 양심을 자극하면서 이를 통해 참된 삶을 위한 보편적 가치를 역설했다는 점에 있다고 할 것이다.

대중작가로서 디킨즈의 특히 두드러진 창작기법은 해학과 풍자이다. 디킨즈는 인물을 창조할 때 과장이나 희화화(caricature)를 통해 그 인물의 특징적인 인상이나 핵심적 성품을 한껏 부각시킴으로써 탁월한 희극적 효과를 창출해낸다. 디킨즈의 이러한 인물들이 일으키는 웃음은 때로는 그야말로 순수한 즐거움이나 온화한 공감에서 우러나오는 건강한 웃음이기도 하고 때로는 경멸과 분노를 동반하는 풍자적 조롱에 가까운 것이 되기도 한다. 전자의 경우 그것은 때때로 감상주의적 휴머니즘과 어우러지면서 독자들에게 한없는 웃음과 눈물을 선사하곤 하는데, 디킨즈가 당대 독자들의 정서적, 도덕적 욕구를 만족시켜주는 인기 대중작가의 명성을 얻을 수 있었던 비결의 하나도 바로 여기에 있었다.

한편 후자 즉 풍자적 조롱의 경우, 그것은 일단 어리석음, 악덕, 이기심, 탐욕, 위선, 오만, 편견 등과 같이 바람직하지 못한 인간성의 본질에 대한 공격 도구로 사용된다. 하지만 디킨즈는 여기에서 그치지 않고 나아가 그런 악덕들이 필연적으로 발생시키는 사회의 부조리와 모순 및 타락상까지 날카롭게 풍자하곤 한다. 그리하여 악법, 감옥, 구빈제도, 교육제도, 관료정치, 자본주의 등과 같은 19세기 영국 사회의 제도적, 구조적 병폐는 거의 모두 디킨즈의 소설 속에서 신랄한 풍자의 대상이 되곤 한다. 아마 당대의 사회 제도와 지배계층에 대한 풍자의 깊이와 강도만을 놓고 생각할 때 디킨즈는 빅토리아조 작가들 중 가장 그 시대에 적대적인 작가였다고 할 수 있을 것이다.

전체적으로 볼 때 풍자적 희극성과 감상주의적 휴머니즘이 풍성하게 어우러진 디킨즈의 소설 세계는 후기로 가면서 사회비판적 성격이 점차 강해진다. 그 결과 디킨즈의 특기인 해학과 풍자는 좀 어둡고 신랄해지며 감상주의적 요소도 상당히 압축되어 나타나곤 한다. 따라서 평자의 관점과 취향에 따라 디킨즈의 초기와 후기 작품은 그 평가가 달라지는데, 가령 따뜻한 감상과 풍성한 희극의 활기찬 세계를 구현하고 있다는 점에서는 『피퀵 보고서』나 『골동품 가게』 같은 작품이 대표작으로 꼽히는 반면에, 디킨즈 특유의 해학을 잃지 않으면서도 인간과 사회현실의 본질에 대한 총체적인 비판의식을 창조적으로 구현하고 있다는 측면에서는 『리틀 도릿』이나 『위대한 유산』 같은 작품이 훨씬 위대한 작품으로 평가될 수 있다. 다만 20세기 후반 이후의 디킨즈 비평계에서는 대체로 초기보다 후기의 소설들이 인간과 삶에 대한 디킨즈 예술적 성찰을 한층 깊이 있고 원숙하게 구현하고 있다고 보는 입장이 지배적이다.

2. 『위대한 유산』의 탄생

기록상으로 볼 때 『위대한 유산』에 대한 디킨즈의 착상은 소설이 집필되기 5년 전인 1855년경에 처음 시작된 것으로 추정된다. 그 해 디킨즈가 남긴 작가 메모 가운데 하나에 바로 매그위치(Magwitch), 프로비스(Provis), 가저리(Gargery), 펌블추크(Pumblechook), 클래리커(Clarriker), 올릭(Orlick) 등 『위대한 유산』의 몇몇 등장인물들과 똑같거나 아니면 거의 비슷한 이름들이 적혀 있기 때문이다. 다만 이 이름들 외에 작품의 제목이나 줄거리 등 다른 사항이 이 메모에 전혀 언급되어 있지 않은 것으로 보아, 그 당시 디킨즈는 아직 작품에 대한 본격적인 구상까지는 나아가지 않았던 것 같다. 그러다가 3년 후인 1858년에 가면 작품에 대한 디킨즈의 생각이 조금 더 구체화된 흔적이 발견되는데, 그해 11월 25일에 윌즈(W. H. Wills)라는 한 친지에게 보낸 한 짤막한 편지에서 디킨즈는 크리스마스를 위해 쓴 글 하나를 언급하면서 그것을 취소하고 대신 거기에 담긴 착상을 자신의 다음 소설의 중심점으로 삼을까 망설인다고 말한다. 그런데 이때 디킨즈가 언급한 글은 바로 『위대한 유산』의 주인공 가운데 한 사람인 해비셤 양(Miss Havisham)과 비슷한 사람의 사연을 담고 있었다. 사실 디킨즈는 몇 달 전인 9월 6일에 동료 작가인 윌키 콜린스(Wilkie Collins)에게 보낸 편지에서 똑같은 내용의 이야기를 그 해의 크리스마스 이야기로 써보자는 제안을 하기도 했었다.

그러나 『위대한 유산』에 대한 디킨즈의 구상이 본격적으로 진행된 것은 그로부터도 1년 반가량이나 지난 뒤인 1860년 여름부터이다. 1859년 가을에 『두 도시 이야기』를 완성한 디킨즈는 그 후로 1년가량 자신이 창간한 잡지 『일 년 내내』에 수필문 등만을 기고하면서 소설 창작에는 약간의 여유를 보인다. 그러다가 1860년 8월 초에 이르렀을 때 그는 마침내 칼라일(Carlisle)이라는 한 친지에게 보낸 편지에서 자신이 그즈음 새 작품의 구상에 열중하고 있다는 사실을 밝힌다. 따라서 디킨즈는 이때부터 그동안 간헐적으로만 생각하던 이런저런 착상들을 새로이 되살리고 이를 중심으로 새로 쓸 소설의 내용을 한층 구체적으로 머릿속에 그리기 시작한 것으로 보인다. 디킨즈의 이러한 구체적인 구상과 모색은 얼마 후인 9월에 포스터에게 보낸 편지에서 그가 마침 마무리 짓던 짧은 산문을 취소해 버리고 이것을 새로운 소설 작품으로 바꿔서 써보는 게 좋지 않을까 하는 생각이 든다고 말하는 것에서도 다시금 확인된다.

하지만 포스터에게 보낸 편지에서도 짐작할 수 있듯이 디킨즈는 이 당시까지도 아직 뚜렷한 일정이 없이 비교적 여유롭게 작품에 대한 구상을 진행하고 있었다. 즉 그는 새 작품의 내용에 대해 이런저런 상상을 펼쳐보며 좀 더 진지하게 다양한 모색을 하기 시작했을 뿐 본격적으로 집필에 착수할 계획 같은 것은 아직 세워놓지 않았던 것이다. 따라서 언제 집필을 시작할 것인가는 물론이고 어느 잡지에 언제 작품을 발표할 것인가, 또는 어느 출판사와 계약을 맺을 것인가 등에 대해서 당시 아무것도 정해진 바가 없었다. 디킨즈가 마음속으로 정해놓은 것이 있다면 그것은 단지 작품 발표 방식은 시간적으로 압박감을 주는 주간연재보다는 좀 여유로운 월간 연재 방식으로 할 것이며 작품의 길이는 대충 20회 정도의 월간 연재분량으로 『데이빗 코퍼필드』와 비슷한 장편의 길이가 되리라는 것 정도였다.

그런데 디킨즈의 이 여유로운 작품 구상은 10월로 접어들면서 뜻밖의 상황이 생기는 바람에 갑자기 바뀐다. 당시 디킨즈가 간행하던 주간잡지 『일

년 내내』에는 찰스 레버(Charles Lever)라는 작가의 『하룻길』(*A Day's Ride*)이라는 소설이 연재되고 있었다. 그런데 이 작품은 예상 밖으로 독자에게 별로 인기가 없었고, 그 때문에 『일 년 내내』의 판매 부수가 현저히 떨어지고 말았다. 『일 년 내내』는 디킨즈가 직접 투자를 하여 그 전 해인 1859년 봄에 창간한 잡지로 그가 상당히 심혈을 기울여 이끌어가던 잡지였다. 따라서 디킨즈로서는 잡지의 판매가 심각하게 떨어진 상황을 가만히 보고 있을 수 없었고, 결국 10월 2일에 잡지 관계자들과의 대책 회의를 소집하게 된다. 그리고 이 회의에서 디킨즈 자신이 직접 나서는 수밖에 없다는, 다시 말해 그가 즉시 새 소설의 연재를 시작하는 수밖에 없다는 결정을 내리기에 이른다.

이것은 곧 디킨즈에게 그동안 여유롭게 진행해오던 작품 구상을 더 이상 끌 수 없게 되었음을 의미하는 것이었다. 따라서 그는 그동안 염두에 두었던 『위대한 유산』이라는 작품 제목을 즉시 확정한 다음 곧바로 집필에 전념하기 시작한다. 사실 그는 대책회의를 열기 바로 며칠 전에 이미 상황을 어느 정도 예측하고 집필에 막 들어간 상태였다. 그러나 대책회의에서 소설의 연재를 12월 1일자 잡지 발행분부터 시작하기로 일정까지 결정한 데다가 애초 생각과는 달리 월간이 아닌 주간 연재를 하게 되었으므로 디킨즈로서는 그 어느 때보다도 창작에 집중하지 않을 수 없게 된다. 그 결과 그는 상당히 빨리 작품을 써내려갔는데, 그동안 틈틈이 해 놓은 구상 덕분도 있어서 다른 작품의 경우보다 훨씬 수월하게 집필의 진척을 볼 수 있었다. 다만 작품의 길이는 처음 구상보다 축소하여 『두 도시 이야기』와 비슷한 정도의 길이로 조정해야 했다.

어쨌든 이렇게 하여 마침내 12월에 예정대로 『위대한 유산』의 첫 연재분이 『일 년 내내』에 실리게 되었고, 이후 1861년 6월까지 총 36회에 걸쳐 매주 연재가 나감으로써 완성되기에 이른다. 그리고 연재가 끝난 지 4개월 후인 1861년 10월에는 3권으로 묶인 첫 단행본 『위대한 유산』이 채프먼

홀(Chapman & Hall) 출판사에서 나온다. 한편 연재가 시작되자마자 이 소설은 곧 독자의 큰 호응을 받았고 이에 따라 작품을 연재한 『일 년 내내』의 판매 부수도 디킨즈가 기대했던 대로 크게 올라가기 시작했는데, 이런 점에서 『위대한 유산』은 그 당시 디킨즈의 작가적 역량과 인기를 다시 한번 새롭게 확인해준 작품이라고도 할 수 있다.

3. 『위대한 유산』의 시대적 배경

『위대한 유산』에서 이야기의 실제 시간적 배경이 되고 있는 것은 디킨즈 당대인 빅토리아 여왕 시대가 시작되기 훨씬 전인 1800년대 초기이다. 사실 소설 속에서 디킨즈는 이야기의 시간적 배경이 정확하게 언제인지를 분명하게 밝혀놓고 있지 않다. 작품의 주인공이자 일인칭 화자인 핍(Pip)은 자신의 어린 시절을 회상하는 성장한 어른으로 나타나는데, 독자는 작품이 끝나고 난 뒤까지 이 막연한 사실 외에 과연 그가 몇 살이나 되었는지 또는 그가 정확히 언제 태어났는지 등에 대해서 전혀 알 수 없다. 하지만 디킨즈 연구자들은 이 작품 속에서 간혹 발견되는 시사적 성격의 단어나 표현들을 단서로 작품의 주요 내용이 일어나는 시간적 배경을 대충 1800년경부터 1830년 사이로 잡고 있다.

가령, 작품 초반에 대장장이 조의 집에 찾아온 군인들이 '여왕'이 아니라 '왕'을 언급하는데, 이것은 곧 이 작품의 시간적 배경이 바로 빅토리아 여왕이 즉위하던 1837년 이전인 조지(George) 왕조 시대라는 사실을 말해주는 단서이다. 한편 작품의 주요 인물 중의 하나인 매그위치는 영국에 귀환하는 것이 금지된 유형수로서 이를 어기고 귀국한 죄로 사형선고를 언도받는다. 그런데 귀환 죄수에 대한 영국의 사형제도는 1835년까지만 존재했다. 따라서 이를 통해 우리는 다시 한번 이 작품이 빅토리아 시대 이전을 배경으로 하고 있다는 점을 짐작할 수 있다.

이렇게 작품의 시간적 배경이 되고 있는 19세기 초기는 조지 3세와 4세가 영국을 다스리던 시기로, 이 당시 영국은 18세기 후반에 시작된 산업혁명의 결과 다른 유럽의 국가들보다 경제적으로 훨씬 발전된 상태에 있었다. 증기 기관의 발명으로 방적 산업 등 제조업이 기계화되고 대량생산 체제로 바뀌면서 영국은 1760년에서 1830년에 이르는 1차 산업혁명기 동안 상당히 빠르게 근대 산업국가로 발전해 나갔던 것이다. 물론 그렇다고 이 시기가 국내외적으로 평탄하기만 했던 것은 아니었다. 사실 이 시기는 여러 가지 어려움도 많았던 시기였다. 한편으로 산업화로 인한 농촌의 파괴와 노동자 문제 등 사회적 갈등이 부각되기 시작했고 프랑스 혁명의 영향으로 정치적 불안도 상당 기간 지속되었으며 여기에 1815년 끝난 나폴레옹 전쟁의 여파로 실업과 경제 불황이 겹치기도 했기 때문이다.

그러나 『위대한 유산』은 19세기 초기 영국 국내의 이러한 중대한 역사적 상황을 거의 반영하고 있지 않다. 작품 속에 나오는 핍의 고향은 산업화하고는 동떨어진 조용한 전근대적인 시골 마을이다. 그곳에는 공장 노동자 대신 종자 상인과 순박한 대장장이가 살고 있으며 마차가 아직 가장 빠르고 편리한 교통수단으로 이용되고 있다. 대도시 런던과 그리 멀지 않은 거리에 있지만 그곳에는 도시 문화의 영향이나 흔적이 거의 없이 전통적인 삶의 방식이 그대로 유지되고 있다. 작품에서 왕에 대한 언급이 있긴 하나 당대의 복잡한 국내외 정치 상황을 반영하고 있는 대목은 전혀 없으며, 중반부 이후 작품의 무대가 되는 런던 역시 당시 세계 무역의 중심지이자 중요한 정치적 논쟁과 개혁의 중심지로 발전하던 모습과는 거리가 멀다. 작품 속에서 런던은 그저 상류 계급의 파티나 한량들의 사교 모임이 벌어지는 장소 아니면 범죄자들이 재판을 받거나 감옥에 갇히는 일반적인 대도시의 모습으로만 나타날 뿐이다. 즉, 비록 19세기 초반을 그 배경으로 하고 있긴 하지만 『위대한 유산』은 당시 영국의 중대한 역사적 상황 즉 산업혁명이나 대내외적 정치 현실 등을 줄거리의 전개에 있어서 의미 있는 시대적 배경으로 전혀 드러내고 있지 않는 것이다.

하지만 그래도 이 작품에서 다른 것보다 좀 더 뚜렷하게 반영된 시대적 배경을 한 가지 든다면, 그것은 바로 19세기 초기 영국의 제국주의적 상황일 것이다. 영국의 제국주의가 절정기를 맞는 것은 빅토리아 시대 중엽인 1870년대부터이다. 그러나 영국이 막강한 제국으로 도약하게 된 것은 18세기 초반과 중반 유럽 열강의 영토 전쟁인 스페인 왕위 계승 전쟁(1701-13)과 7년 전쟁(1756-63) 등을 통해서이다. 영국은 이 전쟁들에서 유리한 조약을 맺음으로써 광대한 식민지를 획득하게 되는데, 이를 바탕으로 곧 지중해와 대서양에서부터 북아메리카와 서인도제도 그리고 아시아와 아프리카까지 광대한 식민지를 거느리는 세계 제일의 제국으로 발돋움한다. 비록 1776년 미국의 독립으로 인해 큰 타격을 입긴 했지만 『위대한 유산』의 시간적 배경이 되는 19세기 초기에도 영국은 다른 나라보다 먼저 진행된 산업혁명의 성과와 나폴레옹 전쟁에서의 승리 등을 통해 세계 최강의 제국의 자리를 새롭게 굳히고 있는 중이었다.

영국의 이러한 제국주의적 팽창은 국가적으로 식민지와의 무역을 통한 막대한 부의 축적을 가능하게 했는데, 이것은 곧 국민 개개인에게 그만큼 물질적 성공을 이룰 가능성과 기회가 커졌음을 의미하는 것이었다. 따라서 당시 자본가를 비롯한 많은 영국 국민들에게는 세계 곳곳에 퍼져 있는 식민지와의 무역을 통해 개인적인 성공과 부를 실현할 수 있으리라는 기대감이 점점 팽배해지고 있었다. 『위대한 유산』의 후반부에서 허버트 포킷(Herbert Pocket)과 핍의 개인적 성공과 관련된 부분은 바로 19세기 초기 영국의 이러한 제국주의적 지위와 상황을 반영하고 있는 부분이다. 특히 변변한 배경도 없는 허버트가 동인도나 서인도 또는 실론 등지와 거래하는 무역상이 되려는 꿈을 피력하면서 매일 매일 상인의 거래 사무소에 나가 기회가 생기기만을 바라는 모습은 바로 당시 영국 국민에게 체화된 제국주의적 태도와 기대를 잘 반영하고 있다. 허버트는 나중에 실제로 클래리커의 무역

회사 직원으로 이집트의 카이로 지점에 나가 열심히 일하여 성공한다. 그리고 핍 또한 영국 생활을 청산한 뒤 허버트를 따라 카이로에 가서 비슷하게 열심히 일하여 식민지 사업가로 자리를 잡고 경제적인 여유를 얻는다. 두 사람의 이러한 직업적 성공은 곧 당대 영국에서 물질적 성공에 대한 개인의 제국주의적 기대가 한갓 허황된 꿈이 아니라 충분히 실현 가능한 일반적 욕망이었음을 잘 드러내주고 있는 것이다.

한편 19세기 초기 영국의 식민지 가운데 『위대한 유산』과 좀 더 밀접한 관련이 있는 지역은 바로 오스트레일리아이다. 오스트레일리아는 당시 영국에게 있어서 경제적인 면 외에 다른 특별한 의미가 있는 곳이었다. 미국이 영국의 식민지로 남아 있던 18세기 후반까지 영국은 자국의 많은 죄수들을 버지니아를 비롯한 미국 동부 지역에 유형수로 송출했다. 사회 질서를 위협하는 범죄자들을 국외로 내보냄으로써 국내의 사회 불안 요인을 손쉽게 제거하는 동시에 죄수들에게 새로운 삶의 기회를 줄 수 있는 수단으로서 이 유배 제도는 영국에게 매우 유용한 것이었다. 하지만 미국이 1776년에 독립을 하면서 영국은 더 이상 미국에 죄수를 유배시킬 수 없게 된다. 따라서 대안을 찾을 수밖에 없었던 영국은 곧 오스트레일리아를 새로운 유배지로 정하여, 1786년경부터 죄수들을 오스트레일리아의 동남부에 있는 뉴 사우쓰 웨일즈(New South Wales) 지방으로 보내기 시작한다.

유배지에 도착한 죄수들은 대개 일정 기간 노역을 한 뒤에 자유의 몸이 될 기회가 주어졌으며 자유인이 된 뒤에는 각자의 노력 여하에 따라 물질적인 성공과 안착을 얻을 수 있었다. 다만 자유의 몸이 되었어도 본국인 영국으로 돌아가는 것은 금지되었는데, 이를 어기고 귀환했다가 잡히는 경우 사형에 처해질 수 있었다. 유배지로서 오스트레일리아의 이러한 성격은 1830년대까지만 유지된다. 1834년에 제정된 이민자 정착법 등에 힘입어 오스트레일리아는 점차 자유 이민자를 위한 식민지로 바뀌기 때문이다. 따라서 귀환 죄수를 사형으로 처벌하는 조항은 유명무실해지다가 삭제되어버리고 죄수 유형 제도도 1850년대에 가면 완전히 폐지되기에 이른다. 『위대한 유산』에서 핍의 은인으로 나타나는 매그위치의 상황은 바로 이러한 19세기 초기에 존재하던 오스트레일리아로의 유배 제도를 배경으로 한 것으로 그 구체적 현실의 단면을 비교적 정확하게 반영하고 있다.

그러나 앞에서도 언급했듯이 『위대한 유산』은 이러한 제국주의적 상황을 제외하고는 그 실제적인 시간 배경인 19세기 초기 영국의 주목할 만한 사회 현실과 별로 관계가 없는 내용으로 되어 있다. 사실 순박한 시골 소년이 갑자기 주어진 물질적 여유와 신분 상승으로 인해 속물이 되었다가 개인적 경험과 자기 각성을 통해 마침내 신사로서 도덕적 성장을 이룬다는 소설의 내용은 19세기 초기 영국의 역사적 상황을 잘 모르는 일반 독자들도 어렵지 않게 이해할 수 있다. 이것은 곧 『위대한 유산』이 그만큼 시대와 상관없이 보편적으로 읽힐 수 있는 작품이라는 것을 뜻하기도 하겠지만, 다른 한편으로 창작 의도와 관련지어 볼 때 바로 디킨즈가 이 작품을 쓰면서 염두에 두었던 시기가 19세기 초기보다는 오히려 창작 당대인 빅토리아조였다는 사실을 방증하는 것이기도 하다.

사실 작품의 주제적 측면에서 『위대한 유산』은 19세기 초기보다는 오히려 빅토리아 시대의 영국 현실과 더 밀접한 관계가 있는 소설이다. 왜냐하면 주인공 핍의 이야기를 통해 구현되는 작품의 핵심 주제인 신분 상승의 욕망과 신사다움의 문제는 과거 어느 때보다도 디킨즈 당대인 빅토리아조 영국 사회에 특히 의미 있게 적용될 수 있는 욕망과 문제였기 때문이다. 『위대한 유산』이 발표된 1860년은 빅토리아조의 황금기에 해당되는 때이다. 당시 영국은 빅토리아조 초기의 불안했던 대내외적 정치 상황이 모두 안정된 상태에서 다른 나라보다 일찍 시작된 산업혁명의 성과와 세계 곳곳에서의 활발한 식민지 개척과 무역을 통해 국가적으로 유례없는 번영을 누리고 있었다. 이것은 곧 국민 개개인에게 그 어느 때보다도 물질적 성공과 이를 통해 사회적 신분 상승을 얻을 기회와 가능성이 많아지고 커졌음을 의미한다. 따라서 물질적 성공의 꿈과 신분 상승의 계급적 욕망은 그 당시 누구에게나 실현 가능한 지배적 욕망으로 사회에 널리 확산되어 있었고, 그 결과 사회의 주도권을 장악하고 있던 중산계급뿐만 아니라 사회 전체의 모든 계층이 그러한 물질적 성공의 꿈과 신분 상승의 신화에 사로잡히게 되었다. 근면과 자조를 통해 사회적 성공의 가능성을 강조하는 작품인 쌔뮤얼 스마일즈(Samuel Smiles)의 『자조』(*Self Help*)가 『위대한 유산』이 연재되기 바로 직전인 1859년에 나와 큰 인기를 얻었다는 사실은 이러한 사회적 분위기를 증명해주는 한 예이다.

그러므로 창작 당시의 이러한 사회 분위기를 생각할 때, 대장장이의 신분을 벗어나 신사가 되고자 하는 시골 소년의 계급적 욕망을 다룬 『위대한 유산』은 바로 빅토리아조 영국 사회의 지배적 욕망에 대한 디킨즈의 작가적 대응으로서 그 시대적 의미가 강하다고 할 것이다. 가령, 작품 속에서 핍과 그의 주변 사람들이 부자인 해비셤을 통해 어떤 뜻밖의 행운이 굴러들어올 것이라고 기대하는 것이나, 허버트가 런던의 회계사무소에 매일 나가 '자본'과 '기회'가 횡재처럼 굴러 떨어지기를 기다리는 모습 등은 모두 빅토리아조 사회에 널리 퍼져 있던 성공과 신분 상승의 신화를 향한 풍자적 반영으로 보아야 할 것이다. 이런 의미에서, 앞에서 언급한 작품의 제국주의적 내용, 즉 허버트가 식민지 무역을 통해 성공하겠다고 꿈꾸는 것과 실제로 그와 핍이 식민지 무역을 통해 물질적 성공을 얻는다는 내용 역시 작품 줄거리상의 배경인 19세기 초기보다는 바로 제국주의가 절정기에 도달했던 빅토리아조 영국 상황에 오히려 훨씬 더 잘 부합한다고 하겠다.

한편 빅토리아조는 영국의 중산계급이 사회의 지배계급으로서 자신의 정체성을 모색했던 시기였다. 국가적 번영이 가져다 준 경제적 성공의 기회와 가능성을 최대한 활용한 중산계급은 이 시기에 급속하게 세력을 팽창하면서 명실상부한 사회의 새로운 지배계급으로 자리를 잡는다. 그런데 이렇게 사회의 새로운 지배계급으로 성장한 빅토리아 시대의 영국 중산계급은 과

거의 지배계급이었던 귀족 계급에 대응할 수 있는 자신들의 계급적 정체성을 확립하고 주장할 필요가 있었는바, 그들의 이 필요를 어느 정도 충족시킨 것이 바로 '신사'의 이미지였다. 빅토리아조 중산계급이 지향하는 '신사' 개념은 기본적으로 노동할 필요가 없을 만큼 일정 수준 이상의 수입이나 재산이 있는 사람으로서 적당한 교육을 받고 세련된 교양과 예의범절을 갖추고 있으며 명예를 소중히 여기는 한편 존경할 만한 도덕성과 인격을 지니고 있는 사람을 뜻했다. 물론 이러한 '신사'의 개념은 귀족계급의 정신적 자질에 중산계급의 현실적 덕목을 결합한 측면이 강한 것이었다. 하지만 그것은 궁극적으로 일종의 보편적인 이상적 인간상을 지향하는 것이기도 했으며, 오늘날 '영국 신사'라고 할 때 떠오르는 일반적인 이미지도 바로 여기서부터 비롯된 것이었다.

그런데 문제는 물질과 정신의 요소를 아울러 결합한 일종의 이상적인 인간상으로서의 이 신사 개념이 빅토리아 시대가 진행되면서 점차 그 정신적 요소가 거의 무시된 채 오직 물질적 요소, 즉 재산과 신분 그리고 외양 등만 중시되는 쪽으로 변질되고 말았다는 사실이다. 즉, 사회적으로 물질 만능주의가 팽배해지면서 도덕성이나 인격보다는 경제적 능력이나 옷차림 또는 세련된 매너 같은 외적 요소가 신사로 인정받는 결정적인 기준이 되고, 그러면서 결국 보편적 인간상을 지향하던 본래의 이상적인 신사 개념은 중산계급의 편협하고 배타적인 계급적 속물의식으로 변질되고 왜곡되는 현상이 일어났던 것이다.

디킨즈의 『위대한 유산』은 바로 이러한 상황에서 나온 작품이다. 따라서 이 소설이 빅토리아조 지배계급인 중산계급의 정체성을 건드리는 '신사'의 문제를 그 핵심 주제로 삼고 있다는 사실은 곧 디킨즈가 이 작품을 그 실제 시간적 배경인 19세기 초기가 아니라 바로 자신이 살던 빅토리아조 영국의 상황을 반영하는 작품으로 창작했다는 것을 의미한다. 즉, 『위대한 유산』에서 디킨즈는 '신사'가 되고자 하는 욕망을 지닌 주인공이 실제로 신사가 된 뒤에 어떻게 살아가는가를 묘사함으로써 '신사다움'의 문제를 정면으로 제기하는데, 이를 통해 그는 바로 '신사' 개념의 변질과 왜곡이 일어난 빅토리아조 현실에 대해 강력한 비판을 가하고자 했던 것이다. 그리고 이런 점에서 『위대한 유산』은 당대의 그 어떤 다른 소설 못지않게 빅토리아조적 성격과 의미를 강하게 지닌 작품이라고 할 수 있다.

요컨대 『위대한 유산』은 역사적 사실관계에 있어서는 19세기 초 영국의 조지 왕조 시대를 배경으로 한 작품이다. 그러나 매그위치의 이야기가 반영하는 당시의 식민지 유배 제도를 제외하고는 이 작품은 그 내용과 주제에 있어서 사실상 창작 당대인 빅토리아조 영국 상황을 반영한 작품이나 다름없다. 디킨즈가 작품 속에서 이야기의 시간적 배경과 연대를 몇몇 소소한 단서를 통해 막연하게 암시만 할 뿐 한 번도 그것을 정확하고 분명하게 밝히지 않는 것은 그런 점에서 우연이 아니라고 할 것이다. 왜냐하면 작품의 시간적 성격을 불분명하게 얼버무리고 희미하게 할수록 작품의 사건과 내용은 그만큼 독자에게 당대적인 것으로 다가올 것이기 때문이다.

II. 작품의 플롯과 해설

1. 전체 줄거리
2. 세부 내용 요약과 해설 및 주해

1. 전체 줄거리

부모가 없는 소년 핍(Pip)은 강가 습지대의 마을에서 누나와 함께 살고 있다. 나이가 많은 누나는 핍을 학대하지만 그녀의 선량한 남편인 대장장이 조 가저리(Joe Gargery)는 핍에게 친구처럼 잘 대해준다. 핍은 어느 크리스마스 전날 오후 부모 형제가 묻힌 교회 무덤을 찾아갔다가 무섭게 생긴 탈옥수와 마주친다. 이 탈옥수는 핍을 위협해 누나의 집에서 먹을 것과 줄칼을 훔쳐오게 한다. 다음날 핍은 먹을 것과 줄칼을 가지고 가다가 또 다른 탈옥수를 목격한다. 그날 오후 이 두 명의 탈옥수는 습지대에서 싸우다가 수색대에 잡혀 감옥선으로 끌려가는데, 핍은 매부 조와 함께 수색대를 따라갔다가 그 광경을 모두 지켜본다.

핍은 조의 삼촌인 곡물상 펌블추크의 추천으로 읍내의 부유한 지주 해비셤 양(Miss Havisham)의 저택에 놀러 가게 된다. 새티스 하우스라고 불리우는 이 집에서 핍은 결혼식 날 버림받은 후 집안의 시계를 정지시켜 놓은 채 오랫동안 홀로 은둔하며 사는 괴팍한 해비셤 양을 만난다. 그날 핍은 또한 해비셤의 수양딸인 아름다운 소녀 에스텔러(Estella)를 만나는데, 에스텔러는 핍을 천한 막노동꾼 아이라고 부르며 경멸한다. 이후 해비셤 양은 핍을 매주 불러서 에스텔러와 놀게 하고 에스텔러는 계속 핍을 멸시하고 학대한다. 에스텔러의 멸시와 학대로 인해 핍은 미천한 신분에서 벗어나고 싶은 욕망을 품게 되고 이를 위해 틈틈이 공부를 열심히 한다.

몇 년 후 핍은 미스 해비셤이 지불해 준 돈으로 조의 도제가 되어 더 이상 새티스 하우스를 방문하지 않게 된다. 하지만 에스텔러를 사모하고 동경하는 핍은 도제 생활을 수치스럽게 생각하며 불만과 좌절감에 찬 하루하루를 보낸다. 그는 자신에게 글을 가르쳐준 마을의 다른 고아 소녀 비디(Biddy)에게만은 그런 속마음을 털어놓곤 하는데, 이때 그는 에스텔러를 위해 신사가 되고 싶다고 고백하기도 한다. 핍의 누나는 어느 날 괴한의 습격을 받아 쓰러져 불구가 된다. 핍은 누나와 언쟁을 벌였던 조의 직공 올릭(Orlick)이 누나를 공격한 범인이라고 생각하지만 증거가 없어서 아무런 조치도 취하지 못한다. 비디는 불구가 된 핍의 누나를 돌보기 위해 조의 집에 들어와 함께 살기 시작한다.

핍의 도제 생활은 어느 날 런던에서 온 변호사 재거스(Jaggers)가 핍이 익명의 은인에게서 큰 재산을 물려받게 되었다는 소식을 가져옴으로써 끝난다. 재거스는 익명의 은인이 핍에게 런던에서 신사교육을 받으라는 제안을 했다고 전하고, 핍은 이를 기꺼이 수락한다. 은인의 정체는 비밀로 붙여지지만 핍은 이 은인이 바로 해비셤 양이라고 확신하며, 그녀가 그를 신사로 만들어 나중에 에스텔러와 결혼시키려고 한다고 믿는다. 핍은 아무런 보상도 바라지 않은 채 그를 축복하며 놓아주는 조에게 죄의식을 느끼지만, 다른 한편으로 자신의 달라진 신분에 대한 속물적 우월감을 보이기 시작한다.

런던에 올라온 핍은 재거스 씨의 후견 아래 신사로서의 생활을 시작한다. 그는 해비셤 양의 친척인 선량한 청년 허버트 포킷(Herbert Pocket)과 함께 살면서, 허버트의 아버지 매쓔 포킷(Matthew Pocket)을 선생으로 두고 신사 수업을 시작한다. 매쓔 포킷의 지도를 받는 또 다른 젊은이들로 스타톱(Startop)과 벤틀리 드러믈(Bentley Drummle)이 있는데, 핍은 그중 거만하고 예의 없는 드러믈을 싫어한다. 그는 재거스의 사무실 서기인 웨믹(Wemmick)과도 친분을 쌓는데, 웨믹은 공적인 생활에서는 철저히 냉정하고 타산적인 태도를 보이지만 사적인 생활에서는 친절하고 인간적인 사람으로 완전히 변한다.

어느 날 조가 핍을 만나러 런던에 올라온다. 신사계급이 된 핍은 이제 시골의 대장장이인 조를 부끄럽게 여기며 시종 딱딱한 태도로 그를 대한다. 그는 조의 진실한 태도와 우정을 뒤늦게 깨닫고 죄책감을 느끼기도 하지만, 일시적인 후회에 그칠 뿐 해비셤 양을 만나러 고향을 방문했을 때도 조의 집을 찾아가지 않는다. 해비셤 양의 집에서 핍은 더욱 아름다운 숙녀가 되어 외국에서 돌아온 에스텔러를 다시 만난다. 에스텔러는 핍에게 자신은 사랑을 느끼는 심장이 없다고 경고한다. 그러나 핍은 그녀에 대한 거역할 수 없는 짝사랑을 여전히 간직한다.

얼마 후 에스텔러도 런던에 올라와 사교계에 진출한다. 핍은 해비셤 양이 남자에 대한 복수의 도구로 에스텔러를 이용하고 있다는 것을 알고 있지만, 여전히 자신과 에스텔러를 결혼시키는 것이 해비셤 양의 계획이라고 믿으면서 에스텔러를 따라다닌다. 그러나 에스텔러는 핍을 그저 친구로만 대할 뿐 어떠한 사랑의 감정도 보여주지 않는다. 그녀는 오히려 드러믈을 포함한 뭇 남성들의 구애와 접근을 호의적으로 받아들임으로써 핍으로 하여금 질투와 고통을 느끼게 한다.

핍은 뚜렷한 삶의 목표나 지향이 없이 사교계를 드나들며 하루하루를 낭비하는 속물 생활을 계속한다. 하지만 그러는 동안 누나의 사망 소식을 받고 그녀의 장례식에 참석하러 고향에 다녀오며, 성년이 되어 은인에게서 받게 된 많은 용돈으로 친구 허버트가 선박업자 클래리커의 동업자가 될 수 있도록 비밀리 도와주기도 한다.

핍이 스물셋이 되었을 때 폭풍우 치는 어느 날 밤 낯선 사람이 핍을 방문한다. 그는 핍이 오래 전 고향의 습지에서 도와줬던 탈옥수였는데, 이 사람은 놀랍게도 자신이 바로 핍의 숨겨진 은인이라는 사실을 밝힌다. 이름이 에이블 매그위치(Abel Magwitch)인 이 사람은 오스트레일리아로 유배된 죄수였지만, 거기서 자유를 찾고 큰돈을 벌어 그동안 핍을 후원해오다가 마침내 핍을 만나러 런던에 찾아온 것이었다. 하지만 그는 영국에 돌아오는 것이 금지된 종신 유형수였으므로 몰래 영국에 온 것이 알려져 잡히면 사형을 당할 수 있는 신분이었다.

자신이 만든 신사라고 기뻐하며 핍을 바라보는 매그위치와는 달리, 핍은 자신이 그동안 믿어왔던 모든 기대가 완전히 착각이었다는 충격적인 사실에 경악한다. 그는 특히 자신이 죄수의 더러운 돈을 위해 진정한 은인인 조와 비디를 배반했다는 통렬한 죄책감에 사로잡힌다. 핍은 상스럽고 천박한 매그위치에게 강한 혐오감을 느끼며 도망가고 싶은 충동에 사로잡히기도 하지만, 그에 대한 의무감으로 그러지 못한다. 결국 그는 허버트와 상의한 후 매그위치를 먼저 외국으로 안전하게 도피시키기로 결정한다. 매그위치는 핍과 허버트의 요청을 받고 자신의 불행한 과거 인생을 이야기해주는데, 이를 통해 핍은 오래전 습지에서 매그위치와 함께 싸우던 또 다른 탈옥수가 콤피슨(Compeyson)이라고 불리는 자로 매그위치를 비열하게 이용해먹고 배반한 악당이라는 사실을 알게 된다. 핍은 또한 허버트를 통해, 이 악당 콤피슨이 바로 해비셤 양의 이복 남동생과 공모하여 그녀를 속이고 결혼식 직전에 도망간 남자라는 사실도 알게 된다.

핍은 재거스를 만나서 매그위치에 관한 사실을 확인한다. 핍은 또한 해비셤도 찾아가는데, 그녀는 자신이 핍의 착각을 조장한 게 사실이긴 하지만 궁극적인 책임은 핍에게 있다고 반박한다. 그 자리에 함께 있던 에스텔러는 드러믈과 곧 결혼할 예정임을 핍과 해비셤에게 알린다. 슬픔에 가득 찬 핍은 에스텔러에게 그동안 고백하지 못했던 진실한 사랑의 감정을 열정적으로 토로하고 그녀와 작별한다. 런던에 돌아온 핍은 매그위치를 허버트의 약혼녀의 집에 은닉시킨 다음 외국행 기선을 이용해 영국에서 함께 탈출할 계획을 세우고 그 준비를 시작한다. 하지만 콤피슨이 자신을 미행하고 있다는 사실을 알고 불안해한다. 에스텔러가 결혼한 후 핍은 다시 한번 해비셤을 만나러 간다. 해비셤은 핍에게 자신의 잘못을 용서해달라고 무릎을 꿇고 애원하며, 핍의 친구 허버트를 도와주는 데 필요한 돈을 핍에게 준다. 그러고 난 직후 해비셤은 옷에 난롯불이 옮겨붙어 화염에 휩싸인다. 핍은 즉시 달려들어 그녀를 구해주려 하지만 그녀는 심한 화상을 입고 중태에 빠진다. 그녀는 의식을 잃은 채 용서해달라는 말만 수없이 반복하다가 결국 얼마 후 사망하고 만다.

한편 웨믹과 허버트에게서 들은 이야기와 자신의 관찰 등을 토대로 핍은 에스텔러의 부모가 누군지 알아낸다. 에스텔러의 어머니는 살인을 범한 후 재거스의 변호 덕분에 무죄로 풀려난 재거스의 가정부 몰리(Molly)였는데, 그녀는 바로 매그위치의 아내였다. 에스텔러는 몰리가 재판을 받을 때 재거스의 주선으로 해비셤의 양녀가 되어 들어갔던 것인데, 매그위치는 그녀가 죽은 것으로만 알고 있다. 핍은 재거스의 충고를 받아 이 사실을 아무에게도 알리지 않는다.

매그위치의 탈출 계획을 실행하기 직전 핍은 콤피슨의 끄나풀이 된 올릭의 함정에 빠져 고향 습지에서 거의 살해당할 뻔한다. 다행히 그는 뒤따라온 허버트와 스타톱의 도움으로 목숨을 건지고, 이틀 후 예정대로 매그위치와 함께 보트를 타고 나가 외국행 기선을 기다린다. 하지만 기선을 잡아타기 직전 경찰이 탄 대형 보트가 나타나 매그위치를 체포하려 한다. 매그위치는 경찰 보트에 자신의 원수 콤피슨이 타고 있는 것을 발견하고 콤피슨에게 달려든다. 두 사람은 싸우다가 물속에 떨어지는데, 콤피슨은 익사하고 매그위치는 심한 부상을 입은 채 구조된 후 감옥에 끌려간다. 매그위치는 곧 재판을 받고 사형이 선고되지만, 사형이 집행되기 전에 핍의 간호를 받으며 숨을 거둔다. 핍은 매그위치에게, 그의 딸 에스텔러가 살아 있으며 자신은 그녀를 사랑한다고 말해줌으로써 매그위치의 마지막 순간을 위로한다.

이후 허버트도 사업차 이집트로 떠나고 혼자 남은 핍은 열병에 걸려 쓰러진다. 조가 소식을 듣고 고향에서 올라와 사경을 헤매던 핍을 극진한 간호로 구해주고 빚도 갚아준다. 핍은 조의 진정한 우정과 사랑에 감동하며 속물이었던 자신의 지난날 잘못을 진심으로 뉘우친다. 건강을 회복한 그는 모든 것을 청산하고 고향으로 돌아가 조와 비디에게 용서를 빈 다음 비디에게 청혼하기로 결심한다. 하지만 그가 고향에 돌아간 날은 바로 조와 비디가 결혼식을 올린 날이었다. 핍은 두 사람을 진심으로 축복해준 뒤에 곧바로 작별하고, 허버트의 회사 직원으로 새 출발을 하기 위해 이집트를 향해 떠난다.

핍은 근면하고 성실하게 일하여 회사에서 중역의 위치까지 올라간다. 11년 후 그는 고향을 방문하여 조의 가족과 재회의 기쁨을 나눈다. 다음 날 저녁 그는 지난날의 추억을 위해 새티스 하우스를 찾아가는데, 폐허가 된 저택의 정원에서 뜻밖에도 에스텔러와 마주친다. 그녀를 학대하던 남편 드러믈이 사망하여 과부가 된 에스텔러는 이제 거만하고 무정했던 과거의 모습이 사라지고 그 대신 다정하고 부드러운 눈빛을 하고 있다. 그녀는 핍에게 자신이 시련을 통해 좋은 쪽으로 변했으며 핍의 사랑도 이해할 수 있게 되었노라고 말한다. 저녁 안개가 걷히고 고요한 달빛이 아름답게 비치는 가운데 핍은 에스텔러의 손을 잡고 새티스 하우스의 정원을 걸어 나가면서 그녀와 또다시 헤어지는 일은 없을 것이라고 느낀다.

2. 세부 내용 요약과 해설 및 주해

제1장

바다에서 20마일 떨어진 강가의 습지대 마을에 사는 소년 핍은 부모가 없는 고아이다. 그는 누나와 함께 살고 있는데, 그녀의 남편은 마을의 대장장이인 조 가저리이다. 어느 크리스마스 전날 오후 그는 부모와 다섯 형제가 묻혀 있는 교회 무덤을 찾아간다. 그런데 거기에서 갑자기 족쇄를 찬 탈옥수가 나타나 핍을 붙잡는다. 죄수는 핍을 무섭게 흔들어대면서 이름과 사는 곳 등을 물은 뒤, 먹을 것과 쇠를 자르는 줄칼을 다음날 아침까지 가져오라고 말한다. 그는 무서운 젊은이가 함께 지켜보고 있다면서 만약 핍이 말을 듣지 않으면 그 젊은이한테 죽임을 당할 것이라고 위협한다. 겁에 질린 핍은 시키는 대로 하겠다고 맹세를 한 뒤 죄수에게서 놓여난다.

✎ 추운 겨울날 오후 황량한 습지에 있는 쓸쓸한 교회 묘지라는 시간적, 공간적 배경 묘사는 곧이어 핍에게 닥칠 공포의 순간을 잘 예비하면서 작품의 음울한 분위기를 효과적으로 마련해놓고 있다. 자신의 어린 시절을 회상하는 '어른' 서술자 핍은 갑자기 덮친 무서운 죄수를 물에 젖고 진흙투성이에다 돌과 가시나무에 찢기고 채인 채 다리를 절며 추위에 떨고 있는 도망자의 모습으로 묘사하고 있기도 하다. 이 첫 묘사를 통해 '서술자' 핍은 '어린' 핍이

죄수를 공포의 대상인 동시에 동정의 대상으로 바라볼 수 있는 여지를 미리 준비해놓고 있으며 나아가 독자에게도 그런 이중적 시선을 갖게끔 은근히 유도한다.

주해

- To five little stone lozenges ~ : 다섯 개의 마름모꼴 묘석. 의미상 I am indebted에 이어지는 말이며, 땅에 눕혀진 묘석의 마름모꼴 모양은 어린 핍에게 그의 형제들이 양 손을 바지 호주머니에 집어넣고 누운 채(이때 양 팔꿈치의 각으로 인해 마름모꼴 비슷한 모양이 된다는 것을 상상할 것) 태어나고 죽었다는 생각을 하게 한 것이다.
- late of this parish: 이 교구에서 살다가 작고한. late의 의미는 '고(故)' '작고한'
- the small bundle of shivers growing afraid of it all: 무서워 떨고 있는 어린아이인 핍 자신을 이렇게 표현한 것.
- pint out the place: pint는 point를 사투리로 표기한 것.
- wittles: victuals 음식
- dip and roll: 급격하게 기울이면서 뒤집는 것.
- old Battery: 대포가 있던 요새(要塞)의 옛터
- Much of that!: good night이라는 핍의 인사에 추운 습지에서 밤을 지내야 하는 자신의 처지를 생각하면서 반어적으로 대답한 것. '참 잘도 그러겠다!' 정도의 뜻.
- green mounds: 무덤을 지칭함.

제2장

집으로 돌아온 핍은 누나에게 말없이 돌아다녔다고 한차례 매를 맞는다. 핍보다 20살 이상 나이가 많은 누나는 자신이 핍을 손수 길렀다는 사실을 늘 내세운다. 매부 조는 무식하지만 선량하고 심성이 부드러운 사내로, 누나에게 구박당하는 핍을 늘 감싸주면서 친구처럼 잘 대해준다. 저녁 식사 때 핍은 죄수에게 갖다 주기 위해 자신의 빵을 몰래 바짓자락에 감춰 놓는다. 핍이 잠자러 가기 전에 멀리 강 저편에 있는 감옥선에서 또 한 명의 죄수가 탈옥했음을 알리는 대포 소리가 들려온다. 핍은 도둑질을 한다는 것에 대한 죄의식으로 괴로워하지만 죄수의 협박에 대한 공포를 이기지 못해 새벽이 되자마자 살며시 일어나 브랜디와 돼지고기 파이 등 음식물 몇 가지와 줄칼을 훔쳐들고 집을 나선다.

핍의 누나와 매부에 대한 묘사에서도 회고적인 어른 서술자 핍의 관점과 순진한 어린아이 핍의 관점이 뒤섞여 있다. 가령 조의 경우 그는 '온화하고 선량한'(mild, good-natured) 사람인 동시에 '어리석고 애정이 가는'(foolish, dear) 존재로 진술되고 있다. 핍의 누나가 늘 두르고 있는 앞치마의 가슴 부분에 핀과 바늘이 가득 꽂혀 있다는 것은 그녀의 가학적이고 모진 심성을 나타내는 상징으로 읽힐 수 있다.

주해

- brought me up by hand: bring up a child by hand는 아이를 유모에게 맡기지 않고 우유를 먹이거나 하면서 자기 손으로 직접 기른다는 뜻.
- Hercules in strength, and also in weakness: 헤라클레스의 장점과

약점을 다 닮은 존재, 즉 힘센 장사지만 우직하고 지적이지 못한 헤라클레스 같은 사람.

- Dutch clock: 값싼 독일제 목제 시계로 주로 하층계급에게 인기가 있었다.
- have the jack-towel betwixt you: jack-towel은 양 끝을 연결하여 롤러에 감아놓고 조금씩 돌려가면서 사용하는 수건. betwixt는 between. you는 핍과 그의 누나를 지칭. 방패삼아 수건을 몸에 덮어 누나의 매질을 막아보라는 뜻.
- applied Tickler to its further investigation: its의 it은 바로 앞에 나온 the cause(핍을 의미함)를 받음. 따라서 문 뒤에 있는 장애물이 핍 때문인 것을 알아보고 그것을 더 조사하는 데 티클러를 사용했다는 것은 바로 티클러로 핍을 마구 때렸다는 의미임.
- rose before me in the avenging coals: 내 눈앞에 떠올라, 죄를 응징하려는 듯이 이글거리며 타고 있는 석탄불빛 속에 비쳤다. 벽난로의 석탄 불빛에서 핍은 죄인을 응징하는 지옥의 불꽃을 연상한 것임.
- restoring Tickler to his station: 티클러를 제자리에 갖다놓으면서. his는 Tickler를 받은 것.
- drive me to the churchyard: 나를 죽게 만들 것이다.
- casting me and himself up: 나와 그 자신을 함께 떠올려 보면서.
- unconscious Joe: 아무것도 모르는 조.
- for a good purchase on it: 그것을 한 입 잘 베어 먹으려고
- stuck pig: 멱을 딴 돼지. stuck=that has been stabbed or has had its throat cut.
- bolt: 씹지 않고 삼키는 행위. 바로 뒤에서는 동사로 쓰이고 있다.
- because he had had a turn: 여기서 turn은 '병의 발작이나 증세'를 뜻함

- the tendency of exercise: 푸딩을 젓느라고 몸을 움직이자 빵이 자꾸만 발목으로 빠져나오려고 하는 것을 의미함.
- Hulks: 유형지로 보낼 죄수를 임시로 수용하는 감옥선.
- so that it be terror: 여기서 so that은 '~이기만 하면'이라는 뜻.

제3장

음식과 줄칼을 가지고 가던 핍은 우연히 다른 죄수를 발견한다. 핍은 그 죄수를 전날 만난 죄수로 잘못 알고 그에게 아는 척을 하는데, 핍을 본 그 죄수는 놀라서 허둥지둥 달아난다. 핍은 이 죄수가 바로 무서운 젊은이라고 생각한다. 얼마 후 약속한 장소에 도착해 원래의 죄수를 만난 핍은 그에게 먹을 것과 마실 것을 건네준다. 허겁지겁 먹고 마시는 죄수를 보며 동정심을 품기도 하는 핍은 오다가 마주친 다른 죄수 이야기를 죄수에게 한다. 그러자 죄수는 그 다른 죄수의 인상착의와 달아난 방향을 묻고는 그를 붙잡겠다며 핍이 가져온 줄로 족쇄를 자르기 시작한다. 그가 정신없이 줄질을 하는 동안 핍은 살짝 도망쳐 집으로 돌아간다.

📝 핍의 신의와 순수한 동정심은 죄수가 과거에 받아본 적이 없는 인간다운 대접으로, 이것으로 인해 죄수는 순간적으로 자신의 비참한 신세에 대한 설움에 사로잡히면서 목이 메고 만다. 이런 비참한 자기연민의 심정 상태에서 죄수는 그만큼, 자신에게 따뜻하게 대해준 핍에게 절실한 고마움을 느끼게 된다고 하겠다.

주해

- 'prentice: apprentice

- have such Larks: 재미있게 놀다. 즐거운 시간을 보내다. lark는 '즐거움이나 재미'
- stakes that staked the tide out: 밀물이 차오르는 지점의 경계를 표시하는 말뚝들.
- office: 암시나 신호(a hint or a signal)
- warmint: vermin
- Hears his number called ~ is laid hands on: 포위해온 군인들이 그를 발견하고는 그의 죄수 번호를 부르며 꼼짝 말라고 하면서 총을 겨눈 채 그를 사로잡는 모습을 상상으로 떠올리는 것임. challenge는 '멈춰라, 움직이면 쏜다!' 하고 명령하는 것. Present!는 총을 겨누라는 명령. Cover him steady는 계속 그를 사정거리 안에다 두고 있으라는 명령.

제4장

집으로 돌아온 핍은 도둑질한 것에 대한 죄의식과 공포로 계속 불안해한다. 누나는 오후에 있을 크리스마스 파티 준비를 위해 조와 핍에게 간단한 아침을 차려주고는 예배를 다녀오라고 교회로 쫓아 보낸다. 크리스마스 파티에는 조의 숙부인 근처 읍내의 곡물상 펌블추크(Pumblechook), 마차바퀴 제조공 허블(Hubble) 씨 부부 그리고 교회의 서기 웝슬(Wopsle) 씨가 손님으로 참석한다. 식사하는 동안 이들과 핍의 누나는 핍을 꾸짖고 훈시하면서 괴롭힌다. 이에 조는 핍을 동정하여 말없이 고깃국물을 계속 덜어준다. 얼마 후 펌블추크에게 핍의 누나는 브랜디를 따라주는데, 그 브랜디에는 새벽에 핍이 잘 모르고 따라놓은 타르(tar)액이 섞여 있었다. 이것을 들이킨 펌블추크는 한바탕 숨이 막힐 듯한 곤욕을 치른다. 식사의 마지막 순서로 핍의 누나는 돼지고기 파이를 대접하겠다며 이를 가지러 식품 저장실로 간다. 자신의 도둑질이 탄로 나는 것에 대한 공포감을 견디지 못한 핍은 벌떡 일어나 문으로 달려 나간다. 하지만 그 순간 한 무리의 군인들이 수갑을 든 채 문을 열고 들어오다가 핍과 부딪힌다.

파티에 참석한 손님들이 핍을 구박하며 괴롭히는 장면은 핍에 대한 그의 누나의 학대가 특수한 경우가 아니라는 점을 보여준다. 인간의 원죄를 강조하면서 어린아이를 "선천적으로 사악한" 존재로 보는 19세기의 복음주의적 종교관에 대한 디킨즈의 비판 의식이 반영되어 있는 부분이다.

주해

- monumental Crusaders: 죽은 십자군 기사를 기념하여 그의 석관(石棺) 위에 얹어 새겨놓은 누운 기사 조각상. 석관 위에 새겨놓은 기사의 조각상이 다리를 꼬고 있으면 그 관에 들어 있는 죽은 사람이 바로 중세의 십자군 기사라는 것을 의미한다는 속설에서 나온 표현. 이 구절이 포함된 부분의 뜻은 '누나가 화를 내는 것은 너무나 일상적이어서 조와 나는 석관 위의 십자군 기사 조각상이 늘 다리를 꼬고 있는 것처럼 우리의 손가락을 몇 주일 동안이나 계속 꼬고 있는 신세가 되곤 했다'
- which accounted for ~: 그 때문에 민스파이가 없어진 것이 발각되지 않았던 것이다.
- with what I've got before me: 할 일을 앞에 (잔뜩) 두고 있는데
- Cleanliness is next to ~ their religion: 청결은 경건 다음가는 것이라고들 하는데, 어떤 사람들은 바로 그들의 그 경건한 신앙 행위로 우리 누나가 하는 것과 똑같이 다른 사람들을 불편하게 만들어 거부감을 일으키곤 한다.
- read the clergyman into fits: 성경이나 기도문을 멋있게 잘 읽어서

목사가 무색하여 놀라 자빠지게 만들다.

- If the Church was "thrown open", meaning to competition: 교회의 문이 활짝 개방된다면, 즉 누구든 목사가 되고자 경쟁할 수 있다면.
- he punished the Amens tremendously: 그는 아멘을 굉장히 큰소리로 외쳐댔다.
- had that moment come to: come to는 '의식을 되찾다' '제정신이 들다'.
- Sixpennorth of halfpence: six penny worth of half pennies. 하찮거나 싸구려인 물건이나 존재. 여기서는 펍을 지칭하는 경멸적 표현으로 '칠뜨기' 또는 '팔푼이' 정도의 뜻.
- a religious cross of the Ghost in Hamlet with Richard the Third: 셰익스피어의 희곡 〈햄릿*Hamlet*〉과 〈리처드 3세*Richard III*〉에 각각 나오는 유령들의 무시무시한 목소리를 합쳐놓은 것에다 종교적인 색채를 가미한 것.
- Naterally wicious: naturally vicious
- how to put salt upon their tails: 주제를 찾아내는 법. their는 subjects를 받음. cf. drop a pinch of salt on the tail of~ (~을 손쉽게 잡다).
- biled: boiled
- like a Medium of the present day: 오늘날의 영매(靈媒)가 하듯이. 심령론에서 영매는 영적 에너지를 사용하여 물체를 움직일 수 있다고 여겨진다.
- lay atop of: lie on top of.
- to finish with: (식사의) 마지막으로, '먼저' 또는 '우선'이라는 뜻인 'to begin with'를 생각해볼 것.

제5장

군인들은 고장 난 수갑을 조에게 고쳐 달라고 부탁하기 위해서 온 상사와 그의 부하들이었다. 조가 수갑을 고치는 동안 펌블추크는 자신이 선물로 가져온 포도주를 군인들에게 권하며 생색을 낸다. 수갑을 고친 뒤 조와 핍은 웝슬과 함께 구경삼아 죄수를 추적하러 가는 군인들을 따라간다. 습지에 이르러 옛 요새가 있는 곳으로 수색해 가던 군인들은 문득 싸우며 외치는 소리를 듣는다. 군인들은 곧바로 달려가 서로 싸우고 있는 두 죄수를 발견한 뒤 이들을 체포한다. 핍이 도와줬던 죄수는 자기가 다른 죄수를 도망치지 못하게 붙잡았다고 주장한다. 핍은 죄수와 눈이 마주치기를 기다렸다가 살짝 손짓과 고갯짓을 하여 자신의 결백을 표시한다. 그때 핍을 한번 쳐다보기만 했던 죄수는 강가의 초소에 이르러 감옥선으로 끌려가기를 기다리고 있다가 문득 자신이 대장장이의 집에서 음식을 훔쳐 먹었다고 상사에게 이야기한다. 조는 도난당한 사실을 확인해주면서 죄수에게 동정의 말을 건네는데, 이때 죄수는 순간적으로 울컥 목이 메어오는 듯한 모습을 보인다. 곧이어 죄수는 배에 실려 감옥선으로 호송된다.

죄수 때문에 도둑질을 하고 또 그로 인해 죄의식에 시달렸음에도 불구하고 핍은 군인들을 따라나서면서 죄수들이 잡히지 않았으면 좋겠다는 말을 조에게 속삭인다. 핍의 이러한 순수한 동정심을 통해 작가는 독자로 하여금 나중에 밝혀지는 핍에 대한 죄수의 보은 행위를 자연스럽게 받아들일 수 있도록 준비하고 있다. 핍의 죄수가 다른 죄수를 비난하는 말에는 두 사람의 관계에 대한 단서가 되는 내용(가령, 핍의 죄수가 다른 죄수를 신사라고 비아냥거린다든가, 자기를 다른 죄수가 또다시 이용해 먹도록 하지 않겠다든가, 둘이 함께 재판을 받았다든가 하는 것 등)이 포함되어 있다. 핍의 이름이 조에 의해 죄수 앞에서 세 번이나 말해지는 것과 죄수가 다시 한번 울컥 목메는 소리를 내는 것도 주목할 필요가 있다.

주해

- high stocks: 높이 치켜세운 목깃. stocks는 군복의 목깃.
- appreciative powers: 상사 자신의 훌륭함을 알아보는 능력.
- His Majesty the King is: 존귀하신 폐하의 명을 받드는 우리도 준비가 되어 있다.
- Hob and nob: hobnob 여기서는 축배(toast)라는 뜻.
- Musical Glasses: 연주용 음악 컵. 여기서는 술잔을 비유적으로 표현한 것.
- had all the credit of handing it about: 술을 이리저리 돌리고 권하면서 혼자 생색을 다 냈다.
- Winder: wonder.
- at the double: 구보로, 빨리, 서둘러서. on the double이라고도 쓴다.
- run it down: run down은 ~을 따라잡다, 바싹 뒤쫓아 가다.
- Worth my while ~ drag him back!: 그놈을 죽이는 것보다 감옥선에 다시 끌어다 잡아넣어 더 큰 해를 끼칠 수 있는데 죽일 가치가 어디 있겠소!
- But if he had ~ more attentive: 하지만 그가 한 시간 또는 하루 동안이나 나를 바라보았다 해도 그 짧은 순간의 얼굴보다 더 주의 깊게 나를 쳐다본 것으로 기억에 남아 있지는 못했을 것이다.
- they challenged: 서로 수하(암호)를 묻고 대답했다.
- an overgrown mangle: 너무 커서 볼꼴 사나운 세탁물 압착 롤러

- alonger: along of (~때문에).
- have no call to: ~할 필요(의무)는 없다.
- with a saving remembrance of Mrs. Joe: 다행히 누나를 기억하여 "so far as it was ever mine"이란 말을 덧붙임으로써 나중에 혹시 당할지도 모를 질책을 모면했다는 뜻.

제6장

핍은 매부 조에게 도둑질한 일을 사실대로 고백하고 싶었지만 그가 자신을 오해하고 나쁘게 생각할까 봐 결국 말하지 못한다. 조에게서 죄수의 이야기를 들은 다른 사람들은 어떻게 죄수가 집으로 침입했는지 추측하며 서로 논쟁을 벌인다. 핍은 피곤하여 졸다가 누나에게 잡아끌려 잠자리에 든다.

조에게 사실을 고백하지 못한 것을 뉘우치는 서술자 핍의 표면적인 태도에도 불구하고 독자는 그럴 수밖에 없었던 어린 핍의 심리와 처지를 충분히 공감하며 이해할 수 있다.

주해

- In his lay capacity: 평신도의 자격으로. 즉, '목사가 아니므로 그렇게 파문을 시키지 못하고 그 대신 평신도로서 그는'.
- drove his own chaise-cart--over everybody: 마차로 깔아뭉개듯 자신의 주장으로 모든 사람을 깔아뭉갰다는 비유적인 표현.
- calculated: likely와 같은 뜻.
- I seemed to ~ the edges of the stairs: 누나에게 멱살을 잡혀 이층

으로 끌려갈 때 핍의 양 발뒤꿈치가 계단 모서리마다 부딪혀 요란한 소리가 난 것을 이렇게 표현한 것임.

제7장

핍은 웝슬의 왕고모가 운영하는 야간학교에 다니는데, 웝슬의 왕고모는 늙고 무능하여 그녀의 손녀 비디(Biddy)가 학교를 비롯하여 모든 일을 실질적으로 운영하고 있다. 비디의 도움으로 글자를 겨우 깨우쳐 나가는 핍은 어느 날 조에게 석판으로 편지를 써서 보여준다. 하지만 조는 글자를 읽지 못한다. 조는 교육을 받을 수 없었던 자신의 불행한 어린 시절을 핍에게 들려주는 한편으로, 자신이 핍의 누나에게 순종하며 살고 있는 것은 남편에게 구타와 학대만을 당한 그의 어머니를 생각한 때문이라고 알려준다. 그러던 중 펌블추크와 함께 집으로 돌아온 핍의 누나는 핍이 펌블추크의 추천으로 읍내의 부유한 지주인 해비셤 양(Miss Havisham)의 집에 놀이 소년으로 가게 되었다는 뜻밖의 소식을 전한다. 누나는 곧바로 핍을 거칠게 문지르며 씻기고는 펌블추크에게 딸려 보낸다.

포악한 아버지와 핍의 누나에 대한 조의 말을 통해 독자는 무식하고 우직하게만 보이던 조에게 섬세하고 지혜로운 면모가 감춰져 있음을 발견하면서 핍과 마찬가지로 그를 존경하는 마음을 갖게 된다. 해비셤 양의 집에 가는 것을 계기로 핍에게 뭔가 행운이 주어지지 않을까 하는 펌블추크와 누나의 기대는 앞으로 전개될 이야기와 관련하여 중요한 의미를 갖는다.

주해

- I was to be apprenticed to Joe: 19세기 당시, 도제가 되어 기술을

배우기 시작하는 시기는 보통 14세 전후였다. 하지만 이보다 훨씬 빠른 7~8세 때에 도제가 되는 경우도 있었다.

- in the society of youth: 아이들이 함께 있는 가운데.
- Mark Antony's oration: 셰익스피어 희곡 〈줄리어스 시저*Julius Caesar*〉 3막 2장에 나오는 연설.
- Collins's Ode on the Passions: 영국 시인 William Collins (1721-59)가 1747년에 지은 것으로, 복수(Revenge)를 비롯하여 12가지 격정(Passion)을 묘사한 시. 뒤에 나오는 throwing ~ look은 복수의 격정을 묘사하는 콜린스의 시구절 부분을 그대로 옮겨놓은 것이다.
- when I fell into the society of the Passions: 내가 여러 가지 격정을 경험하고 알게 되었을 때.
- Biddy: Bridget의 일반적인 약칭.
- those thieves: 바로 뒤이어 나오는 nine figures, 즉 1에서 9까지의 숫자를 이렇게 표현한 것임.
- a hard frost: 혹한(酷寒).
- with a wigor only to be equalled by the wigor with which he didn't hammer at his anwil: didn't를 빼고 해석할 것. 즉, '그가 모루를 두드릴 때 가하는 세찬 힘밖에는 따라갈 힘이 없을 만큼 세차게'. didn't는 대장장이로서 세차게 모루를 두드렸어야 하는 아버지가 그렇게 하지 않았다는 뜻까지 포함하기 위해 들어간 것임. wigor는 vigor. anwil은 anvil.
- rendering unto all their doo: 신약성경 로마서 13장 7절에 나오는 구절(모든 자에게 줄 것은 주되). 여기서의 문맥에 맞게 풀어쓰면, "모든 자에게 그들의 정당한 몫을 인정해준다면"이라고 할 수 있음. their doo는 their due로서 rendering의 목적어.

- keep the pot abiling: 생계를 꾸려 나가다. 생활을 유지해 나가다. abiling은 boiling.
- a purple leptic: apoplectic이라는 단어를 조가 잘 모르고 이렇게 나누어 발음한 것임.
- When I offered ~ in church: 너의 누나에게 사귀자고 구애를 하고 청혼했을 때. to be asked~는 '교회에서 두 사람의 결혼에 대해 이의가 없는지 사람들에게 묻는 세 번의 결혼식 예고(banns)를 받기로 하자고'라는 내용을 압축한 표현으로 결국 청혼했다는 것을 의미함.
- Given to government, Joe?: 핍은 조가 '지배'라는 뜻으로 사용한 단어 government를 '정부(政府)'라는 뜻으로 이해하고 있음.
- meantersay: mean to say.
- comes the Mogul: acts overbearingly like a great personage or an autocratic ruler.
- candor compels fur to admit: fur는 for로서 to 부정사 앞에 의미 없이 들어간 것임. compels 다음에 us가 있다고 생각하고 해석할 것.
- I'd fur rather ~ the 'tother way: fur가 없는 것으로 해석할 것. the 'tother way는 the other way. 의미는 '두 가지 방식 가운데 차라리 다른 방식으로, 즉 여자를 학대함으로써 잘못하기보다는 차라리 여자에게 잘해줌으로써 잘못하는 것이 낫다.'
- Lor-d-mussy-me!: Lord have mercy on me!

제8장

핍은 펌블추크의 집에서 하룻밤을 잔 뒤 그를 따라 해비셤 양의 집에 간다. 가는 동안 펌블추크는 연이은 계산 문제로 핍을 괴롭힌다. 양조장이 딸려 있던 큰 저택인 해비셤의 집에 도착하자, 핍과 비슷한 또래의 아름다운 소녀 에스텔러(Estella)가 나와 핍만을 받아들여 해비셤 양에게로 데리고 간다. 햇빛이 가려진 낡고 어두운 방에서 시간을 정지시켜 놓은 채 낡고 빛바랜 신부 예복을 입고 귀신 같은 모습으로 앉아 있던 늙은 해비셤 양은 핍에게 자신의 가슴이 상처받아 찢어졌다고 말하고는 에스텔러를 불러 카드놀이를 시킨다. 에스텔러는 핍의 천한 말투와 거친 손과 투박한 장화를 언급하면서 그를 천한 막노동꾼 아이라고 부르면서 경멸한다. 핍은 해비셤의 요구로 에스텔러가 예쁘지만 거만하다고 말한다. 카드놀이가 끝난 뒤 해비셤은 엿새 후 다시 오라고 하고는 핍을 돌려보낸다. 핍을 데리고 밖으로 나온 에스텔러는 마치 개밥이라도 주듯이 그에게 먹을 것을 가져다준다. 핍은 수치감과 모욕감을 견디지 못해 뜨거운 눈물을 흘린다. 식사를 한 뒤 버려진 양조장을 구경하던 핍은 해비셤 양이 양조장 건물 천장의 기둥에 목이 매달려 있는 환상을 본다. 얼마 후 에스텔러가 돌아와 다시 한번 조롱과 모욕을 가하면서 핍에게 문을 열어준다. 핍은 펌블추크의 가게에 들렀다가 곧바로 누나의 집으로 걸어서 돌아간다.

해비셤 양의 집에서 경험한 일, 특히 에스텔러에게 받은 모욕은 핍에게 커다란 정신적 충격을 준다. 그는 계급적 열등감에 눈을 뜨게 되면서 그의 정신적 지주였던 매부 조마저 천한 사람으로 생각하고 부끄러워하는 마음을 품게 된다. 해비셤 양이 그녀의 심장에 손을 대는 순간 문득 심장을 뜯어먹는다던 그 '젊은 사람'이 핍에게 생각난 것은, 그녀를 배반하고 가슴을 찢어놓은 사람이 바로 핍이 전에 그 '젊은 사람'으로 오해했던 탈옥수인 것으로 나중에 밝혀진다는 점에서 의미 있는 우연의 일치이다. 목 매달린 해비셤 양의 환상은, 비록 살아 있지만 죽은 것이나 다름없는 그녀의 본질적 존재에 대한 상징으로 볼 수도 있고, 그녀에 대한 본능적 거부감의 반작용으로 핍의 무의식에 생겨난 공격적 충동의 상상적 소망 충족으로 읽을 수도 있다.

주해

- dodged in that way: 그런 식으로 딴죽에 걸려들었을 때.
- Satis: '충분한'(enough)이라는 뜻의 라틴어.
- representing I know not what impossible personage: 'I know not what'이 하나의 형용사구를 이루어 impossible과 함께 personage를 꾸며줌.
- beggar my neighbor: 어린이들이 하는 카드놀이. 같은 수의 카드나 짝이 되는 카드를 상대방이 내놓지 못하면 카드를 따가는 놀이. 상대방의 카드를 다 따서 거지로 만들면 이김.
- He calls the knaves, Jacks: '그는 knaves를 Jacks라고 불러요.' Jack과 knave는 동일한 카드를 가리키는 명칭이지만 Jack이라고 부르는 것을 속되게 여겼음.
- a very indifferent pair: indifferent는 여기서 'of rather low quality'의 뜻.
- its rocking horse ~ Irish hunter: 아이용 흔들 목마는 어린아이에게는, 비율로 치면, 뼈가 굵고 큰 아일랜드 사냥말만큼이나 아주 크고 높게 보인다. hand는 여기서 'a unit of measure of a horse's height, equal to 4 inches'의 뜻.
- frosty light: 하얀 서리처럼 밝고 눈부신 빛.

제9장

집에 돌아온 핍은 해비셤 양의 집에 대한 누나와 펌블추크의 질문에 엉뚱한 거짓말을 지어내서 대답한다. 그는 해비셤 양이 검은 우단 마차에 타고 있었고, 네 마리의 커다란 개가 은으로 만든 바구니에 담긴 송아지 고기를 먹고자 싸우고 있었으며, 에스텔러와 함께 깃발과 칼을 휘두르며 놀았다고 말한다. 누나와 펌블추크는 해비셤 양이 핍에게 어떤 식으로 사례를 해줄 것인지에 대해 토론한다. 핍은 나중에 따로 조에게 가서 자신의 거짓말을 고백한다. 그는 평범하고 미천한 자신의 존재에 대해 갖게 된 비참한 심정을 이야기하면서 그것 때문에 거짓말을 하게 되었다고 변명한다. 조는 핍이 평범하거나 미천하지 않다고 위로하는 한편 거짓말로는 비범하고 높은 신분의 사람이 될 수 없다고 충고한다. 하지만 핍은 에스텔러가 조를 얼마나 천하게 여길까 하고 상상하면서 자신의 미천한 신분을 수치스럽게 여기는 생각을 떨쳐버리지 못한다.

핍의 거짓말은 말로 표현할 수 없는 그의 착잡한 심리 상태, 어른들에게 이해받지 못할 것에 대한 두려움, 누나와 펌블추크에 대한 반발심과 복수심, 열등감과 자기혐오, 그리고 에스텔러에게 당한 굴욕에 대한 보상심리 등이 복합적으로 작용하여 발생한 것이다. 제7장에서 그랬듯이 누나와 펌블추크는 해비셤 양이 핍에게 무언가 해줄 것임을 의심치 않는다. 제12장에서도 반복하여 언급되는 그들의 이 '기대'는 핍과 독자로 하여금 역시 똑같은 기대를 하도록 유도한다.

주해

- it is the key to many reservations: 그것은 생각을 마음속에 감춘 채 말하지 않는 많은 아이들의 행동을 설명해주는 열쇠이다.
- I had had wild thoughts of harnessing: (그 말들에) 마구를 채워 놓을까, 즉 그 말들이 마구를 갖추고서 마차에 매여 있었다고 말할까 하는 무모한 생각을 했었다.
- fardens: farthings. 1 farthing은 1/4 penny.

- as regarded: as regards. regarding.
- the father of lies: the Devil. Satan.
- be the better of continuing: 계속하는 것이 낫다. 바로 뒤의 fur는 to 부정사 앞에 의미 없이 들어간 for.
- them were which I meantersay of a stunning and outdacious sort: them은 they, meantersay는 mean to say, outdacious는 audacious. which I meantersay는 삽입절로 생각할 것.

제10장

핍은 미천함에서 벗어나기 위한 방편으로 비디에게 공부를 가르쳐달라고 부탁한다. 야학교에서 수업을 마치고 돌아오던 어느 날 핍은 누나의 지시에 따라 '세 명의 술친구'(Three Jolly Bargemen)라는 술집에서 술을 마시고 있는 매부 조를 데리러 갔다가 낯선 사람을 만난다. 이 낯선 사람은 묘한 눈길로 핍을 바라보고 줄칼로 술잔을 젓는 등 핍의 관심을 끈다. 그는 헤어질 때 핍에게 1실링짜리 동전을 종이에 싸서 선물로 주는데, 집에 와서 보니 그 종이는 2장의 1파운드 지폐였다. 조는 지폐를 돌려주러 술집으로 달려가지만 낯선 사람은 이미 사라지고 없었다. 핍은 죄수와 관련된 기억이 악몽처럼 되살아나 괴로워한다.

☑ 핍이 미천한 신분을 벗어나고자 노력하기로 결심하는 순간 낯선 사람을 통해, 죄수와 관련되었던 과거의 사건이 상기되는 것은 아이러니이나. 이것은 핍과 죄수의 관계가 앞으로 또다시 뜻밖의 방식으로 되살아나 핍의 운명에 중요한 영향을 끼칠 것이라는 사실을 예고한다. "내가 전혀 예상하지 못할 때 그 줄칼이 다시 나타날 것" 같다는 핍의 두려움은 이 점을 강하게 암시하고 있다.

주해

- made an indiscriminate totter at them: 비틀거리며 닥치는 대로 그들을 때렸다.
- dip-candle and no snuffers: dip-candle은 녹은 밀랍이나 식용 지방의 찌꺼기에다 심지를 넣어 만든, 일종의 재활용품 저급 양초. no snuffers는 촛불이 잘 타도록 가위로 심지를 잘라주지도 않았다는 의미.
- a large old English D: 고대영어로 쓴 D, 즉 Đ. 글자의 모양 때문에 핍은 이것을 버클 모형으로 착각한 것임.
- neglected no opportunity of turning it to account: 분필 조각으로 외상값을 표시하는 금을 계속 그어댔다는 것을 이렇게 표현한 것임.
- the Blue Blazes: 'the hell'과 같은 의미의 욕설 성격을 띤 강조어.
- professional occasion: 직업상의 필요. 결혼이 금지된 인척 관계가 어떤 것인가 하는 것은 교구의 서기로서 웝슬 씨가 알고 있어야 하는 직무의 일부이다.
- A bad un: un은 one. 못쓰는 가짜 동전이라는 의미.
- two fat sweltering one-pound notes ~: 그 고을의 가축 시장마다 있는 대로 돌아다니며 농부들의 주고받는 손을 거친 듯이 보이는, 땀과 기름에 절어 너덜너덜한 두 장의 1파운드짜리 지폐.

제11장

약속된 날 핍은 해비셤 양의 집에 간다. 거기서 그는 해비셤 양의 생일을 축하하기 위해 찾아온 그녀의 친척들을 만난다. 그 친척들은 해비셤 양의 호감을 사려고 서로 경쟁하며 아첨하는데, 특히 함께 방문하지 않은 다른 친척 매쓔 포킷(Matthew Pocket)을 헐뜯는다. 에스텔러는 뺨을 때리기까지 하면서 계속 핍을 멸시한다. 에스텔러를 따라 이층으로 올라가다가 핍은 한 신사와 마주치는데, 그 신사는 핍에게 행실을 똑바로 하라는 주의를 준다. 에스텔러는 오래전에 차려진 결혼식 피로연 음식이 식탁에서 썩고 있는 방으로 핍을 데리고 간다. 이윽고 방에 나타난 해비셤 양은 핍의 부축을 받으며 방안을 거닌다. 친척들이 해비셤 양에게 아첨을 늘어놓다가 돌아간 뒤 핍은 전처럼 에스텔러와 카드놀이를 한다. 그 후 혼자 정원을 돌아다니던 핍에게 한 창백한 소년 신사가 나타나 맞붙어 싸우기를 강요한다. 창백한 소년은 세련된 동작으로 준비운동을 하고 핍에게 달려들지만 핍은 쉽게 그를 때려눕힌다. 그러나 핍은 예의 바른 소년 신사에 대해 미안함과 죄의식을 느낀다. 대문을 열어주던 에스텔러는 갑자기 핍에게 키스를 해도 좋다고 한다.

핍의 뺨을 때리는 에스텔러의 행위는 핍에 대한 관심이 가학적으로 뒤틀려 나타난 것이기도 하다. 소녀답지만 뒤틀린 그녀의 이런 관심은 핍에게 키스를 하도록 하는 행동을 통해서도 나타난다. 해비셤 양에게 아첨하는 친척들의 비굴한 행동은 그들이 비난하는 매쓔 포킷이란 사람의 성격을 독자에게 간접적으로 드러내주는 역할을 한다.

주해

- Camilla, Cousin Raymond, Sarah Pocket, Georgiana: Camilla Pocket, Sarah Pocket, Georgiana Pocket 이 세 사람은 자매간이다. 그들은 Miss Havisham의 친척으로 그녀의 재산을 상속받을까 하는 기대를 하고 있다. 그리고 Raymond는 Camilla의 남편인데,

Sarah Pocket은 그를 여기서 Cousin Raymond라고 부르고 있다.

- the deepest of trimmings: 가장 깊은 슬픔을 나타내는 상복 장식. 상복에 추가로 덧붙여 다는 검은 레이스나 단추 또는 다른 부속 장식 등을 지칭함.
- Well I am sure! What next!: 둘 다 놀라움을 표시하는 말. 원, 이런! 이 무슨 해괴한 일이람!(다음엔 또 무슨 일이 일어날지 궁금할 정도군!)
- I know what I know ~: 훗날 계속 그녀 때문에 고통당하며 속으로 울었던 것을 지금도 생생히 그대로 기억하고 있다는 뜻.
- Mr. Camilla: Camilla의 남편이라는 의미로 핍이 우스꽝스럽게 붙인 것. 즉 Camilla는 레이먼드의 성씨(姓氏)가 아니라 그의 아내의 이름임.
- as if one was a Giant: 신화나 민담에서 사람 잡아 먹는 괴물(Ogre)나 거인이 자신의 자식들(즉 친척)을 잡아먹는 내용이 나오는데, 이것에서 비롯된 표현임.
- a spontaneous growth of weak attempts at pieces of old hats and boots: 자연발생적으로 부실하게 자란 멜런과 오이가 각각 낡은 모자나 장화 같이 말라비틀어진 모습을 하고 있다는 뜻.

제12장

핍은 창백한 소년 신사를 때려눕힌 것에 대한 죄의식과 처벌에 대한 두려움으로 한동안 시달린다. 그러나 아무 일이 없이 그는 해비셤 양의 집을 계속 방문하게 되는데, 에스텔러의 변덕스러운 행동으로 인해 늘 고통을 느낀다. 그는 비디에게만 소년 신사에 대한 이야기를 털어놓는다. 펌블추크와 누나는 해비셤 양으로부터 핍이 어떤 보상을 받을 것인지에 대해 계속 토론한다. 그러던 어느 날 해비셤 양은 핍에게 매부 조를 데리고 오라고 지시한다. 누나는 해비셤 양이 조만 오라고 한 것에 대해 분노하며 날뛴다.

☑ 해비셤 양의 집에서 받은 심적 상처와 죄의식은 핍의 마음속에 억눌려 있는데, 이 억눌린 심리는 그를 학대하는 누나와 펌블추크에 대한 강한 분노와 증오로 전이되어 표출되고 있다.

주해

- Old Clem: 4대 교황이었고 원래 제혁업자들의 수호성인인 St Clement(서기 97년 사망)을 기리는 노래인데, 디킨즈 당시 대장장이들도 이 노래를 자주 부르곤 했다고 전해짐. 참고로 대장장이의 수호성인은 St Dunstan(909-988)임.
- he was often talked at: 그는 (말할 기회가 주어지지 않은 채) 일방적으로 듣기만 하곤 했다. talk at=speak to somebody without listening to his replies.

제13장

핍이 조와 함께 찾아갔을 때 해비셤 양은 핍이 그동안 수고한 대가라며 조에게 핍의 도제 계약 비용으로 25기니를 주고는 핍이 더 이상 방문할 필요가 없다고 말한다. 핍과 조는 누나와 펌블추크에게 가서 면담 내용을 전하는데, 조의 지혜로운 처신에 의해 누나는 기분이 좀 누그러진다. 그들은 즉시 핍을 관청으로 데리고 가서 도제 계약을 맺는다. 그리곤 웝슬 씨와 허블 부부까지 불러 〈블루 보어〉에서 축하 만찬을 연다. 핍은 자신이 이제 대장장이의 직업을 싫어한다는 것을 깨닫고는 비참한 심정에 사로잡힌다.

☑ 여기에서도, 에스텔러를 더 이상 보지 못하고 천한 대장장이 일을 배우게 된

것에 대한 핍의 깊은 좌절감과 괴로움은 만찬 중에 온갖 생색을 내며 떠벌여 대는 펌블추크에 대한 분노와 증오로 전이되어 표출되고 있다.

주해

- as I hup and married your sister: hup은 up에 대한 사투리 표현. up은 이때 'rouse oneself' 라는 뜻인데, 여기서처럼 바로 뒤에 and와 동사를 수반하여 하나의 동사구를 형성한다. 그리고 그 동사구의 의미는 '분발하여 (또는 갑자기) ~ 하다' 라는 뜻.
- not but what~: ~이 아닌 것은 아니지만(=not but that~).
- the state of Miss Havisham's elth were sitch as~: the state of Miss Havisham's health were such as~.
- Rantipole: 19세기 초에 'a wild, ill-behaved or reckless person' 을 지칭했던 말. 19세기 중엽에는 프랑스의 Napoleon 3세를 지칭하는 별명으로 사용되었음.
- Collins's ode: 제7장의 주해 참조.
- Commercials: commercial travelers(순회 판매원)
- the Tumbler's Arms: 곡예사들의 극장
- O Lady Fair: 아일랜드 시인 Thomas Moore(1779-1852)가 지은 노래로 당시 널리 애창되었음.
- the inquisitive bore who leads that piece of music: 위의 노래 'O Lady Fair'에서, 'Oh, Lady Fair! Where art thou roaming?' 'And who is the man, with his white locks flowing?'이라고 쓸데없이 묻는 그 귀찮은(따분한) 녀석(bore).
- the man with his white locks flowing ~ the weakest pilgrim: 둘 다 위의 노래 'O Lady Fair'에 나오는 인물을 지칭함.

제14장

과거에 즐거운 마음으로 기대했던 도제 생활을 이제 수치스럽게 생각하게 된 핍은 좌절감에 빠져 나날을 괴롭게 보낸다. 특히 에스텔러가 혹시라도 자신의 천한 모습을 보게 될까 봐 늘 두려워한다. 하지만 성실하고 정직한 조를 보면서 그는 이런 괴로운 심정이나 불만을 겉으로 내비치지 않은 채 열심히 일을 한다.

주해

- how it has touched one's self in going by: it은 the influence of any amiable honest-hearted duty-doing man을 지칭함. 직역하면 '(정직하고 성실한 사람의 영향력이 이 세상에서 얼마나 멀리까지 날아가는지(=미치는지)는 알기 어렵지만) 그것이 어떤 한 사람의 옆으로 지나갈 때 그 사람의 본성에 어떤 영향을 끼치는가(는 알 수 있다).'

제15장

배움에 대한 의지를 계속 간직하고 있는 핍은 비디에 이어 웝슬 씨에게 공부를 가르쳐 달라고 한다. 핍은 또한, 비록 효과는 없었지만 조에게 자신이 배운 것을 가르쳐주기도 한다. 도제가 된 지 일 년쯤 되는 어느 날 핍은 해비셤 양을 방문하고 싶다며 반나절의 휴가를 달라고 조에게 요청한다. 그러자 조의 일꾼인 올릭(Orlick)도 똑같이 휴가를 달라고 요구한다. 조가 이를 허락하자 밖에서 듣고 있던 조 부인이 들어와 화를 내다가 올릭과 언쟁을 벌인다. 조는 아내를 달래기 위해 할 수 없이 올릭을 때려눕힌다. 해비셤 양을 방문한 핍은 에스텔러가 숙녀가 되기 위해 외국으로 갔다는 말을 듣고 더욱 큰 좌절감만 느낀다. 그는 거리에서 웝슬 씨를 만나 함께 펌블추크 씨의 집으로 가는데, 거기서 웝슬 씨는 조지 반월(Geroge Barwell)이라는 도제가 삼촌을 살해하고 교수형을 당한다는 내용의 연극작품을 낭독한다. 웝슬 씨와 함께 집으로 돌아가던 핍은 도중에 올릭을 만나기도 하며 또 죄수의 탈출을 알리는 감옥선의 대포 소리를 듣기도 한다. 집에 도착했을 때 핍은 누나가 괴한의 습격을 받아 쓰러져 있는 것을 보게 된다.

소설이 핍의 관점에서 서술되고 있지만 올릭의 입장에서 생각하면 그가 핍에 대해 갖는 반감이나 질투는 그 나름대로 근거가 없지 않다. 삼촌을 살해한 도제 반월과 핍을 동일시하는 웝슬과 펌블추크의 시선은 핍에게 죄의식을 강요하고, 이 강요된 죄의식은 누나에 대한 범죄와 관련된 핍의 죄의식으로 자연스럽게 이어진다.

주해

- When Miss Havisham done the handsome thing by you, she called ~ as that were all: When Miss Havisham did the handsome thing for you, she called ~ that it was all.
- in sunders: asunder.
- again your leave: against your leave.
- George Barnwell: George Lillo(1693-1739)의 비극 〈조지 반월의 이야기 *The History of George Barnwell*〉(1731)의 주인공. 상인의 도제로 있다가 창녀의 유혹에 빠져 강도짓을 행하고 삼촌까지 살해한 뒤 결국 교수형에 처해지고 만다.
- Newgate: 중죄인들을 수감하던 런던의 유명한 형무소.

- Millwood: Lillo의 비극에서 주인공 Barnwell을 유혹하는 창녀의 이름.
- Camberwell: Lillo의 비극에서 주인공 Barnwell이 살해하는 삼촌의 집이 있는 곳.
- Mr. Wopsle died amiably at Camberwell: 자기 조카 Barnwell을 축복하고 또 신이 살인자를 용서하기 바란다는 말을 하면서 고귀하게 죽어가는 Barnwell의 삼촌 역을 Wopsle이 연기하듯 낭독해 보였다는 의미.
- Bosworth Field ~ Glastonbury: Bosworth Field는 Shakespeare의 극 〈리처드 3세*Richard III*〉에서 Richard III가 사망하는 곳. Glastonbury는 Shakespeare의 극 〈존 왕*King John*〉에서 King John이 사망하는 Swinstead Abbey를 디킨즈가 착각해서 잘못 쓴 것으로 추정됨.

제16장

쓰러진 조 부인 옆에는 죄수가 차는 쇠고랑이 버려져 있었다. 핍은 이것이 옛날에 자기가 도와줬던 죄수의 쇠고랑이라고 믿는다. 그는 올릭을 범인으로 의심해보지만 올릭의 알리바이는 분명해 보였다. 런던에서 온 경찰들은 별 성과 없이 수사만 하다가 돌아간다. 조 부인은 신체적 능력을 거의 상실한 불구가 되고, 석판에 글자를 써서 약간의 의사표시를 겨우 할 수 있을 뿐이다. 비디가 조 부인의 간병인으로 대장간에 와서 함께 지내게 되는데, 그녀의 통찰로 조 부인이 그리는 T자가 올릭을 뜻하는 것을 알게 된다. 올릭을 데려다 보이자 조 부인은 핍의 예상과 달리 올릭의 환심을 사려고 애쓴다.

☑ 핍이 그의 누나에 대해 느끼는 죄의식은 표면적으로는 범죄의 도구를 제공한 사람이 결국 바로 자신이라는 것에 대한 자책감 때문이지만 다른 한편으로는 그가 미워하는 누나에게 그런 폭력적 가해를 하고 싶은 무의식적 욕망이 핍 자신에게도 있었다는 인식 때문이기도 하다.

주해

- The hue and cry going off to the Hulks: 탈옥한 죄수가 범죄를 저질렀다는 급한 경보를 감옥선에 보냈다는 의미.
- the Bow Street men from London: 런던의 Bow Street에 있는 경찰대 소속 형사들로서 범죄 수사 능력이 꽤 뛰어나다고 알려졌고, 관할 구역은 Surrey나 Kent 등 런던 인근 지역까지 뻗어 있었음. 1839년에 해체된 이들은 특별한 제복을 입지 않았는데 디킨즈는 이들이 빨간 조끼를 제복으로 입었다고 잘못 알고 있었음. 다음 줄에 이들을 'the extinct red waistcoated police'라고 표현한 것은 바로 이 때문.
- Mr Wopsle's great-aunt conquered a confirmed habit of living ~: 10장의 첫 부분에서 웝슬 씨의 왕고모는 상습적으로 일종의 혼수상태 같은 졸음에 빠지곤 했다고 표현되는데, 이 문장은 그녀가 마침내 사망했다는 것을 비유적으로 표현한 것. confirmed = chronic (만성적인).
- he took kindly to: take kindly to = be pleased by; accept willingly

제17장

핍의 도제 생활은 매년 그의 생일에 해비셤 양의 집을 방문하는 것 외에는 특별한 일이 없이 이어진다. 그는 모든 일을 잘 해내는 비디의 훌륭한 면을 새삼 깨닫는다. 어느 날 비디와 함께 산책을 나간 핍은 에스텔러 때문에 신사가 되고 싶다는 고백을 한다. 비디는 핍이 자신의 처지를 부끄러워하는 것은 타당하지 않다고 하면서 에스텔러가 그의 사랑을 받을 가치가 과연 있는지 생각해보라고 충고한다. 핍은 비디의 말이 맞다고 생각하고 또 비디가 에스텔러보다 더 훌륭한 여자라는 것을 마음속으로 인정하면서도 에스텔러에 대한 동경을 버리지 못한다. 그는 자신이 비디를 사랑할 수 있다면 좋겠다고 말하는데 비디는 그런 일은 없을 것이라고 단언한다. 집으로 돌아오는 길에 두 사람은 올릭을 만난다. 올릭이 자기를 좋아하는 것 같다는 비디의 말에 핍은 격분한다. 핍은 현재의 생활에 만족하고자 노력하지만 해비셤 양이 자신을 위해 뭔가 해줄 것이라는 기대를 버리지 못한다.

✎ 우월감에 사로잡혀 있고 타인에 대해 둔감한 핍의 미숙하고 자기중심적인 모습과 자신을 낮추면서도 너그럽고 속이 깊은 비디의 지혜롭고 성숙한 모습이 두 사람의 대화에서 분명한 대조를 이루며 잘 드러난다. 핍의 이런 둔감성과 이기성은 올릭이 비디를 좋아한다는 비디의 말에 대한 그의 반응에서도 잘 나타난다.

주해

- the faded spectre in the chair: Miss Havisham을 지칭함.
- her newly out of mourning: 그녀가 최근에 막 상복을 벗은 것. 숙

모나 삼촌 등 친척의 사망시 여자는 대개 6개월에서 9개월 동안 상복을 입는 것이 당시 관례였음.

- of a night: 밤에. 저녁에.
- that miserable old bundle of incompetence: 웝슬 씨의 왕고모를 지칭함.
- with my confidence: 그녀에 대한 내 신뢰를 보임으로써. 그녀를 믿고 내 속마음을 털어놓음으로써.
- to transfer the remark to my sister: 말을 누나한테로 돌리다.
- keep company with ~: to court ~ with a view to marriage.
- always so far deserving it: 그 정도까지는, 즉 비밀을 지킨다는 점에 있어서는 언제나 너의 신뢰를 받을 만하다는 것.
- knows what lesson she would set: 어떤 가르침을 줄 것인지 알고 있다.
- beggar my neighbor: 8장 주해 참조.
- from the ooze (which was quite in his stagnant way): ooze는 'marshes'(습지)를 의미함. '올릭과 딱 어울리게 고여서 정지된 상태에 있었다'는 의미.

제18장

도제가 된 지 4년째인 어느 날 동네 주막(Three Jolly Bargemen)에 한 낯선 신사가 나타나 마침 그곳에서 살인 사건 신문 기사를 낭독하던 웝슬 씨에게 법률적 절차를 따져 창피를 준다. 재거스(Jaggers)라는 이름의 이 신사는 런던의 변호사로 예전에 핍이 해비셤 양의 집에서 만난 적이 있는 사람이다. 그는 조의 집에서 핍이 익명의 은인으로부터 큰 재산을 물려받게 되었다는 소식을 전하면서, 핍이 대장간을 떠나 런던에서 신사 교육을 받을 것임을 알려준다. 그리고 그는 핍의 선생으로 매쓔 포킷을 소개해준다. 한편 은인의 정체는 비밀로 되어 있지만 핍은 해비셤 양이 바로 그 은인이라고 믿는다. 조는 핍을 놓아주는 것에 대한 보상을 받기를 거절한다. 조와 비디의 축하에도 불구하고 핍은 그들에 대한 불만을 품으면서 왠지 우울하고 외로운 느낌에 사로잡힌다.

변호사 재거스가 떠난 후 핍은 즉시 조와 비디 그리고 동네 사람들에 대해 계급적 우월감과 경멸감을 지니면서 거리를 두기 시작한다. 특히 그의 행운에 놀라워하면서 축하해주는 조와 비디에 대해 불쾌하게 생각하고 화를 내기까지 한다. 이것은 곧 그런 자기 자신에 대한 불만으로 이어지고 결국에는 우울과 외로움을 낳고 마는데, 핍의 이런 급격한 속물적 심리와 과민한 반응은 자신의 행운이 노력의 대가가 아니라 거저 주어진 것이라는 떳떳하지 못한 자의식이 은밀하게 작용한 결과이기도 하다.

주해

- Timon of Athens ~ Coriolanus: Timon은 아테네의 귀족으로 지독한 염세주의자였고 Coriolanus는 로마의 귀족으로 완고하고 자존심이 강한 인물이었는데, 두 인물 다 셰익스피어의 희곡 〈아테네의 타이먼 *Timon of Athens*〉와 〈코리올레이너스*Coriolanus*〉의 주인공으로 각각 등장한다.
- he would well and truly try ~ a true verdict give according to the evidence: 배심원으로 임명될 때 행하는 선서의 일부 표현을 Jaggers가 그대로 인용하고 있는 것임.
- reference ~ to any individual whomsoever as *the individual*:

어느 누구든지 그 사람을 은인으로서 언급하거나 지칭하는 것.

- entering on that advantage: that advantage는 being better educated in accordance with your altered position을 의미함. enter on ~ = (법률용어) ~을 취득하다.
- Recollect yourself!: 여기서는 Mind you!와 같은 뜻.
- what come to the forge: 누나를 따라 조의 대장간에 온 어린 핍을 이렇게 표현한 것임.
- ekervally partickler: equally particular.

제19장

다음 날 오후 핍은 앞날에 대한 기대를 하면서 습지를 산책한다. 그는 나중에 재산을 물려받으면 조의 사회적 신분을 상승시켜주겠다는 생각을 하는데, 이를 위해 비디에게 조가 신분에 걸맞은 소양을 갖추도록 도와줄 것을 부탁한다. 비디는 조가 자신의 직업에 대한 자부심을 가지고 있는 사람으로서 그런 것을 원하지 않을 수 있다고 대답한다. 그러자 핍은 비디가 자기를 질투해서 그렇게 말한다고 비난한다. 이로 인해 핍은 또다시 외롭고 불만스러운 느낌으로 하루를 마친다. 다음날 핍은 읍내로 나가 새 양복을 맞추는 등 런던에 갈 준비를 시작하는데, 양복점 주인 트랩(Trabb)에게서 아주 정중한 대우를 받는다. 그리고 펌블추크한테서도 요란스러운 축하와 함께 성찬을 대접받는다. 펌블추크는 비굴할 정도의 아첨과 축하를 핍에게 쏟아 부으면서 핍에게 자신의 사업에 투자해줄 것을 은근히 권한다. 며칠 후 새 양복을 찾아 입은 핍은 해비샴 양을 찾아간다. 핍은 그녀가 자신의 은인인 것처럼 행동하는데, 해비셤 양은 이것을 묵인함으로써 곁에 있던 친척 쌔러 포킷으로 하여금 질투에 사로잡히게 한다. 런던으로 떠나기로 한 날 아침 핍은 조의 촌스러운 모습을 부끄러워하는 마음 때문에 혼자서 집을 나선다. 그러나 마차를 타고 가는 동안 그는 자신의 행동에 대한 가책을 느낀다.

양복점 주인 트랩과 펌블추크의 비굴한 속물적 태도는 조와 비디의 솔직하고 진실한 태도와 대조되어 잘 드러나고 있다. 그리고 이들을 대하는 핍의 태도를 통해 핍 자신의 속물성 역시 분명하게 폭로되고 있다. 한편 해비셤 양은 재거스에게서 핍의 행운의 소식을 자세히 들었다고 말하는데, 사실 이것은 엄밀하게 보면 법률적 직무 수행과 책임에 있어 아주 엄격한 변호사인 재거스의 성격을 생각할 때 개연성이 좀 부족하다. 하지만 핍과 독자로 하여금 해비셤 양을 핍의 은인으로 믿게 하려는 구성상의 필요를 위해 불가피하게 개연성을 희생한 것으로 이해해야 할 것이다. 이 장의 마지막 구절인 'the world lay spread before me'는 밀턴(John Milton)의 〈실낙원*Paradise Lost*〉에서 낙원을 떠나 세상으로 나아가는 아담과 이브를 묘사하는 구절을 연상시키는데, 과연 핍은 아담과 이브처럼 깊은 회한과 두려움에 떠는 한편으로 커다란 희망과 기대를 품고서 미지의 세상을 향해 조심스럽게 첫발을 내딛고 있다. 한편 순박한 조의 대장간을 떠나 런던이라는 큰 도시를 향해 떠나고 있다는 점에서 핍은 순수의 세계를 떠나 경험의 세계로 나아가는 일종의 블레이크(William Blake)적인 인물이기도 하다.

주해

- the rich man and the kingdom of Heaven: 부자가 천국에 들어가는 것은 낙타가 바늘구멍으로 들어가는 것보다 어렵다고 한 예수의 말씀을 지칭함. 신약성경 마태복음 19장 23-4절, 누가복음 18장 20-5절, 마가복음 10장 23-5절 등 참조.
- the poor creatures who ~ among the low green mounds:

Thomas Gray의 시 "Elegy Written in a Country Churchyard"를 연상시키는 구절.

- I'd foller: I'd follow
- oncommon plump: uncommon plump. 매우 갑자기.
- mention it to Biddy in preference: preference 다음에 to him을 넣어서 해석할 것.
- black currant: 까막까치밥나무. 노란 꽃이 피고 검은 열매가 달림.
- if you have the heart to think so: if you are cruel or unfeeling to think so.
- waiving its application: its application은 그것을 Biddy에게 적용한 사실을 의미함.
- gentry: the class of landowning people ranking just below the nobility.
- in the quality of a townsman: in the quality of ~ = ~의 자격으로.
- Mother Hubbard's dog: 1805년 Sarah Catherine Martin이 지은 동요 "The Comic Adventures of Old Mother Hubbard and Her Dog"에서 Mother Hubbard는 자기의 개를 단장시키기 위해 양복점을 비롯해 여러 곳을 들린다.
- the Barnwell parlor: 15장에서 Wopsle이 살인자 Barnwell에 대한 연극작품을 낭독하며 연기하던 Pumblechook의 응접실을 이렇게 표현한 것.
- keeping the fact before the mind of Joseph: 그 사실(은인의 정체를 언급해서는 안 된다는 사실)을 조가 잊지 않도록 하는 것.
- none of those out-of-the-way No Thoroughfares of Pork: 4장에서 크리스마스 만찬 때 Pip에게 이상한 부위의 돼지고기(those obscure corners of pork)가 주어진다는 언급이 나오는데, 이 먹지

못할 이상한 부위의 돼지고기를 이렇게 표현한 것임.

- a sad picter: a sad picture.
- in short, might he?: "May I?" 하고 Pumblechook가 다시 악수를 청했다는 뜻.
- in sight of all the High-street: 중심가의 모든 사람이 보는 가운데.

제20장

런던에 도착한 핍은 바로 재거스의 사무실을 찾아간다. 법정에 간 재거스를 기다리는 동안 핍은 가축시장과 뉴게이트 감옥 등 주변의 거리를 돌아보는데, 그러면서 그는 런던에 대한 부정적인 인상을 강하게 받는다. 이윽고 법정에서 나오는 재거스는 냉정하고 위압적인 태도로 의뢰인들을 다룬다. 사무실로 돌아온 뒤 재거스는 핍에게 그의 런던 생활을 위해 준비해둔 사항들과 필요한 정보 등을 알려주고는 사무실 서기인 웨믹(Wemmick)을 시켜 핍의 선생이 될 매슈 포킷의 아들이 살고 있는 바너드 여관으로 핍을 안내한다.

핍의 눈앞에 보인 런던의 첫 모습이 더럽고 혼잡하며 범죄와 타락으로 얼룩진 세계라는 사실은 조와 비디를 버리고 앞날에 대한 기대로 가득 차 런던으로 올라 온 핍에게는 일종의 배반이자 통렬한 아이러니이다. 런던에 대한 이러한 첫 경험과 어두운 인상은 핍의 런던 생활에 대한 독자의 기대 역시 어둡게 만든다고 하겠다.

주해

- the Cross-Keys, Wood-street, Cheapside: Cross-Keys는 역마차

종점의 명칭. Wood-street는 거리 이름. 그리고 Cheapside는 지역 이름.

- Little Britain: St. Paul 성당 근처의 거리 이름.
- Smithfield: 런던의 가축 시장 거리 이름.
- quite a work of time: 아주 시간이 오래 걸렸다는 뜻.
- six great coronets: 이 마차가 옛날에 귀족의 소유였다는 것을 나타내는 장식 문양을 의미함.
- a harrow below them ~ the temptation: harrow는 무임승차를 막기 위해 마차 뒤에 달아놓은 써레 모양의 못 달린 쇠막대. 따라서 '소년들이 마차 뒤에 뛰어올라 공짜로 타고 가고 싶은 유혹에 빠지지 않도록 써레 모양의 쇠막대를 아래에 달아 놓았다'는 뜻.
- rag-shop: 중고 옷가게.
- two dreadful casts: casts=plaster casts(석고상)
- Newgate Prison: 1769년에 설립된 런던의 감옥.
- the Debtors' Door: 채무자 감방의 문. 원래 채무자를 수용하는 감방의 문이었으나 1783년부터 교수형 당할 사형수들을 데리고 나가는 용도로 사용되었음.
- Bartholomew Close: St. Bartholomew 수도원의 경내(close)가 있던 자리로 Little Britain 근처에 있는 한 구역의 이름.
- Cag-Maggerth: cag-maggers(상한 고기를 거래하는 사람들).
- Habraham Latharuth, on thuspithion of plate: Abraham Lazarus, on suspicion of plate. plate는 여기서 silver plate를 의미함. '은그릇을 훔친(또는 장물로 구입한) 혐의로 붙잡힌 Abraham Lazarus'라는 의미.
- I am over the way: 반대편의 변호를 맡기로 했다는 뜻.
- you're again Habraham Latharuth!: again=against.

- My hown cuthen'th: My own cousin has.
- condethenthun: condescension.
- pulling a lock of hair in the middle of his forehead: 자신의 앞머리카락을 잡아당기는 것은 시골 사람들이 지주 계급에게 일종의 존경의 표시로 해 보이는 행동이었음.
- the Bull in Cock Robin: Bull은 Bullfinch(피리새)를 의미함. 1744년에 지어진 동요 "Who Killed Cock Robin"에서 Bullfinch(피리새)가 Cock Robin의 장례식 때 종을 쳐서 울리겠다고 자원하는 내용이 나온다.

제21장

핍은 재거스의 서기인 웨믹을 따라 허버트 포킷(Herbert Pocket)이 거주하고 있는 바너드 여관으로 간다. 웨믹은 딱딱하고 무표정하며 냉담한 사람처럼 보인다. 핍은 낡고 누추한 바너드 여관을 보고 실망한다. 핍은 혼자 남아 외출 중인 허버트를 기다린다. 마침내 허버트가 핍을 위해 과일 등을 사가지고 돌아오는데, 핍은 허버트가 바로 옛날에 해비셤 양의 집에서 함께 주먹 싸움을 했던 창백한 어린 신사인 것을 알아보고 놀란다. 허버트 역시 곧 핍을 알아보고 놀란다.

주해

- They'll do it: they will cheat, rob or murder you.
- a post-office of a mouth: 우체통의 편지 구멍 같은 입.
- Hammersmith: 당시 런던의 남서쪽 근교의 지역 이름.

- Try Barnard's Mixture: 담배 회사나 의약업자들이 자기네가 혼합해 만든 상품을 한번 써보라고 권하는 말인 'Try ~'s Mixture!'를 응용한 표현.
- except at last: '교수형을 당하기 직전의 죄수와 마지막으로 악수를 나누는 것을 제외하고는'이라는 의미.
- Covent Garden Market: 런던의 청과물 도매시장.

제22장

허버트와 핍은 반갑게 서로를 대하며 이야기를 나눈다. 허버트는 핍과 싸우던 그 옛날 자신도 해비셤 양의 부름을 받고 시험 삼아 새티스 하우스에 갔던 것이라고 설명한다. 그러면서 그는 해비셤 양의 양녀인 에스텔러가 남자에 대한 해비셤 양의 복수심을 풀기 위해 양육되었다고 말한다. 허버트는 자연스럽고 솔직하며 명랑하고 낙천적인 태도로 핍을 대하는데, 그는 핍을 '헨델'(Handel)이라는 이름으로 부르기를 제안한다. 점심식사를 하면서 허버트는 핍에게 해비셤 양의 과거 이야기를 들려준다. 그에 의하면, 부유한 양조장 주인의 딸인 해비셤 양은 아버지가 사망한 뒤 한 남자를 사랑하게 된다. 이 남자는 겉보기에 멋진 신사였는데 해비셤의 친척 가운데 허버트의 아버지인 매쓔 포킷만이 해비셤 양에게 그 남자를 조심하라고 충고한다. 자존심 강한 해비셤 양은 이에 화를 내며 매쓔 포킷과의 인연을 끊는다. 결혼식을 올리기로 한 날 그 남자는 편지만 보내고 나타나지 않는다. 그때부터 해비셤 양은 시간을 정지시키고 외부와 단절한 채 새티스 하우스에 틀어박혀서 살아간다. 한편 그녀에게는 그녀를 미워하는 방탕한 이복 남동생이 하나 있었는데, 그녀를 배신한 남자는 바로 이 이복동생과 공모했던 것으로 알려졌다.

허버트 역시 핍과 마찬가지로 해비셤 양을 핍의 은인으로 믿는다. 허버트는 아직 일정한 수입이 없이 시내 중심가 상인의 거래 사무소에 나가서 무역업에 진출할 기회가 열리기를 기다리고 있는 중이다. 허버트와 함께 다음날을 보낸 뒤 핍은 월요일에 허버트를 따라 그가 나가는 상인의 거래 사무소를 거쳐 그의 아버지가 살고 있는 집으로 간다. 그들이 도착했을 때 정원에는 포킷 부인이 앉아서 책을 읽고 있었고 두 명의 하녀가 주변에서 놀고 있는 여러 명의 아이들을 돌보고 있었다.

허버트를 통해 해비셤의 과거는 어느 정도 알려지지만 에스텔러의 출생에 대해서는 아무것도 밝혀진 게 없음으로써 독자는 자연히 에스텔러에 대해 좀더 강한 궁금증을 품게 된다. 한편 허버트 역시 해비셤 양을 핍의 은인이라고 믿음으로써 이에 대한 핍과 독자의 착각은 더욱 확고해진다. 진정한 신사의 마음을 지니지 못한 사람은 누구도 진정한 신사의 모습을 갖출 수 없다는 매쓔 포킷의 신사에 대한 정의는 이 작품에서 핍을 비롯한 여러 등장인물을 평가하는 일종의 도덕적 기준이 된다고 할 수 있다.

주해

- a moral boy out of the spelling-book: 철자 교본(또는 초급 독본 교재)의 교훈적인 이야기에 등장하는 소년.
- Handel: George Fredric Handel(1685-1751). 독일 태생으로 영국에 귀화한 헨델은 사망 후 웨스트민스터 사원에 묻혔다.
- Lord Mayor's Feast: 매년 새로 선출된 런던 시장이 자신의 취임을 축하하기 위해 주최하는 연회.
- if he were to go to her now, it would look true: '만약 지금 아버지가 그녀를 찾아간다면 아버지에 대한 그녀의 그 비난이 사실이었던 것으로 보이게 될 것이다'. it은 being disappointed in the hope

of fawning upon her for his own advancement을 지칭함.

- the City: 런던의 상업 중심지.
- the Parks: Hyde Park를 비롯하여 런던의 West End 근처에 있는 주요 공원들(Kensington Gardens, Green Park, St. James' Park).
- a back second floor: a back room two storeys above the ground floor.
- the most abject superstition in Europe: 음식의 질과 서비스를 고려할 때 그 식당의 명성은 유럽에서 가장 형편없이 잘못 부여된 부당한 명성이라는 뜻.
- drownded: drowned.

제23장

포킷 씨의 집은 식구가 많고 어수선하다. 포킷 씨는 젊었을 때 훌륭한 교육을 받았지만 성급한 결혼으로 인해 앞날이 꺾인 채 지금은 부잣집 자제들을 맡아 가르치는 개인 교사의 일을 하면서 생계를 유지하고 있다. 그의 부인은 기사(knight)의 딸인데 오로지 귀족의 작위에만 관심이 있고 집안일에는 전혀 신경을 쓰지 않는다. 그래서 플롭슨(Flopson)과 밀러즈(Millers)를 비롯한 하인들이 집안을 지배하다시피 하면서 멋대로 행동한다. 포킷 씨 집에는 핍 말고도 스타텁(Startop)과 드러믈(Drummle)이라는 두 학생이 더 있다. 핍은 저녁에 이들과 함께 강으로 나가 보트 젓기를 하는데, 그날 즉시 한 사공에게 개인교습을 받기로 결정한다.

귀족의 작위에만 관심을 둔 채 어머니와 아내의 역할을 완전히 도외시하는 포킷 부인에 대한 묘사는 중산계급의 사회적 허영과 무능에 대한 희극적 풍자이다.

주해

- orange-flower water: 일종의 순한 탄산수로서 오렌지 나무의 꽃을 증류해서 만든 음료.
- at the point of the pen: '펜을 들이대고'. at the point of the sword(칼을 들이대고 강제로)라는 표현을 변형한 것.
- Woolsack: 상원의장이 앉는 양털을 채운 의자를 뜻하는데 여기서는 상원의장의 지위를 의미함.
- taken Time by the forelock: 그리스 신화에 나오는 시간의 신 Occaio의 앞머리를 붙잡는다는 것에서 나온 표현으로 '기회를 놓치지 않고 붙잡는다'는 뜻.
- Grinder: 부잣집의 자제들을 가르치는 개인 교사.
- If the butcher's time and attention were diverted: '만약 푸줏간 주인이 고기를 공급해주지 않게 된다면' 즉, '포킷 씨가 돈을 벌지 못해 고기를 사먹지 못하게 된다면'이라는 뜻.
- a Dutch doll: 독일의 Nuremberg에서 제작되었던, 손발의 관절이 접히는 인형.
- lost half his buttons at the gaming table: 은이나 금으로 도금된 단추를 노름판에서 내기 돈 대신 걸었다가 반절이나 잃고 말았다는 의미.
- to the elements: '허공에 대고' 정도의 뜻. the elements는 자연의 네 가지 요소 즉 지, 수, 화, 풍.
- a prize-wherry: 보트 젓기 경기에서 상으로 주는 보트.
- the Dying Gladiator: 죽어가는 검투사를 묘사한 B. C. 3세기의 그리스 조각상. 로마의 Capitoline 박물관에 소장되어 있음.

제24장

포킷 씨는 성실과 열정을 다해 핍을 가르쳐주며 핍도 이에 상응하여 존경심을 가지고 그의 가르침을 잘 받아들인다. 핍은 바너드 여관에 있는 방을 계속 허버트와 함께 사용하기로 결심하고 이에 필요한 비용을 재거스에게 청구해서 받는다. 핍은 재거스의 냉정한 사무적 태도에 대해 당혹감을 느끼지만 웨믹은 재거스의 그런 직업적 태도를 훌륭하게 평가한다. 웨믹은 재거스의 사무실을 핍에게 구경시켜준 뒤 그를 재판정으로 데리고 가서는 재거스가 좌중을 압도하면서 반대 심문과 변론을 펼치고 있는 모습을 보여준다. 한편 웨믹은 자신이 죄수들에게서 받은 선물을 핍에게 보여주기도 하면서 언제 한번 자기 집에 놀러오라고 초대하는데, 그러면서 그는 핍에게 재거스의 집에 초대받아 가게 되면 그의 가정부를 눈여겨보라고 말한다.

죄수들로부터 받은 선물을 서슴없이 자랑하면서 차지할 수 있는 물건을 최대한 챙기는 것이 자신의 좌우명이라고 하는 웨믹의 모습에서 독자는 분명 부정적인 인상을 받게 되지만 다른 한편 친절하게 핍을 안내하면서 자세하게 설명하고 솔직하게 이야기를 해주는 그의 모습을 통해 독자는 그가 재거스와는 어딘지 좀 다른 종류의 인물이라는 느낌 또한 받게 된다.

주해

- rat-catcher: 당시 쥐잡이꾼들은 쥐를 잡는다는 구실로 도둑질을 하거나 도둑과 공모하는 등 불법 행위를 저지르곤 했음. 따라서 쥐잡이꾼은 범죄자의 이미지를 강하게 불러일으킴.
- the Bailey: 뉴게이트 감옥에 수감된 죄수들이 재판받는 곳인 런던 중앙 형사 재판소 Old Bailey를 지칭함.

- smelter: 금이나 은그릇 같은 장물을 싸게 구입해서 녹인 뒤 파는 업자를 암시함.
- he wasn't brought up to evidence: he wasn't too untaught in the ways of the law to know what could be used in evidence.
- Only his game: game은 prostitute를 의미하는 속어.
- Bounceable: 사기꾼 또는 허풍장이를 의미하는 속어.
- a blood-relation (in the murderous sense) of the deceased with the fanciful taste in broaches: 재거스의 사무실에 있던 두 석고상의 주인공 가운데 웨믹에게 브로치를 선물로 주었던 죄수와 같은(다른 사람의 피를 흘렸다는 점에서) 부류의 사람이라는 뜻.

제25장

핍은 굼뜨고 퉁명스러우며 거만한 드러믈을 싫어한다. 핍은 곧 낭비 습관에 빠지기 시작하지만 공부만은 허버트와 포킷 씨의 도움을 받아 그런대로 열심히 한다. 커밀러와 조지애너 등 다른 포킷 집안사람들은 핍을 찾아와 위선적인 아첨을 표한다. 몇 주 후 핍은 웨믹의 집을 방문한다. 웨믹의 집은 아담한 목조건물인데 도개교와 대포 등이 있고 성처럼 꾸며져 있다. 늙은 아버지에 대한 웨믹의 극진한 효성과 웨믹의 따뜻한 대접에 감동하면서 핍은 즐거운 시간을 보낸다.

웨믹의 존재 방식은 둘로 엄격하게 나뉘어져 있다. 사무실에서 그는 냉정하고 타산적이며 기계 같은 존재이다. 그러나 집에서는 따뜻한 애정과 창조적 본성과 고유한 개성과 존엄성을 지닌 인간으로 변한다. 웨믹의 이런 존재 방식은 인간적 가치를 용납하지 않는 냉혹한 현실 세계에서 인간적 존엄성을 확보하기 위한 생존전략이기도 하지만 다른 한편 뒤틀린 현대 사회의 한 병적 징후를 보여주는 것이기도 하다.

주해

- presented him with a half-share in my boat: 그에게 나와 똑같이 내 배를 사용할 권리를 주었다는 뜻.
- we let him down easy: 그가 쉽게 배심원의 직무에서 벗어나게 해주었다는 뜻. 재판이 진행되는 동안 배심원이 된 사람은 자신의 본업을 제대로 수행하지 못하게 되어 생계에 상당한 지장을 받곤 했음. 따라서 그는 재판이 빨리 끝나 배심원의 직무에서 벗어나기를 간절히 바라곤 했음.
- Britannia metal: 은(silver)처럼 보이는 값싼 합금으로 그릇 등을 만드는 데 쓰였음.
- as proud of it as Punch: Punch는 인형극 Punch and Judy에 나오는 주인공 이름.
- It is a freehold: freehold는 어떤 재산에 대해 완전한 소유권을 지니고 있는 상태를 의미함.
- heating the poker: '부지깽이를 불에 달구는 것'(이것을 대포의 점화구에 밀어 넣어 대포를 발사함).
- tobacco-stoppers: 파이프에 담배를 채워 누르는 도구.
- brazen bijou: 놋쇠로 만든 까치발 선반받이.

제26장

재거스는 의뢰인을 만나거나 법정에서 돌아온 뒤 언제나 손을 깨끗이 씻는 버릇이 있다. 그는 핍과 허버트, 스타텁 그리고 드러믈을 자기 집으로 초대한다. 재거스는 드러믈에 대해 강한 관심을 보인다. 핍과 그의 친구들이 서로 팔 힘을 자랑할 때 갑자기 재거스는 식탁 시중을 들던 그의 가정부 몰리(Molly)에게 명령해 그녀의 흉터 난 강한 팔목을 보이도록 한다. 드러믈은 계속 오만하고 불쾌한 언행을 하면서 싸움을 일으킬 뻔하는데 재거스의 제지로 싸움은 일어나지 않는다. 재거스는 헤어질 때 핍에게 드러믈을 조심하라고 충고한다.

재거스의 집에서의 침울하고 긴장에 찬 식사 장면은 25장에서 묘사된 웨믹의 집에서의 편안하고 부드러운 장면과 대조를 이룬다. 재거스의 이상한 가정부 몰리는 독자의 새로운 궁금증을 야기한다. 재거스의 손 씻는 습관은 신약성경에서 빌라도가 예수를 유태인들에게 내어주고 손을 씻는 행위를 연상시킨다. 책임을 회피하고자 하는 심리를 보여주는 이 행위는 곧 재거스가 자신의 직업적 부도덕성을 인식하고 있다는 사실을 상징적으로 나타낸다.

주해

- Soho: 런던의 서부에 있는 주택가 지역.
- the faces I had seen rise out of the Witches' caldron: 셰익스피어의 극 〈맥베쓰*Macbeth*〉 4막 1장에서 마녀들이 동굴 속의 화염 구덩이 위에 걸린 가마솥에서 솟아오르는 장면을 지칭함.
- made a dreadful likeness of that woman: '그 여자와 똑같은 얼굴을 아주 끔찍하게 표현해 보였다'.

第27장

어느 날 핍은 조가 곧 방문할 것을 알리는 비디의 편지를 받는다. 핍은 조를 창피스럽게 여기는 마음으로 마지못해 그의 방문을 기다린다. 연극배우가 되어서 그와 함께 런던에 올라온 웝슬 씨를 비롯해 마을 사람들의 안부를 전하고 난 조는 해비셤 양이 그를 불러서 에스텔러가 돌아왔다는 소식을 전해달라고 했다는 사실을 핍에게 알린다. 핍의 딱딱한 태도에 어색함과 부자연스러움을 감추지 못하던 조는 곧바로 핍에게 작별 인사를 하고 떠난다. 핍은 곧 자신의 잘못을 깨닫고 조의 뒤를 쫓아 달려 나가지만 조는 이미 가고 없다.

비디는 에스텔러의 소식을 편지로 핍에게 직접 전하지 않고 조를 통해 전하는데, 이것은 핍에 대한 사랑의 감정이 아직 그녀에게 남아있음을 암시하는 행동이다. 핍과 헤어질 때 조가 보이는 소박한 위엄과 진실성은 처음의 서투르고 우스꽝스러운 모습과 대조되면서 더욱 극적인 인상을 남긴다.

주해

- ekerval to most: equal to most(대체로 여전한).
- no backerder, if not no forarder: no worse but no better either. = about the same. (backerder=backwarder, forader=forwarder)
- 'Ceptin' Wopsle: excepting Wopsle.
- Roscian: Roscius와 같은. Roscius는 BC 62년에 사망한 로마의 유명한 희극배우 Quintus Roscius Gallus.
- our National Bard: Shakespeare.

- a peck of orange-peel: 관객이 야유의 표시로 던진 오렌지 껍질. a peck of=a lot of.
- he see the ghost: the ghost는 햄릿으로 등장한 웝슬이 극 중에서 대면하는 죽은 왕의 유령을 지칭함.
- cutting in ... with 'Amen!': 교구 서기였던 웝슬의 대사와 연기가 너무 엄숙하고 부자연스러운 것 때문에 관객이 사이사이에 '아멘!'이라고 야유조로 끼어든 것을 의미함.
- try to keep it on how you may: no matter how much you may try to keep it on.
- your elths: your health.
- its character stand i: it has a good reputation. stand I = stand high.
- meller: mellow.
- 'eating: heating(=hot).
- Blacking Ware'us: Blacking Warehouse(구두약 공장). 1832년에 설립된 Day and Martin이라는 런던의 대표적인 액체 구두약 공장은 그 건물이 크고 웅장해서 얼마 동안 관광 명소가 되었다고 함.
- it come up to its likeness in the red bills at the shop doors: '구두약을 파는 가게들의 입구 문에 붙여진 붉은 색 광고 전단지에 그려진 것과 똑같은 모습으로 보인다'.
- architectooralooral: architectural.
- wicket-keeping: cricket 게임에서 삼주문 수비를 하는 것. 야구에서 포수 역할과 비슷함.
- the slop-basin: 식탁의 찻잔 가신 물을 받는 대야.
- he heaped coals of fire on my head: to heap burning coals

on somebody's head = to make somebody feel remorse for treating one badly by treating him well in return; to overcome evil with good. 신약성경 시편 140편 10절, 잠언 25장 22절, 로마서 12장 20절 참조.

- shay-cart: chaise-cart.
- comb my 'air the wrong way: 나를 화나게 한다. my 'air = my hair.
- his manners is given to blusterous: given to = ~하는 경향이 있는.
- as follering: as following.
- I've beat out something nigh the rights of this: '내가 금방 한 말을 통해 뭔가 적절한 이야기를 했다.'

제28장

다음날 핍은 해비셤 양의 집을 방문하기 위해 고향으로 가는 마차에 오른다. 그런데 마차에 함께 타고 가게 된 두 명의 죄수 가운데 한 사람이 바로 예전에 고향 술집에서 조의 줄칼로 술을 저어 마시다가 2파운드를 그에게 주고 사라졌던 사람(제10장)이라는 것을 핍은 알아차린다. 죄수는 핍을 알아보지 못하지만 핍은 뒷좌석에 앉은 그 죄수가 다른 죄수에게 그 당시 한 동료 죄수의 부탁을 받고 돈을 전달해주었다고 이야기하는 것을 엿듣게 된다. 고향 읍내의 여관 블루 보어에 도착한 핍은 웨이터가 가져다 준 신문을 읽고 펌블추크가 그의 가장 가까운 친지이자 그의 행운을 가져온 장본인의 행세를 한다는 사실을 알게 된다.

📝 핍이 희망에 가득 차서 에스텔러를 만나러 가는 행복한 순간에, 그동안 잊었던 옛날의 죄수 이야기가 되살아나는 것은 핍의 앞날에 대한 불길한 암시로 작용한다.

주해

- box-place: box-seat. 요즘은 극장의 칸막이 좌석을 의미하지만 여기에서는 '마부 옆 좌석'을 의미함.
- posting-yard: 여관 뒤쪽의 마당으로 마차의 지친 말을 새 말로 바꿔 매는 곳.
- dockyards: 해군의 조선소. 당시 중노동 형을 선고받은 죄수들을 이곳으로 보내서 노동을 시켰음.
- bread-poultice: 끓는 물에 빵을 섞어 만든 일종의 습포 같은 것으로 염증이 난 곳에 바름.
- the Half-way House: 역마차의 기점과 종점 사이 중간지점에 있는 여관.
- Giv him by friends: They were given to him by friends.
- Not a ha'porth: Not at all. ha'porth = half penny worth.
- the Mentor of our young Telemachus: Mentor는 그리스 신화 속의 영웅 Odysseus의 친구로서 Odysseus의 아들 Telemachus의 현명한 스승.
- Quintin Matsys: 1530년 사망한 플랑드르 지방의 유명한 화가로서 원래 대장장이였다고 전해짐.
- Verb Sap: 라틴어 'Verbum Sapienti satis est'의 약자로서 '현명한 자에게는 한 마디면 족하다'라는 뜻.

제29장

이튿날 아침 산책을 하면서 핍은 해비셤 양이 자신을 에스텔러의 결혼 상대로 선택했다고 믿고는 그녀와 결혼하게 될 자신에 대해 낭만적인 상상을 한다. 새티스 하우스에는 올릭이 문지기로 일하고 있다. 해비셤의 방에서 핍은 아름답게 성장한 에스텔러를 만나는데, 여전히 거만하고 우월한 존재로 보이는 에스텔러에 대해 그는 다시금 뼈저린 열등감에 사로잡힌다. 옛일을 회상하면서 함께 정원을 산책하는 동안 에스텔러는 자신에게는 따뜻한 마음을 지닌 심장이 없다고 핍에게 경고하듯 말한다. 하지만 핍은 이를 믿으려 하지 않는다. 해비셤 양은 핍에게 에스텔러를 맹목적인 헌신으로 사랑하라고 권한다. 핍과 에스텔러는 재거스와 쌔러 포킷과 함께 식사를 한다. 식사 후 네 사람은 해비셤의 방에서 카드놀이를 하는데, 이때 핍은 에스텔러에 대한 자신의 뜨거운 열정과는 전혀 어울리지 않는 무정한 재거스의 존재를 견딜 수 없어 한다. 에스텔러에 대한 사랑의 번민에 사로잡힌 채 여관에 돌아온 핍은 그녀가 경멸할까 봐 매부 조를 방문할 생각을 버린다.

✎ 에스텔러를 대하는 동안 반복적으로 핍의 마음을 스치는 뭔지 알 수 없는 연상은 에스텔러와 관련된 궁금증을 강하게 남김으로써 독자의 상상력을 자극한다. 핍은 에스텔러에 대한 자신의 사랑이 이성을 넘어선 불가항력적인 것이었다고 말한다. 핍의 이러한 사랑은 해비셤 양이 정의하는 '진정한 사랑'과 상당 부분 일치하는 것으로서 본질적으로는 낭만적인 사랑에 해당한다. 하지만 다른 한편 핍은 그 자신이 말한 것처럼, 사랑하는 대상인 에스텔러를 완벽한 존재로 미화하지 않았다는 점에서 상투적인 낭만적 연인과 다른 면모를 지닌다.

주해

- Tag and Rag and Bobtail: rag-tag and bobtail(사회의 찌꺼기, 하층민, 부랑자).

제30장

핍은 재거스에게 말해 올릭이 해비셤 양의 문지기 자리에서 해고당하도록 한다. 읍내를 지나가던 그는 양복점 주인 트랩의 점원 소년한테 조롱당하는 곤욕을 한바탕 치른다. 나중에 그는 이에 대한 항의의 편지를 트랩에게 보낸다. 한편 그는 조에게 대구와 굴을 선물로 보냄으로써 조를 방문하지 않은 것을 보상하고자 한다. 핍은 허버트에게 에스텔러에 대한 사랑과 번민을 털어놓는데, 허버트는 핍을 위로하는 한편 에스텔러와의 결혼이 의무사항으로 정해진 것이 아님을 확인하면서 에스텔러를 잊으라고 핍에게 충고한다. 하지만 핍은 에스텔러를 잊는 것은 불가능하다고 대답한다. 허버트 자신도 역시 핍에게 전직 선박 사무장의 딸인 클래러(Clara)라는 아가씨를 사랑한다고 고백한다. 두 사람은 기분을 전환하기 위해 웝슬이 등장하는 연극을 보러 간다.

트랩의 점원이 핍에게 가한 조롱과 창피는 조를 외면하고 떠난 핍의 행동에 대한 대리적 응징이라고 할 수 있다. 그리고 이에 대한 핍의 대응, 즉 트랩에게 항의의 편지를 보내는 행위는 핍의 비열한 속물성을 드러내 주는 한 예이다. 핍의 그러한 속물성과 조에 대한 그의 배은망덕함은 에스텔러를 잊으라고 핍에게 조심스럽게 충고하는 허버트의 섬세하고 진실한 우정과 명확한 대조를 이룬다.

주해

- Hyde Park-corner: Hyde Park 남동쪽 모퉁이의 출입문 위에 시계가 있었는데, 핍이 거주하는 Barnard's Inn에서 이곳까지는 거리가 2마일 이상이나 된다.
- the marine store-shop: 원래 낡은 선박용품이나 도구 따위를 취급하는 상점이었으나 그 당시는 중고품 상점의 역할을 하기도 했음.
- Kew: Richmond 근처의 강변 지역 이름.
- to realize this same Capital: '바로 이 자본이란 것을 실제로 획득하고 확보한다는 일'.

제31장

연극에서 웝슬은 햄릿으로 등장하는데 서툰 연기로 인해 관객들의 야유와 조롱을 받는다. 연극이 끝난 뒤 핍은 허버트와 함께 웝슬의 초청으로 그를 만나본다. 웝슬은 자기의 연기를 성공적이라고 생각한다. 웝슬에 대한 동정심으로 핍은 그를 저녁 식사에 초대한다. 하지만 그는 여전히 에스텔러에 대한 생각으로 비참하고 우울한 기분을 버리지 못한다.

웝슬의 햄릿 공연 장면 묘사는 일종의 희극적 기분전환(comic relief)의 역할을 한다.

주해

- being advised by the gallery to "turn over": '관객들로부터 "페이

지를 넘겨"라고 야유의 충고를 받은 것'.

- declining to perform the funeral service: 〈햄릿*Hamlet*〉 5막 1장에서 레어티스(Laertes)가 동생 오필리어(Ophelia)의 장례식을 기독교 관례에 따라 정식으로 거행해주길 바라자 사제가 오필리어가 자살했으므로 그럴 수 없다고 거절하는 장면 참조.
- taking the form of nuts: 당시 관객들은 야유의 표시로 오렌지 껍질이나 호두 따위를 던지곤 했음.
- musical madness: 〈햄릿*Hamlet*〉 4막 1장에서 오필리어가 죽기 전에 노래하는 장면 참조.
- whether 'twas nobler in the mind to suffer: 〈햄릿*Hamlet*〉 3막 1장 56-60행 참조.
- what should such fellows as he do ~ heaven: 〈햄릿*Hamlet*〉 3막 1장 129-132행 참조.
- Rule Britannia: 1740년에 창작되어 그 이후 널리 알려진 "영국이여 지배하라"라는 제목의 애국적인 노래. 원래 한 가면극을 위해 만들어진 노래였음.
- not to saw the air thus: 〈햄릿*Hamlet*〉 3막 2장 1-10행에서 허공을 톱으로 썰 듯이 손을 휘두르지 말라고 햄릿이 배우에게 말하는 부분 참조.
- an individual obnoxious to identification: 누군지 쉽게 간파되는 사람. obnoxious to = subject to.
- a large Danish sun or star ~ Fire Office: 1786년에 설립된 the Sun Fire Office(태양 화재 보험회사)의 상징은 불길이 주변으로 뻗치고 있는 둥그런 태양이었음. 이 보험회사에 가입한 상점이나 가정집은 이 표시를 그린 금속판을 문밖에 부착해놓음으로써 화재 발생시 이 보험회사의 소방대가 쉽게 알아보도록 했음.

제32장

펍은 어느 날 에스텔러로부터 그녀가 런던에 온다는 것을 알리는 편지를 받는다. 역마차 정거장에서 에스텔러를 기다리는 동안 펍은 웨믹을 만나는데, 웨믹의 제안으로 뉴게이트 감옥을 구경하러 간다. 웨믹은 사형을 앞둔 한 화폐 위조범을 비롯해 여러 죄수를 둘러보면서 그들과 대화를 나눈다. 감옥에서 나와 웨믹과 헤어진 뒤 펍은 자신이 왠지 계속 죄수와 범죄의 세계에 연결되어 있다는 사실을 느끼면서 이를 의아해한다.

28장에 이어 에스텔러를 만나기 직전에 핍이 또다시 죄수들의 세계와 연루된다는 사실은 핍이나 에스텔러 모두 그런 죄수들의 세계와 뭔가 불가분의 관계가 있다는 강한 암시로 작용한다. 특히 이 장(chapter)의 마지막 문장에서, 에스텔러를 만나는 순간 다시금 핍의 마음을 스치는 것으로 언급되는 그 뭔지 모를 연상은 에스텔러와 관련된 이러한 궁금증을 더욱 강화하고 확대한다.

주해

- a banker's-parcel case: 돈 꾸러미를 운반 중인 은행원을 덮쳐 강도질을 했거나 아니면 운반 중인 돈 꾸러미를 가짜 돈으로 바꿔치기한 사건을 의미함.
- much to the trying of his temper: '그가 상당히 화날 지경이 되도록'.
- the period of exaggerated reaction ~ wrong-doing: 감옥의 열악한 처우에 대해 여론이 과도하게 반응하는 바람에 오히려 감옥이 구빈원이나 군대보다 더 지내기 좋은 곳이 되는 결과가 발생했던 시기인 1860년대를 지칭함. 디킨즈는 이러한 상황에 대해 비판적이었음.

- potman: 술집 심부름꾼.
- coming out in full blow: '만발하여 피는 것'. 죄수들을 온실 속의 식물로 비유한 표현.
- took the familiar department: '친밀하게 대하는 역할을 맡았다'는 뜻.
- what I had upon me when taken: 체포될 때 내가 지니고 있던 돈(가짜 돈을 의미함).
- The Recorder's report is made to-day: 재판이 끝난 후 해당 지방 법원 판사는 국왕의 결재를 받기 위한 재판의 심리 보고서를 최종적으로 작성해 내무장관(the Home Secretary of State)에게 올리게 되어 있다. 이때 판사는 감형 대상을 심사하고 선별하여 청원서 등 그것에 대한 자료를 첨부하도록 되어 있다. 따라서 감형 고려 대상에 끼지 못하고 판결대로 보고서가 작성되었다면 그것은 곧 형이 최종적으로 확정되어 더 이상 희망이 없다는 것을 뜻한다. 이와 관련된 내용은 56장에서도 나온다.

제33장

에스텔러는 리치먼드의 한 상류계급 부인의 집에서 살면서 그 부인의 소개로 사교계에 나가 경험을 쌓을 예정이다. 에스텔러를 리치먼드로 데려다주는 동안 핍은 그녀에 대한 자신의 사랑을 은근히 표현한다. 그러나 에스텔러는 이를 경멸하면서 비웃는다. 핍은 그녀가 마지못해 그를 상대해준다는 인상을 강하게 느낀다. 한편 두 사람은 핍을 질투하고 모함하는 포킷 집안의 사람들에 대해 그리고 재거스 등에 대해서도 이야기를 나눈다. 리치먼드에서 에스텔러와 헤어진 핍은 착잡하고 고통스러운 심정에 사로잡힌 채 자기 거처로 돌아온다.

☑ 에스텔러는 자신과 핍이 다른 사람들에 의해 조종되는 꼭두각시 같은 존재들인 것처럼 말하고 행동한다. 이런 태도로 인해 핍은 에스텔러가 자신을 상대하는 것이 그녀 자신의 의지보다는 해비셤 양의 명령에 의한 것이며 나아가 해비셤 양은 그를 에스텔러의 배우자로 정해놓고는 그녀에게 이를 받아들이도록 강요하고 있는 셈이라고 믿는다. 이 강제된 관계에 대한 자의식은 그로 하여금 에스텔러에게 적극적으로 사랑을 표현하며 구애하지 못하게 하는 큰 원인으로 작용한다.

주해

- diminishing mirror: 방안 전체를 작게 축소된 모습으로 보여주는 장식용 볼록 거울.
- Moses in the bulrushes: 갈대로 만든 바구니 속의 모세. 구약성경 출애굽기 2장 3절 참조.
- a fat family urn: 둥그렇고 땅딸막한 단지 모양 찻주전자.
- a casket of precious appearance containing twigs: (좋은 차를 만드는 부드러운 찻잎이 아니라) 저급한 차를 만드는 줄기나 잔가지 따위가 차를 담는 통에 담겨져 있다는 의미.
- a sudden glare of gas: 당시 가로등이나 주택용으로 보급된 지 얼마 안 된 가스등 불빛.
- had their court days many a time: 궁중에 입고 나가는 옷차림으로 여러 번 착용되었다는 뜻.
- hoops: hooped petticoat.
- a relative in the Foot Guards: 사귀는 남자를 에둘러서 표현한 말.

제34장

이따금 조에 대해 죄의식을 느끼곤 하지만 핍은 점점 무의미하고 낭비적인 생활에 빠져든다. 그의 낭비 습관은 허버트에게까지 나쁜 영향을 끼쳐 그의 처지를 어렵게 만든다. 둘은 '숲속의 방울새들'이라는 젊은 한량들의 사교 모임에 가입하는데, 드러믈도 그 모임의 회원으로 속해 있다. 핍과 허버트는 자신들의 형편과 사정을 점검하고자 간혹 빚 목록을 작성해보기도 하지만 그때마다 오히려 씀씀이가 커지고 빚이 늘어나는 결과만 낳는다. 그러던 어느 날 핍에게 누나의 사망을 알리는 편지가 도착한다.

주해

- canary-breasted: dressed in ostentatious yellow livery; yellow coated.
- Covent Garden: 당시 Covent Garden은 오페라 하우스와 극장을 비롯해 많은 coffee-house가 모여 있는 곳으로 매춘까지 행해지는 점잖지 못한 유흥 지역이었음.
- a skeleton truth: a hidden truth.
- Lloyd's: 런던 거래소(Royal Exchange)에 있는 당시 가장 유명한 해상 보험 회사 이름. 여러 명의 해상 보험업자들과 선박업자들이 이곳에 모여 거래와 영업을 수행했는데, 허버트가 나가는 사무실의 주인(his principal)도 이들 보험업자 가운데 한 사람인 것임.
- like a booted Cupid: 큐피드는 맨발로 공중을 날아다니는데, 핍의 하인은 구두를 신고 있으므로 이렇게 표현한 것임.
- signed Trabb & Co.: 양복점 주인 트랩은 장의 사업도 겸하고 있음.

제35장

누나에 대한 애정은 별로 없지만 핍은 누나의 사망 소식을 듣고 한동안 충격과 회한에 사로잡힌다. 그는 누나를 공격한 범인에 대한 분노를 새로이 느끼기도 한다. 트랩 씨가 주관하는 가저리 부인의 장례식은 허세와 우스꽝스러운 격식으로 가득 찬 채 거행된다. 장례식 내내 펌블추크는 핍에게 비굴한 아첨을 표한다. 비디는 핍에게 누나의 임종 상황을 설명해주는데, 그녀에 따르면 누나의 마지막 말은 '조,' '용서를 빈다,' '핍'이었다. 핍은 또한 비디로부터 그녀가 새로 지어진 마을 학교의 선생으로 일할 계획이라는 것, 그리고 채석장에서 일하는 올릭이 여전히 그녀를 쫓아다닌다는 사실 등을 알게 된다. 핍이 매부 조를 위해 자주 고향에 내려오겠다고 말하자 비디는 믿지 않는다는 듯이 정말로 그럴 생각이냐고 반문한다. 이에 핍은 화를 내면서 비디를 비난한다. 그는 다음날 일찍 런던으로 돌아간다.

장례식에 대한 묘사를 통해 디킨즈는 격식에 매인 사회 관습을 희극적으로 풍자하고 있다. 비디와 핍의 대화에서 다시금 비디의 솔직함과 섬세한 통찰이 핍의 자기중심적인 둔감성 및 허위 의식과 두드러진 대조를 이루며 드러난다. 핍이 비디를 비난하면서 언급한 '인간성의 나쁜 면'(the bad side of human nature)은 오히려 핍 자신에게 적용되는 아이러니를 낳는다.

주해

- Two dismally absurd persons: 장례식의 곡하는 사람(mute)으로 고용된 자들을 지칭함.
- a crutch done up in a black bandage: 곡하는 사람이 짚는 검정 천으로 싸맨 지팡이.

- had got all the leaves up: 테이블의 접어놓는 부분을 모두 올려 펴 놓았다는 뜻.
- black velvet housing: housing의 의미는 '관 덮개'(ornamental cloth covering for the casket).
- those noble passages ~ in one stay: 영국 국교의 기도서(The Book of Common Prayer)에 있는 장례미사용 구절을 지칭함. 신약성경 디모데전서 6장 7절, 구약성경 욥기 1장 21절과 14장 2절 등으로 조합되어 있음.

제36장

스물한 번째 생일을 맞아 성년이 된 핍은 기대에 차서 재거스를 만나러 간다. 하지만 그는 재거스로부터 '은인'의 정체나 그가 나타날 시기에 대한 아무런 확실한 단서도 듣지 못한다. 재거스는 다만 '은인'의 선물이라면서 500파운드를 핍에게 준 뒤 앞으로 연간 생활비로 그가 받게 될 돈 역시 이와 똑같은 액수가 될 것이라고 말해준다. 핍은 재거스와 함께 식사를 하기로 하는데, 그를 기다리는 동안 웨믹에게 허버트를 도울 방도에 대한 조언을 청한다. 웨믹은 즉시 부정적인 대답을 하지만 핍이 그의 사적인 대답을 듣고자 집을 방문하겠다고 하자 기꺼이 이를 수락한다. 재거스와의 식사는 아주 불편하고 우울해서 동석한 허버트까지도 죄를 지은 듯한 착각에 빠진다.

☑ 재거스의 사무실에서 재거스한테 압도되어 어쩔 줄을 모르고 의자에 앉아 있는 상황은 핍에게 문득 옛날 교회 마당에서 죄수에 의해 묘석에 잡아 앉혀진 채 위협당하던 일을 연상시킨다. 핍의 은인이 결국 바로 그 죄수인 것으로

나중에 밝혀진다는 사실에 비추어볼 때 이것은 간단하지만 의도적인 작가의 복선으로 읽힌다.

주해

- a folded piece of tissue-paper: tissue-paper는 종이 수건이 아니라 은행권 화폐의 종이를 뜻함.
- Chelsea Reach: 템스강의 런던 서쪽 경계를 이루는 유역.

제37장

일요일 오후 핍은 약속한 대로 웨믹의 집을 방문한다. 웨믹과 사귀는 스키핀스(Skiffins) 양을 만나 인사를 나눈 핍은 곧 웨믹에게 허버트가 처한 상황을 자세히 설명한 뒤 그를 은밀히 돕고 싶다면서 웨믹의 조언을 다시금 구한다. 웨믹은 핍의 부탁을 기꺼이 받아들여 허버트를 도울 방도를 찾아보기로 약속한다. 얼마 후 웨믹은 클래리커(Clarriker)라는 선박 중개업자를 핍에게 소개해주고, 그러자 핍은 허버트가 클래리커와 동업자 관계가 될 수 있게끔 하는 계약을 허버트 몰래 맺는다. 그리고 어느 날 집에 돌아온 허버트가 마침내 기회가 찾아왔다며 기뻐하는 모습을 보고 함께 기뻐하면서 마음속으로 흐뭇해한다.

허버트를 몰래 도움으로써 핍은 그 자신이 또 다른 익명의 은인이 된다. 이 이타적인 행위는 그가 비록 지금은 속물로 타락했지만 아직 구원받을 가능성이 있다는 사실을 보여주는 것이다. 한편 따뜻하고 유쾌한 웨믹의 집은 삭막하고 어두운 런던 생활에서 핍이 그나마 인간적인 유대와 활기를 느낄 수 있는 곳으로 조의 대장간을 대신하는 역할을 한다.

주해

- Wine-Coopering: 포도주통 제조업. '포도주 소매 판매업'을 의미하는 것으로 볼 수도 있음.
- in the post-office branch of the service: 웨믹과 마찬가지로 스키핀스 양의 입 모양도 우체통 편지 구멍 같이 생겼다는 뜻.
- by George: George는 영국의 수호성인 St. George를 지칭함.
- the island: 마당의 연못 가운데 있는 조그만 섬. 25장 참조.

제38장

에스텔러를 자주 따라다니는 핍은 그녀를 숭배하는 다른 젊은이들에 대한 질투심으로 괴로워한다. 에스텔러는 핍에게 그녀를 사랑하지 말라는 경고를 되풀이해 말한다. 핍과 그녀가 해비셤 양을 방문했을 때 해비셤 양은 에스텔러가 남자들에게 얼마나 차갑게 대하는지 자세히 물어보고는 즐거워한다. 핍은 해비셤 양의 이런 모습을 보면서 그녀가 남자에 대한 복수심을 채우기 위해 핍 자신과 에스텔러를 이용하고 있다고 확신한다. 문득 해비셤 양은 에스텔러가 자신에게 냉정하고 거만하게 군다고 비난하는데 그러자 에스텔러는 해비셤 양 자신이 그렇게 가르친 것이라고 반박한다. 그날 밤 핍은 우연히 해비셤 양이 괴로움에 찬 신음 소리를 내면서 집안을 돌아다니는 모습을 목격한다. 어느 날 '숲속의 방울새' 모임에서 드러믈이 에스텔러를 위해 건배를 제안하는데, 핍은 이에 대해 격분하며 결투를 신청한다. 그러나 드러믈이 다음날 에스텔러의 자필 편지를 제시함으로써 핍은 사과하지 않을 수 없게 된다. 드러믈과의 관계에 대해 핍이 비판하자 에스텔러는 핍을 제외한 다른 남자들을 대하는 그녀의 태도와 행동은 모두 거짓된 것이라고 대답한다.

✍ 자신이 해비셤에 의해 에스텔러의 결혼 상대로 미리 정해졌다고 확신하지만 핍은 에스텔러가 스스로의 선택으로 그를 받아들이기를 원한다. 이미 결정된 유리한 처지를 이용하여 자신의 사랑을 실현하려고 하지 않는 핍의 이런 태도는 일종의 신사다운 행위로서, 허버트를 도와주는 행동처럼 핍의 도덕적 진실성을 보여주는 하나의 증거라고 할 수 있다. 남성에 대한 복수의 도구로서 에스텔러에게 무정함과 거만함을 불어 넣었지만 그 무정함과 거만함이 자기 자신에게로 향하자 발끈해 하는 해비셤은 스스로 파놓은 덫에 걸리고 만 꼴이다. 한편 핍 역시 이런 아이러니의 덫에 빠진 존재라고 할 수 있는데, 왜냐하면 그는 자기 자신만은 해비셤의 복수의 대상에서 제외되었다고 굳게 확신하지만 결과적으로 해비셤의 복수의 가장 큰 희생자가 되고 말기 때문이다.

주해

- staked upon that cast: '에스텔러와 결혼할 가능성에 운을 걸었던'이라는 의미.
- he knew where I was to be found: 결투를 신청할 때 쓰는 표현.
- Assembly Ball: Assembly Rooms(읍이나 마을의 회관 또는 공공 집회실)에서 열리는 중, 상류계급의 무도회.
- the Eastern story: James Ridley가 지은 *Tales of the Genii*(1764)에 나오는 이야기. 이 이야기에서 두 마법사가 미스나(Misnar)라는 이슬람 군주(sultan)의 왕위를 찬탈하는데, 이 마법사들을 죽이기 위해 미스나의 한 신하가 무거운 석판을 떨어뜨리는 장치를 은밀히 설치해

놓고는 마법사들이 침상에서 승리감에 취해 자고 있을 때 군주 미스나로 하여금 석판을 당기고 있는 밧줄을 도끼로 쳐서 끊게 한다.

제39장

핍이 23살이던 때, 허버트가 사업차 마르세이유에 가고 없는 어느 폭풍우 치는 날 밤, 한 낯선 남자가 핍을 찾아온다. 핍은 곧 그가 어린 시절에 교회의 묘지에서 만났던 죄수라는 것을 알아차린다. 핍은 자신을 만나서 감격스러워하는 그에게 거부감을 느끼지만 일단 그를 맞아들여 술을 대접하고 이야기를 나눈다. 핍은 그 사람이 옛날에 보내준 2파운드를 되갚는데 그는 돈을 받자마자 곧바로 찢어서 불에 태워버린다. 그러더니 그는 충격적이게도 자기가 바로 핍의 익명의 은인이라는 사실을 밝힌다. 그의 말에 따르면, 그는 오스트레일리아에 유형을 간 뒤 열심히 일해서 자유를 찾고 부자가 되는데, 그 옛날 자신을 친절히 대한 핍에게 보답하고자 자신이 번 돈을 모두 핍을 위해 쓰기로 맹세한다. 그리곤 이 맹세를 실천하기 위해 모든 것을 참고 살아오다가 이제 신사가 된 핍을 만나기 위해, 사형당할 위험을 무릅쓰고 영국으로 돌아온 것이다. 충격에 휩싸인 핍은 죄수가 허버트의 방으로 자러 들어간 뒤에야 비로소 죄수가 밝힌 사실의 의미를 실감하기 시작한다. 즉, 자신이 해비셤 양의 유산을 물려받고 에스텔러와 결혼하게 될 것이라는 그의 믿음은 그야말로 엄청난 착각이었던 것이다. 핍은 특히 자신이 조와 비디를 배신한 것이 결국 혐오스럽기만 한 이 죄수 때문이었다는 사실을 통렬하게 후회한다. 이러한 충격과 회한에다가 죄수에 대한 두려움과 불안감까지 겹쳐서 핍은 잠을 잘 이루지 못한다.

✎ 핍이 느낀 충격과 죄수에 대한 거부감은 독자가 어느 정도 공감할 수 있는 부분이긴 하다. 그러나 게으르고 배은망덕했던 핍의 속물적 삶을 정직한 노동

으로 은혜를 갚고자 한 죄수의 성실한 삶과 대조해볼 때 핍의 거부감과 혐오감은 사실 그 정당성이 별로 없는 것으로 보인다.

주해

- the Temple: 변호사나 법학도 등이 거주하는 네 개의 법학원(the Inns of Court) 가운데 두 곳, 즉 Inner Temple과 Middle Temple이 있던 곳. 나머지 두 곳의 이름은 Gray's Inn과 Lincoln's Inn.
- a game one: a sharp one.
- warmint: vermin(=a repulsive animal).
- Portsmouth: 당시 런던에서 남서쪽으로 72마일쯤 떨어진 항구도시.
- more to me nor any son: nor는 여기서 than과 같은 의미.
- but wot: but that = unless.
- you can't do better nor keep quiet: 여기서도 nor는 than의 의미. 네가 침묵하는 것은 당연한 일이라는 뜻.
- colonists: 장교나 관리들 또는 부유한 이주자들을 포함해, 자발적으로 오스트레일리아에 이민 간 사람들(free settlers)을 지칭함.
- blood horses: 순종 말.
- if took: if taken.
- the Old Bailey: 뉴게이트(Newgate) 감옥에 수감된 죄수들이 재판받는 곳인 런던 중앙 형사 재판소로 뉴게이트 감옥과 붙어 있음. 24장의 주해 참조.

제40장

사람들의 의심을 피하기 위해 핍은 시골에서 숙부가 찾아왔다고 말하기로 생각한다. 핍은 새벽에 계단을 내려가다 그곳에 웅크리고 있던 한 사람에게 발이 걸려 넘어지는데, 문지기한테서 간밤에 한 사내가 핍의 방문객을 뒤따라왔었다는 말을 듣고 불안해한다. 죄수와의 대화를 통해 핍은 그의 본명이 에이블 매그위치(Able Magwitch)이며 프로비스(Provis)라는 가명을 쓰고 있다는 것을 알게 된다. 죄수는 다시금 자신이 핍을 신사로 만든 일을 기뻐하는데 그의 그런 모습과 상스러운 언행으로 인해 핍은 더욱더 큰 혐오감을 느낀다. 하지만 핍은 잡히면 사형당할 죄수의 안전을 걱정하면서 그를 농부로 변장시킬 옷가지 등을 구하고 그가 머물 숙소도 마련한다. 한편 핍은 사실을 확인하기 위해 재거스를 찾아간다. 재거스는 법적인 책임을 질 만한 것은 어떤 것도 인정하지 않지만 매그위치가 핍의 은인이라는 사실만은 확인해준다. 닷새 후 허버트가 돌아오는데, 매그위치는 성경에 손을 대고 하는 맹세를 시킨 뒤 그를 받아들인다.

매그위치가 핍을 신사로 만든 것은 자신이 사회로부터 받은 천대에 대한 복수심 내지는 보상심리에서 비롯된 것이기도 하다. 이런 점에서 매그위치는 에스텔러를 남자에 대한 복수의 도구로 사용한 해비셤과 공통점이 있다. 핍은 매그위치에 대한 혐오감에도 불구하고 그의 안전을 걱정하며 애씀으로써 다시 한번 자신보다는 타인을 위해 행동하는 이타적인 모습을 보인다. 이 행위는 충격과 낙담에 휩싸인 처지에서 행해진다는 점에서, 유복한 상황에서 허버트를 도와주던 경우보다 훨씬 더 긍정적이고 도덕적인 의미를 갖는다고 할 수 있다.

주해

- with his seal on it: 문에 밀랍 봉인(wax seal)을 붙여 놓은 것. 강도 등이 문을 열고 침입했는지 알 수 있도록 하는 일종의 안전장치.
- Not over and above: Not especially.
- molloncolly: melancholy.
- pea-coat: a short thick coat or jacket of coarse wool. 선원들이 주로 입었음.
- Negro-head: 짙은 빛깔의 강한 잎담배인데 당밀이나 시럽을 가미해 좀 부드럽고 단맛이 나도록 처리한 것.
- stip'ate: stipulate.
- We'll show 'em another pair of shoes than that: 그들에게 그것과는 다른 모습을 보여줄 것이다. another pair of shoes는 a different matter를 뜻하는 관용 표현.
- afeerd: afraid.
- I ain't took so many year: I haven't taken so many years. 여기서 take는 '(시간을) 보내다'의 뜻.
- informed agen: informed against.
- Botany Bay: 오스트레일리아 남동부 지역 New South Wales의 해안, 지금의 시드니(Sydney) 남쪽에 있는 만(灣)으로 당시 죄수들을 유형 보내던 곳이었음.
- others can do agen: 여기서는 agen이 again의 의미로 사용됨.
- shorts: 스타킹과 함께 입는 짧은 바지(=knee-breeches).
- seafaring slop suit: 선원이나 수병이 입는 싸구려 기성복.
- pannikins: metal drinking cups made from tinned iron.
- the Calendar: the *Newgate Calendar*(범죄자들의 전기 따위를 모

아놓은 책자).

- The imaginary student: Mary Shelley가 쓴 소설 〈프랑켄쉬타인 *Frankenstein*〉(1818)의 주인공 Victor Frankenstein을 지칭함. 소설 즉 상상 속의 인물이므로 'imaginary'라는 수식어를 사용한 것.
- if Pip sh'n't make a gentleman on you: 핍이 자네를 신사로 만들지 못한다면(sh'n't = shall not. on = of).

제41장

매그위치를 숙소로 데려다주고 온 핍은 허버트와 함께 자신의 새로운 처지에 대해 상의한다. 핍은 죄수인 매그위치의 돈을 더 이상 받을 수 없다면서 차라리 도망쳐서 군인이라도 되고 싶은 심정이라고 말한다. 허버트는 핍의 괴로운 심정에 깊은 공감을 표하는 한편, 핍이 매그위치를 버리고 도망칠 경우 매그위치가 그만 자포자기에 빠져 잡혀버리고 말 위험성에 대해 지적한다. 따라서 일단 핍이 매그위치와 함께 외국으로 안전하게 피신하는 것이 급선무라고 허버트는 제안하는데, 핍도 이를 수긍하며 받아들인다. 매그위치를 좀 더 잘 알기 위해 두 사람은 다음날 매그위치에게 그의 지난 과거를 물어보기로 한다.

핍에게 위로와 충고를 해주는 대목에서 허버트는 서툴고 순진하게 보이던 과거의 인상과는 달리 매우 사려 깊고 통찰력 있는 새로운 면모를 보여준다. 핍은 만약 매그위치가 잡혀 교수형을 당한다면 그 원인은 결국 바로 핍 자기 자신에게 있는 것이라고 생각하며 괴로워한다. 핍의 이런 태도는 그의 내면에 살아 있는 도덕적 책임 의식의 일단을 드러내주는 부분이다.

주해

- support the character: (신사의) 역할을 잘 수행하다.
- fur me not to know ~: without my knowing ~.
- his putting himself ~ taken: 그가 자신을 체포당하도록 하는 것.
- the working out of which: 이 생각이 실제로 일어나는 것.
- crib: 집이나 거처를 의미하는 속어.
- shake-down: 침상이나 잠자리를 의미하는 속어.

제42장

매그위치는 핍과 허버트에게 자신의 과거 이야기를 들려준다. 그는 자기 이름 외에는 부모나 출생에 대해 아무것도 알지 못한다. 그는 어렸을 때 그를 데리고 다니던 땜장이한테 버림받은 뒤 배가 고파서 음식을 훔쳐 먹다가 잡히는데, 이를 시작으로 일찍부터 감옥을 들락날락하는 상습범이 되어 사회의 멸시와 천대를 받으면서 자란다. 어른이 된 그는 엡솜(Epsom) 경마장에서 신사의 교육과 외모를 갖춘 콤피슨(Compeyson)이라는 냉혹한 악당을 만나 그의 하수인으로 범죄를 계속 저지르게 된다. 콤피슨에게는 아써(Arthur)라는 동료가 있었는데, 그와 콤피슨은 예전에 어느 부유한 숙녀를 속여 큰돈을 갈취한 적이 있었다. 아써는 이 일에 대한 양심의 가책으로 그 여자의 환영에 시달리면서 죽어간다. 매그위치는 콤피슨의 마수에 걸려 노예처럼 이용당하다가 마침내 그와 함께 체포당해 재판을 받게 된다. 그런데 재판 과정에서 콤피슨은 모든 것을 매그위치가 주도한 것으로 조작하고 자신은 신사의 외관을 이용해 가벼운 형을 선고받는다. 이에 대한 원한을 갚고자 매그위치는 감옥에서 콤피슨의 얼굴을 후려치기도 하고 또 나중에 콤피슨이 탈옥했을 때 그를 붙잡아 넘기기도 한다. 그 후 매그위치는 종신 유배형에 처해지고 콤피슨의 소식은 더 이상 듣지 못한다. 한편 이야기 중간에 매그위치는 자기의 아내를 언급하려다가 말기도 한다. 매그위치의 이야기가 다 끝났을 때 허버트는 아써가 바로 해비셤 양의 이복남동생이며 콤피슨은 그녀를 배반한 연인이었다는 사실을 쪽지에 써서 핍에게 알려준다.

✍ 매그위치의 과거를 매그위치 자신의 입을 통해 전달하는 서술방식은 매그위치를 흉악한 범죄자보다는 오히려 편협하고 차별적인 사회의 희생자로서 부각시키는 효과를 낳으며, 그 결과 핍과 독자는 매그위치에 대한 동정심을 자연스럽게 품게 된다. '신사'라는 사회적 지위를 이용하는 악당 콤피슨의 행태는 '신사'로서 무위도식하면서 무의미한 생활을 해온 핍의 모습과 함께 '신사란 무엇인가?'라는 주제를 다시금 생각하게 한다. 매그위치를 통해 새로 밝혀진 해비셤 양과 콤피슨의 관계 그리고 언급되다 만 매그위치의 아내의 존재 등은 이야기에 대한 독자의 관심과 호기심을 새롭게 불러일으킨다.

주해

- tea-kittle: tea-kettle.
- worried and drove: 이곳저곳 쫓겨 다니며 학대받았다는 의미. drove = driven.
- Summun: Someone.
- sparrer: sparrow
- with as little on him as in him: 뱃속에 든 것이 거의 없듯이 겉에 걸친 것도 거의 없이.
- but wot caught fright at him: that did not catch fright at him. but wot = that ~ not.

- went on agen me about the Devil: 사탄을 들먹이면서 나를 꾸짖고 비난했다(go on = 꾸짖어대다, 지껄이다. agen = against).
- Traveller's Rest: 떠돌이나 부랑자들이 머무는 싸구려 간이 숙박소.
- taturs: potatoes.
- learnt me to write: taught me to write.
- Epsom: 런던에서 남서쪽으로 18마일쯤 떨어진 곳으로 매년 6월에 4일간 열리는 경마로 유명함.
- Kingston: 런던에서 남서쪽으로 10마일쯤 떨어진 소읍.
- pardner: partner.
- he'd have run through the king's taxes: 그는 할 수만 있다면 나라의 세금까지 탕진해버리고 말았을 것이다. 즉, 아무리 많은 돈이라도 놀음에 다 탕진하고 말았을 것이다.
- with horrors on him: horrors = delirium tremens(알콜 중독에 의한 떨림과 정신착란증).
- Brentford: 런던에서 서쪽으로 8마일쯤 떨어진 읍.
- My Missis as I had the hard time wi' : My wife whom I had the hard time with.
- could be swore to: could be sworn to. swear to = 법정에서 (~를) 범인이라고 맹세하며 진술하다.
- Bridewells and Lock-Ups: Bridewells는 소년원이나 감화원 같은 형무소, Lock-Ups는 구치소.

제43장

핍은 콤피슨이 만약 아직 살아 있어서 매그위치가 귀국한 사실을 알게 된다면 틀림없이 매그위치를 경찰에 고발할 것이라고 확신하면서 이를 두

려워한다. 핍은 매그위치와 외국으로 가기 전에 먼저 에스텔러와 해비셤 양을 만나보고 싶은 생각이 들어 고향으로 내려간다. 고향 읍내의 여관 블루 보어에서 그는 드러믈과 마주치는데, 드러믈은 자신이 에스텔러와 가깝다는 사실을 은근히 암시하면서 핍을 자극한다.

✎ 드러믈의 담뱃불을 붙여주기 위해 어디선가 나타난 사람은 핍에게 올릭처럼 보이는데, 그의 옷 색깔이 40장에서 매그위치가 핍을 찾아오던 날 밤 그의 뒤를 따라왔다는 사람의 옷 색깔과 같다는 사실은 사소하지만 심상찮은 우연의 일치이다.

주해

- the nearest box: box는 식당 같은 곳에서 삼 면을 칸막이로 둘러쳐서 구분한 좌석.
- Is this a cut: cut은 '모른 체 하기'라는 뜻의 구어.
- Shropshire: 영국 중서부의 한 주.
- laid on by the waiter: 웨이터가 끌어들인.
- washed the weather and the journey from my face and hands: 비에 젖고 여행으로 더러워진 얼굴과 손을 씻었다.

제44장

새티스 하우스에 도착한 핍은 에스텔러와 함께 있는 해비셤 양에게 그의 은인이 그녀가 아닌 다른 사람인 것을 알았다고 말한다. 해비셤 양은 핍과 그녀의 친척들이 그녀를 핍의 은인이라고 착각하도록 조장하고 또 이를 이용했다는 사실을 부인하지 않는다. 핍은 매쓔 포킷과 허버트의 훌륭한 인간성을 칭찬하면서 허버트를 비밀리 돕는 일에 그녀가 도움을 줄 수 있는지 묻는다. 핍은 이어서 에스텔러에게 자신의 사랑을 고백하는데, 에스텔러는 사랑이란 것은 자신이 이해할 수 없는 감정이라고 냉정하게 대답한다. 핍이 드러믈과의 관계에 대해 묻자 그녀는 드러믈을 사랑하지는 않지만 그와 곧 결혼할 것이라고 말한다. 핍은 드러믈과의 결혼만은 하지 말라고 간청하면서 자신의 변함없는 사랑을 토로한 뒤 떠나간다. 해비셤 양은 핍의 그러한 모습을 연민과 회한에 찬 시선으로 바라본다. 핍은 괴로운 마음 때문에 런던까지 걸어서 돌아가는데, 템플 숙소의 입구에 도착했을 때 집에 가지 말라는 웨믹의 전갈을 문지기로부터 전달받는다.

드러믈과 결혼할 것이라는 에스텔러의 선언은 핍이 간직해온 그 모든 기대의 완전한 붕괴를 확인해주는 것이다. 비참한 심경 가운데서도 허버트를 위해 애쓰는 핍의 이타적인 행동은 그의 도덕적 성장의 척도를 잘 나타내준다.

주해

- the dumb alphabet: finger alphabet(수화문자).
- all the way to London: 핍의 고향이자 해비셤이 살고 있는 Rochester부터 London까지는 약 26마일 정도 되는 거리.
- Whitefriars: Carmelite회(하얀 망토를 입고 다녀서 Whitefriars라고 불렸음) 수도원이 있던 자리의 이름.

제45장

핍은 허멈즈(Hummums)라는 호텔에 가서 불안으로 가득 찬 하룻밤을 보낸다. 그리고 다음날 아침 웨믹의 집을 찾아간다. 웨믹은 뉴게이트 감옥에 들렀을 때 핍의 집이 매그위치의 귀환으로 인해 감시당하고 있다는 말을 엿들었다면서, 핍이 없는 틈을 타서 허버트와 상의한 뒤 매그위치를 허버트의 연인 클래러가 사는 집으로 피신시켰다고 알려준다. 웨믹이 판단하기에 템즈강변에 있는 그 집은 나중에 외국행 증기선을 잡아타고 피신하기 좋은 위치에 있었다. 웨믹의 충고를 따라 핍은 그날 웨믹의 집에 남아 웨믹의 아버지와 함께 시간을 보낸 뒤 어두워지자 매그위치가 피신해 있는 집을 찾아간다.

매그위치의 안전에 대한 고조된 불안은 콤피슨이 런던에 있다는 사실로 인해 특히 강화된다.

주해

- the Hummums: 호텔 이름. 원래 터키식 한증막 건물이었으나 18세기에 호텔로 개조되었음.
- rush-light: 양초가 나오기 전에 17세기부터 사용된 값싼 조명 도구. 30~50cm 정도로 길게 자른 가느다란 골풀 줄기(여기서 a walking crane에 비유한 것은 이 때문)를 말려서 기름에 담가 놓았다가 불을 붙이는데, 불빛이 희미하고 또 건드리면 쉽게 부러져서 불이 꺼지곤 했음. 대개 나무 그릇 위에 올려놓지만, 여기서처럼 구멍 뚫린 깡통(a high tin tower라고 표현된 것) 안에 넣어두기도 했다.
- Argus: 그리스 신화에 나오는 백 개의 눈을 가진 괴물. 헤르메스(Hermes)한테 살해된 뒤 헤라(Hera)가 그의 눈들을 공작의 꼬리에다 옮겨 달아놓았다고 함.
- a perspective view: (원근법에 의해) 멀리 보이는 모습.

- each of the Temple gates: 당시 Temple에는 구내로 출입하는 대문이 10개가 있었다고 함.
- when it may be put in: put in = used as evidence.
- the Pool: London Bridge에서 동쪽으로 Limehouse를 지나 Greenwich까지 약 4마일 정도 되는 일부 템즈강 수역의 명칭. 강이 깊고 물의 흐름이 정체되어 있어서 이렇게 불렀음.
- Limehouse: 템즈강 북변의 해운 관련 상업지역 이름.

제46장

핍은 매그위치가 숨어 있는 집을 어렵게 찾아낸다. 그 집에는 허버트의 약혼녀 클래러가 그녀의 병든 아버지와 함께 세 들어 살고 있었는데, 클래러의 아버지는 위층에 틀어박힌 채 욕설과 고함으로 나날을 보내는 사람이었다. 핍은 허버트와 함께 꼭대기 층에 있는 매그위치의 방으로 올라간다. 매그위치는 한층 부드러워진 모습이 되어 평온하고 순응적인 태도를 보인다. 위험해진 상황과 외국으로 피신할 계획 등을 매그위치에게 설명하고 난 핍과 허버트는 외국행 증기선을 타러 갈 때 의심을 사지 않도록 보트 젓는 연습을 즉시 시작하기로 결정한다. 그리고 그동안 매그위치는 아무 일이 없다는 표시로 창문 가리개를 쳐놓기로 약속한다. 템플 숙소에 돌아온 핍은 주변에서 수상한 점을 발견하지 못하지만 여전히 감시와 미행에 대한 불안감을 떨치지 못한다.

✍ 매그위치에 대한 핍의 거부감과 혐오감은 이제 다 사라지고 핍의 마음은 오직 매그위치에 대한 걱정과 염려로만 가득 차 있다. 클래러의 병든 아버지는, 비록 대조적인 성격의 인물이지만, 웨믹의 아버지와 마찬가지로 작품 속에서 일종의 희극적 기분전환(comic relief)으로 기능한다.

주해

- rope-walks: 밧줄 공장.
- Captain Cook: James Cook(1728-1779). 영국의 유명한 탐험가로, 하와이에서 원주민과 싸우다가 끔찍한 죽임을 당했다고 함.
- chandler's shop: 여기서는 양초상이 아니라 잡화상의 가게를 뜻함.
- Double Gloucester: Gloucestershire에서 생산되는 딱딱한 영국 치즈.
- Gruffandgrim: Clara의 아버지에 대한 별명. gruff and grim을 붙여놓은 것.
- the Temple stairs: Temple 근처의 템즈강 선착장 이름.
- below Bridge: Bridge는 London Bridge를 지칭함.
- Erith: Greenwich를 지나 템즈강 하류 쪽 강변의 수상놀이 유원지가 있는 자그마한 읍. 켄트(Kent) 주에 속한 곳으로 늪지대를 마주보고 있었음. 핍이 거주하는 Temple에서 여기까지는 약 15마일 거리.

제47장

핍은 점점 경제적으로 어려운 처지에 빠진다. 하지만 그는 매그위치로부터 더 이상 돈을 받지 않는다. 웨믹으로부터 신호가 오기를 기다리며 핍은 규칙적으로 강에 나가 보트 젓기를 한다. 그러던 어느 날 핍은 보트 젓기를 마친 뒤 웝슬이 등장하는 연극을 보러 간다. 그런데 저질 통속극의 배우로 몰락한 웝슬은 연기 도중 이상한 시선으로 핍이 있는 쪽을 계속 바라본다. 공연이 끝난 뒤 웝슬은 핍에게 옛날 고향의 습지에서 보았던 두 명의 죄수

가운데 한 사람이 핍의 바로 뒤에 앉아 있었다고 말한다. 핍은 즉시 이 자가 콤피슨임을 알아차리고 불안에 휩싸인다.

웝슬의 연기 장면은 또 다른 '희극적 기분전환'인데, 콤피슨의 음험한 존재가 이 희극적 장면에 곧바로 뒤이어 등장함으로써 콤피슨이 일으키는 불안과 공포의 효과는 한층 배가된다.

주해

- There, I found a virtuous boatswain ~ : 여기서부터 시작되는 단락 전체는 18세기 후반부터 19세기 중반까지 영국에서 유행한 낭만적 멜로드라마의 한 종류인 선원극(nautical drama) 몇 가지를 풍자적으로 모방해 묘사한 것임.
- a pudding in the cloth: 소나 양의 비계로 만든 푸딩인데, 면으로 된 천에 꼭 싸서 끓는 물에 담가 요리함.
- a young person in bed furniture: an actress wearing a costume made from ornamental bed-hangings or drapery.
- Swab: 견장(epaulets)을 찬 해군 장교를 의미하는 속어.
- with a star and garter on: 영국의 가장 오래된 훈장인 바쓰 훈장(the Order of Bath)을 상징하는 별과, 최고 훈장인 가터 훈장(the Order of Garter)을 상징하는 암청색 리본을 달고서.
- he had brought the boatswain down the Union Jack: 갑판장에게 머리 위에서 그를 위해 영국 국기가 휘날리는 영예를 수여했다.
- coming up from the antipodes: 무대에서는 바닥의 뚜껑문(trapdoor)을 열고 등장하는 방식으로 이것을 표현했음.

제48장

핍은 어느 날 길에서 재거스를 만나는데, 재거스는 그를 저녁 식사에 초대한다. 핍은 웨믹도 온다는 말에 초대를 받아들인다. 재거스는 식사 도중에 핍을 만나고 싶다는 해비셤 양의 전갈을 핍에게 전달한 뒤, 에스텔러와 드러믈에 대한 이야기를 꺼내면서 드러믈이 상대를 구타하든지 아니면 움츠러들어 굴복하든지 할 거라고 말한다. 식사 시중을 들던 재거스의 가정부 몰리의 모습과 손동작에 주의가 끌린 핍은 문득 그녀와 에스텔러 사이의 닮은 점을 깨닫고는 몰리가 바로 에스텔러의 어머니라고 확신한다. 재거스의 집을 나온 뒤 핍이 몰리에 대해 묻자, 웨믹은 몰리가 한 남자를 사이에 두고 질투로 인해 다른 여자를 목 졸라 죽였는데 재거스의 교묘한 변론을 통해 증거 불충분으로 무죄 석방을 받은 뒤 재거스의 가정부가 되었다고 설명해 준다. 웨믹은 또한 몰리에게는 딸이 하나 있었는데 상대 남자에 대한 복수심으로 그녀가 이 아이를 살해했다는 혐의도 있었다고 말한다.

에스텔러의 어머니가 몰리라는 사실은 범죄인 악당 콤피슨이 해비셤의 연인이었다는 사실과 함께 새티스 하우스가 범죄 세계와 밀접하게 연결되어 있음을 드러낸다. 에스텔러의 어머니가 밝혀짐으로써 독자에게는 곧바로 '그럼 에스텔러의 아버지는 누구인가?, 그리고 에스텔러는 어떻게 새티스 하우스에 오게 되었는가?' 하는 궁금증이 잇따라 떠오른다.

주해

- winding-sheets: (수의처럼 주름지며 흘러내린) 촛농.
- at the trial ~ put in all the salt and pepper: 당시 재거스는 법정

의 배심원 앞에서 직접 변론을 펼칠 수 있는 법정 변호사(counsel 또는 barrister)가 아니라 아직 사무 변호사(solicitor)였으므로 재판 때 법정 변호사 밑에서 변론을 도우며 앉아 있었지만 실상은 변론에 필요한 모든 중요한 자료와 전술을 제공하면서 결정적인 역할을 했다는 뜻.

- married ~ over the broomstick: 정식 절차를 거친 합법적인 결혼이 아니라 서로 간의 합의에 의해 부부로 함께 사는 관습법적인 혼인으로, 흔히 빗자루를 뛰어넘는 것으로 결혼식을 대신하곤 했다고 해서 이렇게 표현함.
- Hounslow Heath: 런던에서 서쪽으로 약 11마일 떨어진 Middlesex의 들판으로, 17-8세기에는 강도나 살인이 자주 발생하는 곳으로 유명했다.

제49장

다음날 핍은 해비셤 양을 만나러 간다. 그는 멍하니 외롭게 앉아 있는 그녀를 보고 연민을 느끼는데, 그를 본 해비셤 양은 허버트를 도울 방법을 알려달라고 요청한다. 핍이 그간의 사정을 설명해주자, 그녀는 허버트를 도와줄 수 있도록 재거스에게 900파운드의 돈을 청구할 수 있는 증서를 써준다. 그리고 그녀는 자신의 지난 잘못을 뉘우친 뒤 핍에게 용서해달라고 간청하면서 바닥에 쓰러져 흐느낀다. 그녀는 처음엔 에스텔러를 불행에서 구해주고자 하는 순수한 마음이었지만 나중에 에스텔러가 차츰 크면서 그녀를 자신의 복수의 도구로 삼게 되었다고 말한다. 그리고 그녀는 에스텔러의 부모가 누군지 모르며 다만 자신의 부탁을 받고 재거스가 에스텔러를 데려다주었을 뿐이라고 말한다. 방에서 나온 핍은 마지막으로 새티스 하우스를 한 번 둘러보다가 옛날에 보았던(8장) 해비셤의 목 매달린 환영을 다시금 본다. 그는 해비셤 양의 방에 들러서 그녀가 잘 있는지 확인하고 나가는데, 그 순간 갑자기 해비셤 양의 옷에 불이 붙어 화염이 솟구친다. 핍은 즉시 달려들어 불을 끄지만 해비셤 양은 심한 정신적 충격과 화상을 입는다. 의식을 잃은 채 후회와 용서를 비는 말을 헛소리로 되풀이하는 해비셤을 뒤로 한 채 핍은 다음 날 아침 런던으로 돌아간다.

다시 나타난 해비셤의 목 매달린 환영은 어떤 의미일까? 핍 안에 억눌려져 있는 어떤 분노와 공격적 욕망의 무의식적 표현은 아닐까? 그렇다면 불을 꺼주기 위해 해비셤에게 달려든 핍이 마치 서로 적인 것처럼 그녀와 싸우며 그녀를 눌러대었으며 이에 해비셤은 발버둥치며 도망치려 했다는 것은 사실적 묘사를 넘어선 심리적 의미가 있는 대목이 아닐까?

주해

- at your irresponsible discretion: irresponsible = independent.

제50장

팔에 심한 화상을 입은 핍은 허버트의 보살핌을 받는다. 핍의 상처를 돌봐주면서 허버트는 전날 밤 매그위치한테 들은 이야기를 핍에게 전해준다. 매그위치에게는 질투심 강한 젊은 아내가 있었다. 그녀는 질투 때문에 다른 여자를 목 졸라 죽인 뒤 재판을 받았는데, 재거스의 변호로 무죄 석방이 된 후 사라져버렸다. 그 과정에서 그녀는 매그위치에 대한 증오심으로 둘 사이에 낳은 딸을 죽여버리겠다고 매그위치에게 협박을 하고, 그 때문에 매그위치는 그녀가 정말로 아이를 죽였다고 믿는다. 하지만 그녀에 대한 연민으로 그는 재판에서 그녀에게 불리한 증언을 하지 않기 위해 잠적해버렸다. 그런데 콤피슨이 이 사정을 알아채고 그것을 이용해 매그위치를 가혹하게 부려먹는다. 콤피슨에 대한 매그위치의 원한이 더욱 깊어진 것은 바로 이 때문이었다. 매그위치의 이야기를 전해 들은 핍은 일련의 정황을 통해 매그위치가 바로 에스텔러의 아버지임에 틀림없다는 확신을 하게 된다.

핍이 어린 시절에 만난 죄수인 매그위치가 바로 에스텔러의 아버지라는 것은 몰리가 에스텔러의 어머니라는 사실보다 우연의 성격이 더 강하다. 하지만 이 우연은 작가에 의해 치밀하게 준비된 우연이다. 한편 핍이 그 옛날 매그위치에게 음식과 줄칼을 가져다주었을 때 그에게 잃어버린 딸을 생각나게 했다는 사실은 매그위치가 핍을 그토록 특별히 기억하면서 은혜를 갚고자 했던 이유의 개연성을 좀 더 확고하게 만들어준다.

주해

- the deed may not have merited quite so terrible a name: 그 행위는 (살인이라는) 그렇게 끔찍한 이름으로 불릴 만한 것이 아니었을지도 모른다. 즉, 살인이 아니었을지도 모른다.

제51장

핍은 재거스를 찾아가서 에스텔러에 관해 자신이 알고 있는 사실을 모두 이야기한 뒤 재거스에게 그가 알고 있는 사실을 말해달라고 요구한다. 재거스는 처음에 이 요구를 회피하려 들지만 핍이 웨믹의 사생활까지 언급하면서 인간적인 호소를 하자 마침내 입을 연다. 그는 우회적인 방식으로 지난 일을 설명해주는데, 해비셤 양으로부터 양녀로 기를 만한 아이를 찾아달라는 부탁을 받은 바 있던 그는 마침 몰리를 변호하는 과정에서 그녀의 딸의 존재를 알게 되어 그 아이를 범죄의 세계에서 구해줄 수 있는 기회라 생각하고 해비셤 양에게 그 아이를 보낸다. 그리고 석방된 몰리가 갈 데가 없어 그를 찾아오자 그녀를 자신의 가정부로 일하게 해준다. 설명을 마친 재거스는 핍에게 이제 와서 에스텔러의 출생 비밀을 밝히는 것이 아무에게도 도움이 되지 않을 것이라고 충고한다. 재거스와 웨믹은 각자 그동안 감춰온 인간적 면모가 드러난 것에 대해 서로 부끄러워하면서 어색해하지만 곧 냉정하고 비인간적인 직업 관계로 돌아간다.

우리는 재거스의 감춰진 인간적 면모를 엿보게 되는데, 이를 통해 냉혹하기만 한 재거스 역시 핍과 마찬가지로 그 나름의 "가련한 꿈"(poor dreams)을 지닌 존재라는 추측을 하게 된다. 서로 노려보던 재거스와 웨믹이 마침 나타난 의뢰인 마이크(Mike)(20장에서 첫 등장)에게 모질게 대함으로써 본래의 비인간적인 관계를 회복하는 장면은 비록 희극적으로 묘사되고는 있지만 사실은 인간적 감정을 용납하지 않는 냉혹한 현실 세계의 본질을 드러내는 매우 씁쓸한 대목이다.

주해

- I didn't go to do it: I didn't mean to do it.

第52장

핍은 해비셤 양이 준 돈으로 허버트를 돕기 위한 클래리커와의 계약조건을 모두 이행한다. 허버트는 클래리커의 사업이 잘되어 곧 이집트로 파견

나갈 예정으로 되어 있다. 3월의 어느 월요일 아침 핍과 허버트는 웨믹으로부터, 이틀 후인 수요일이 매그위치를 외국으로 피신시키기 좋은 때라는 전갈을 받는다. 핍과 허버트는 스타텁의 도움을 청하기로 하는 한편 보트에 매그위치를 싣고 썰물을 이용해 템즈강 하구로 내려가서 함부르크행 증기선을 잡아타기로 계획을 세우고 곧 준비에 착수한다. 준비를 마치고 오후에 집으로 돌아온 핍은 익명의 쪽지를 전달받는데, 그 내용은 매그위치에 대한 정보를 듣기 위해 고향의 습지에 있는 수문지기의 집으로 혼자 비밀리에 찾아오라는 것이었다. 핍은 허버트에게 새티스 하우스에 간다는 말만 남겨놓고 고향으로 가는 마차에 올라탄다. 새티스 하우스에 잠시 들린 뒤 그는 여관에서 식사를 하는데, 여관주인을 통해 그를 배은망덕하다고 비난하는 펌블추크에 대한 이야기를 들으면서 조와 비디의 진실성을 다시금 깊이 생각한다. 식사를 마친 후 여관을 나서던 핍은 곧 익명의 쪽지를 잃어버렸다는 사실을 깨닫지만 쪽지의 내용과 찾아가는 길을 잘 알고 있기에 그대로 습지를 향해 나아간다.

자기 자신보다는 허버트와 매그위치를 위해 계속 노력하는 핍의 이타적인 모습은 그에 대한 독자의 긍정적인 시선을 더욱 깊어지게 만든다.

주해

- the land of the Arabian Nights: 19세기 초의 이집트는 이미 중동 지역의 중심지이자 영국의 주요 무역 상대국으로 자리 잡은 지 오래였으며, 영국인들에게 낭만적 모험과 상업적 성공을 동시에 실현할 수 있는 곳으로 인식되곤 했다.
- Rotterdam: 네덜란드 남서부의 항구도시.

- Antwerp: 벨기에 북부의 도시.
- Gravesend: 런던에서 동쪽으로 26마일쯤 떨어진 템즈강 하구의 항구로서, 검역소 및 세관 등이 있는 곳.
- I was ~ prepared with passports: 당시 영국인은 외국 여행을 하는 경우, 방문하고자 하는 나라의 영국 주재 대사관에 가서 간단한 신청 절차를 통해 이름과 방문일 그리고 방문할 장소 등이 기입된 공문서 한 장만 발급받으면 되었음.
- coming on Wemmick's letter ~: coming on = ensuing on(~에 뒤이어 일어났으므로).

제53장

수문지기의 집에 찾아간 핍은 어둠 속에서 올릭의 습격을 받아 포박당한다. 올릭은 핍이 비디에게 자신에 대해 험담한 것과 자신을 새티스 하우스에서 해고당하게 만든 것 등에 대한 앙심을 표하면서 핍을 살해해서 석회 가마에 태워버릴 의도를 드러낸다. 술을 마시면서 계속 이야기를 늘어놓는 올릭은 핍의 누나를 공격한 범인이 바로 자기 자신이며 또 매그위치가 런던으로 핍을 찾아오던 날 밤 계단에 숨어 있던 사람도 자신이라고 밝힌다. 그는 또한 자신이 지금 콤피슨을 위해 일하고 있으며 따라서 매그위치에 대한 것도 다 알고 있다고 말한다. 말을 마친 올릭은 큰 망치를 들고 핍을 죽이려고 달려드는데, 핍이 마지막 저항의 비명을 지르는 순간 허버트가 스타텁과 트랩의 점원 소년과 함께 들이닥쳐 핍을 구출한다. 허버트는 핍이 방에 떨어뜨리고 간 올릭의 쪽지를 발견하고는 이를 수상하게 여겨 곧바로 스타텁과 함께 핍의 뒤를 쫓아 내려왔는데 마침 트랩의 점원 소년을 만나 그의 안내로 수문지기의 집까지 찾아왔다가 위기에 처한 핍의 비명 소리를 들었던 것이다. 핍과 허버트는 매그위치의 안전을 위해 올릭을 더 이상 추적하지 않기로 하고 트랩의 점원 소년에게 사례를 표한 뒤 곧바로 런던을 향해 떠난다. 핍은 다음날 하루 종일 불안스럽게 휴식을 취하면서 매그위치를 피신시키기로 한 수요일이 되기를 기다린다.

☑ 핍의 누나를 죽인 것이 핍 자신이라는 올릭의 말은, 비록 간접적으로지만 핍이 공격의 도구를 제공한 셈이라는 점과 또 핍이 느꼈던 누나에 대한 억눌린 분노와 죄의식 등을 상기할 때, 어느 정도 심리적 타당성을 갖는다고 할 수 있다. 트랩의 점원 소년이 핍의 목숨을 구해주는 것은 비열했던 핍의 과거의 속물성을 다시 한번 상기시키는 동시에 그의 변화된 현재를 대조적으로 드러내는 일종의 아이러니이다.

주해

- the enclosed lands: 울타리를 둘러친 토지. 공유지였던 토지에 울타리를 쳐서 그것을 사유지로 만든 인클로저(Enclosure) 운동의 결과가 반영된 말.
- running noose: 잡아당기면 점점 죄어들도록 되어 있는 올가미(= slip noose).
- If it was all your money twenty times told, to the last brass farden!: '네가 가진 돈의 20배나 많은 돈을 마지막 한 푼까지 다 털어서 세어 그 값으로 모두 지불해야 한다고 하더라도 말이야!' 즉, 핍이 그 순간 할 수만 있다면 그렇게 많은 돈이라도 기꺼이 다 지불해서 올릭 자신을 쫓아버리고 싶은 심정일 것이라고 비아냥대는 것. farden = farthing = 1/4penny.
- I'd carry two such to it: 너 같은 놈 두 명의 시체는 들어서 그곳으

로 운반할 수 있다.

- weazen: 목(throat)을 의미하는 속어.
- 'ware them: beware them.
- nevvy: nephew를 의미하는 속어.
- post-chaise: 사륜의 1-2인승 급행 역마차. 주로 속달이나 급행 편지를 보내는 데 고용되었음.
- the rather, as ~: ~이기 때문에 더욱(=the rather because ~).

제54장

마침내 수요일 아침이 되자 핍과 허버트 그리고 스타텁은 보트를 저어 매그위치가 기다리고 있는 밀 폰드 뱅크(Mill Pon Bank)로 간다. 허버트와 스타텁이 노를 젓고 키는 핍이 맡아 조종한다. 그들은 매그위치를 태운 뒤 썰물을 이용해, 선박들로 혼잡한 강 유역을 지나 하류 쪽으로 내려간다. 매그위치는 밝고 평온한 얼굴로 차분하게 행동한다. 저녁이 되자 그들은 강가의 외딴 여인숙을 찾아가 거기서 묵는다. 여인숙에 있던 한 사람이 네 명이 노를 젓는 대형 보트가 근처를 오락가락 한다는 말을 하는데, 이 말을 듣고 불안해하던 핍은 새벽에 문득 두 명의 낯선 사내가 핍 일행의 보트를 살펴보고 사라지는 것을 보고 더욱 불안해한다. 아침이 되자 이에 대한 안전조치로 핍과 매그위치는 먼저 얼마 동안 따로 걸어갔다가 나중에 허버트와 스타텁이 저어온 배에 올라탄다. 오후 1시 반 경 함부르크행 증기선이 드디어 나타나고 핍과 매그위치는 떠날 준비를 한다. 그러나 그 순간 대형 보트가 갑자기 나타나 매그위치를 부르며 체포에 응하라고 소리친다. 매그위치는 대형 보트에 타고 있던 콤피슨을 알아보고 그에게 달려드는데, 그때 증기선이 핍 일행의 보트를 들이받는다. 콤피슨과 함께 물속에 떨어진 매그위치는 증기선에 부딪혀 심한 부상을 입는다. 하지만 콤피슨은 익사한다. 핍은 런던으로 체포되어 호송되는 매그위치를 따라간다. 그는 매그위치의 곁을 끝까지 지키기로 결심하는 한편 매그위치가 그의 전 재산이 몰수되어 더 이상 핍을 신사로 만들 수 없다는 실망스러운 사실을 알지 못하도록 하기로 마음먹는다.

매그위치와 핍의 관계는 이제 완전히 역전된다. 즉, 비록 핍이 매그위치를 도와주고 있는 상황이지만, 불안해하는 쪽은 핍이고 오히려 평온하고 차분한 태도로 핍을 안심시켜주는 쪽은 매그위치인 것이다. 게다가 핍은 매그위치에 대한 혐오감을 모두 버렸을 뿐만 아니라, 조에게 배은망덕했던 자기 자신보다 매그위치를 오히려 더 나은 존재로 생각하기까지 한다. 이러한 과정을 통해 매그위치와 핍 사이를 가로막은 사회적 장벽은 모두 사라지고 두 사람 사이에는 마침내 인간적인 유대감과 상호 일체의 연대감이 형성되기에 이른다. 핍과 매그위치가 물에 빠졌다가 구조되는 사건은 과거의 잘못과 죄가 모두 씻겨지고 새로운 존재로 재생하는 상징적인 의미를 지닌다.

주해

- Billingsgate market: 런던에서 제일 오래되고 가장 큰 수산물 시장.
- Dutchmen: Dutch fishing boats.
- White Tower: 템즈강 북변에 있는 런던탑(The Tower of London) 내의 또 다른 탑 이름. 11세기에 지어진 탑으로 반역 죄인들을 지하에 있는 감옥에 수용했음.
- Traitor's Gate: 반역 죄인들을 White Tower에 수감하거나 호송해나갈 때 드나들던 출입문의 명칭.

- Leith, Aberdeen, Glasgow: 스코틀랜드의 3대 항구들. Leith는 에딘버러(Edinburg)의 항구 이름.
- the coal-whippers ~ swinging up: 석탄을 배에서 실어내는 인부들(coal-whippers)이 (도르래에 의해) 위로 흔들흔들 들어 올려지는 석탄 꾸러미의 무게에 대항해 평형을 유지하고자 (도르래를 잡아당기면서) 갑판의 층계를 따라 뛰어 내려가는 모습.
- John of Sunderland: 배의 이름.
- many Johns: 광야에서 외친 세례 요한(Saint John)(신약성경 마태복음 3장 3절 참조)과 대중 연설을 행하곤 했던 Lord John Russell이라는 당대의 정치가 등을 지칭함.
- Betsy of Yarmouth: 배의 이름. Yarmouth는 런던에서 동북쪽으로 120마일쯤 떨어진 Norfolk 주의 항구 Great Yarmouth를 딴 명칭.
- kept under the shore: kept close to the shore.
- ballast-lighters: ballast(물건을 실어낸 빈 배의 균형을 잡기 위해 바닥에 싣는 모래나 자갈 같은 짐)를 채취하고 공급하는 너벅선.
- shoal-lighthouse: a lighthouse to mark a shoal.
- galley-fire: galley는 여기서 배의 취사실이나 부엌을 의미함.
- thowels: tholes. 노를 고정하는 나무못. 나무로 된 노걸이 못.
- Jack: 허드렛일꾼. 잡역부.
- pison the beer: pison = poison.
- he thinks they was, what they wasn't: 그는 그들의 정체가 겉과 다르다고 생각한다.
- their buttons: 세관원이 입는 제복에 달린 단추.
- when they comes betwixt him and his own light: 그것들(his buttons)이 그와 그가 하는 일 사이에 끼어 방해가 되다. 즉, 세관원의

복장이 일에 방해가 될 때.

- the Nore: 템즈강 하구 가까이에 있는 모래 둑(sandbank)으로서 배의 정박지(anchorage)이기도 했음.
- mill-weirs: 옛날 증기선에서 물레방아 같은 바퀴를 돌릴 때, 물을 막아 올려주는 댐(dam) 역할을 하는 장치.

제55장

매그위치의 재판을 기다리는 동안 핍은 재거스를 만나 도움을 청한다. 재거스는 매그위치가 석방될 희망은 전혀 없다고 말하면서 매그위치의 재산이 몰수되도록 그냥 내버려 둔 것을 나무란다. 한편 사망한 콤피슨의 소지품을 통해 그가 매그위치를 경찰에 넘겨주려고 했던 것은 바로 매그위치의 재산을 노렸기 때문이기도 하다는 사실이 드러난다. 허버트는 마침내 카이로로 떠나게 된다. 떠나기 전에 그는 핍에게 자신과 함께 클래리커의 직원으로 일할 것을 제안하는데, 핍은 시간을 달라며 답변을 미룬다. 허버트가 떠나던 날 웨믹이 핍을 찾아와 콤피슨의 계략에 넘어가 날짜를 잘못 잡아 탈출 시도가 실패하게 된 것이라고 그간의 상황을 설명한다. 그러면서 그는 매그위치의 재산을 확보하지 못한 것을 아쉬워한다. 핍은 웨믹의 부탁으로 이틀 후 함께 산책을 나가는데, 웨믹은 뜻밖에도 스키핀스 양과의 결혼식장으로 핍을 데리고 간다. 결혼식이 끝나고 피로연을 겸한 식사를 즐겁게 마친 후, 그리고 재거스에게 결혼에 대해 말하지 않겠다고 약속한 후, 핍은 웨믹과 헤어져 집으로 돌아온다.

매그위치와의 탈출 실패를 담은 앞 장의 불행한 내용과 매그위치의 재판과 그의 임종을 다루는 뒷장의 비극적인 내용 사이에 위치한 웨믹의 결혼식 장면은 희극적 막간극(comic interlude)으로서, 작품의 심각한 분위기를 밝게 전환해주는 긍정적인 역할을 하는데, 그 대조적인 성격으로 인해 독자에게 매우 강한 인상을 남긴다.

주해

- stood over: 재판을 연기했다(=deferred the trial).
- the next Sessions: 당시 영국에서는 개정 기간(sessions)을 1년에 4회, 즉 1월의 2-4주째, 4월 중순-5월 8일, 5월 하순-6월 중순, 11월 2일-25일로 정해놓고 이 기간 동안에만 재판을 열었다. 여기서 말하는 '다음 개정 기간'은 4월에 시작되는 두 번째 기간을 의미한다.
- the red book: 귀족의 작위와 주소 등을 인명록. 23장에서 Mrs Pocket이 읽던 책.
- had ~ the regular business: 차츰차츰 (우리가 추진했던) 일의 주요 사항에 대한 내막을 알아내었다. the half of ~ = ~의 중요한 부분.
- having been beforehand with him: be beforehand with ~ = ~에 관해 미리 대비하다.
- pew-opener: 약간의 팁을 받고 교회의 좌석 문을 열어주는 사람으로 대개 노파들이었음.

제56장

핍은 날마다 매그위치를 면회하러 찾아간다. 매그위치는 부상이 점점 악화되어 가지만 고통에 대한 불평이나 자신의 과거에 대한 변명을 하지 않는다. 얼마 후 열린 재판에서 매그위치는 다른 31명의 죄수들과 함께 사형선고를 받는다. 그러나 그는 이를 의연하게 받아들인다. 핍은 며칠 동안 열심히 청원서를 작성해 여기저기에 제출한다. 재판 후 열흘째 되는 날 매그위치의 병세는 심각해진다. 임종 순간을 맞은 매그위치는 핍에게 그동안 충실하게 돌봐준 것에 감사하는 말을 한다. 그러자 핍은 매그위치에게, 그의 잃어버린 딸이 아직 살아 있어 아름다운 여자로 자랐을 뿐만 아니라 바로 자신이 사랑하고 있는 여자라고 말해준다. 이를 들은 매그위치는 핍의 손에 입을 맞춘 뒤 조용히 숨을 거둔다.

재판정에 햇살이 비쳐드는 장면은 모든 사람에게 공정하고 평등한 심판을 내리시는 신의 섭리를 상징적으로 나타냄으로써 인간 사회의 법과 심판이 지닌 불완전성과 차별성을 대조적으로 드러내고 강조한다. 매그위치가 숨을 거둘 때 핍이 인용하는 성경 구절 역시, 인간 세상의 죄인이었던 매그위치 같은 사람들이 오히려 세리처럼 신에게 의롭다 여김을 받을 수 있는 반면 핍을 비롯해 사회적 복리와 특권을 누리는 많은 사람들은 오히려 바리새인처럼 스스로 의롭다 여김에도 불구하고 신의 버림을 받을 수 있다는 것을 암시함으로써, 신과 인간의 서로 다른 심판 기준을 역설하고 있다.

주해

- nosegays: 몸을 씻지 않은 불결한 죄수들에게서 나는 악취를 중화시키고 병균의 감염을 막기 위해 당시 판사나 법정 관리들이 법정에 가지고 가던 향기로운 꽃다발.
- gewgaws: 원래 useless ornaments라는 뜻인데 여기서는 ornamental but useless officials의 의미로 판사의 시중꾼이나 수행원 따위를 지칭함.
- monsters: 기괴한 옷차림을 한 하급 법정 관리 등을 지칭함.

- sweet herbs: 죄수들에게서 나는 악취와 병균을 중화시키기 위해 법정 여기저기에 뿌려놓은 향기로운 풀.
- the Recorder's Report: 32장 주해 참조.
- the two men ~ to pray: 신약성경 누가복음 18장 10-14절의 예수의 비유에 나오는 바리새인과 세리. 이 두 사람은 성전에 기도하러 가는데 바리새인은 자신을 의인이라고 여기지만 세리는 "God be merciful to me a sinner"라고 참회하며 기도한다. 예수는 하느님께로부터 "의롭다 하심"을 받은 사람은 이 세리라고 말한다.

제57장

혼자 남은 핍은 곧 아파서 의식을 잃고 쓰러진다. 채무자의 고소로 집행리가 그를 체포하러 찾아오지만 열병으로 정신을 못 차리는 그를 보고 그냥 돌아간다. 그는 한 달여 만에 겨우 깨어나 의식을 되찾는다. 그리고 매부 조가 그의 곁에서 간호해주고 있는 것을 발견한다. 조는 핍의 소식을 들은 뒤 비디의 권유를 받고는 곧바로 런던에 올라와 핍의 빚을 갚아주는 한편 핍을 헌신적으로 간호해준 것이었다. 핍이 깨어난 것을 본 조는 비디에게 핍의 회복을 알리는 편지를 쓴다. 핍은 조를 통해, 그 사이에 해비셤 양이 사망했는데 에스텔러에게 재산 대부분을 물려주고 매쓔 포킷에게 4천 파운드를 남긴 뒤 다른 아첨쟁이 친척들에게는 조롱하는 듯이 푼돈만을 남겨주었다는 이야기를 듣는다. 핍은 또한 올릭이 펌블추크의 집에 강도로 침입하여 펌블추크에게 곤욕을 치르게 한 뒤 올릭 자신은 잡혀서 감옥에 갔다는 소식도 듣는다. 핍이 매그위치에 대한 이야기를 꺼내려 하자 조는 사려 깊게 이를 물리치며 이야기할 필요 없다고 말한다. 조의 헌신적인 보살핌 아래 핍의 건강은 빠르게 회복된다. 그러나 핍이 점점 건강해질수록 조는 왠지 거리감을 나타내더니, 어느 날 아침 간단한 편지와 빚을 갚은 영수증을 남기고 떠난다. 핍은 조를 따라 고향으로 내려가서 그의 용서를 비는 한편 비디에게 겸손히 청혼한 뒤 그녀가 정해주는 바를 따라 대장장이가 되든지 허버트를 따라 이집트로 가든지 하기로 결심한다.

✎ 핍은 조를 "gentle Christian man"이라고 일컫고 있다. 이것은 '신사'(gentleman)라는 말을 해체하는 동시에 그 본질적인 의미를 요약하고 있는 표현으로서, 곧 조야말로 이 작품에서 그러한 진정한 '신사'(gentleman)의 자질을 가장 잘 대변하고 있는 인물이라는 것을 뜻하는 말이기도 하다. 한편 핍의 은인 이야기를 사려 깊게 막는 대목에서 조와 비디의 지혜로운 모습은 다시 한번 확인된다. 우리는 올릭, 펌블추크, 매쓔 포킷, 해비셤의 아첨꾼 친척들 등, 각각의 인물들에게 적절한 권선징악의 배분이 이루어지고 있음을 본다.

주해

- two men looking at me: 집행리(bailiffs)를 지칭함.
- I keep a very nice house: 여기서 a very nice house는 채무자 구치소(sponging house)를 지칭함.
- coddleshell: codicil.
- 'cept: except.
- in his hart: in his heart.
- yourn: yours(=your bed).
- gradiwally: gradually.
- Wellington boots: 검정 가죽으로 만든 무겁고 긴 장화. Wellington 공작(1769-1852)이 고안했다고 해서 그렇게 불림.

- naterally: naturally.
- the 'arm: the harm.
- pint out: point out.
- sech: such.
- ser: so.
- fur: for.

제58장

고향 읍내에 도착한 핍은 먼저 새티스 하우스를 둘러본다. 헐릴 예정인 새티스 하우스의 건물에는 가구를 경매 처분한다는 광고지가 붙어 있다. 블루 보어 여관에 돌아온 핍은 펌블추크가 기다리고 있는 것을 발견한다. 펌블추크는 여관주인과 웨이터 앞에서 핍이 은인인 자신에게 배은망덕하게 행동했지만 자기는 그런 핍을 너그러이 용서한다는 식의 위선적인 자화자찬을 한바탕 늘어놓고 나간다. 핍은 조와 비디를 찾아간다. 비디의 학교가 닫혀 있고 조의 대장간에서도 일하는 소리가 나지 않는 것을 이상하게 생각하던 그는 곧 조와 비디를 만나 두 사람이 바로 그날 결혼했다는 사실을 알게 된다. 핍은 잠시 놀라움에 사로잡히지만 이내 정신을 차린다. 그는 비디에게 청혼하려던 자신의 생각을 조에게 말하지 않았던 것을 다행스럽게 생각하면서 조와 비디에게 진심 어린 축하를 해준다. 그는 이어 조와 비디에게 감사하다는 말과 함께 용서를 빈다. 그리고는 함께 식사를 하며 잠시 머무른 다음 그들과 작별한다. 그는 카이로로 가서 클래리커의 회사 직원이 되어 허버트와 함께 일한다. 열심히 일한 그는 몇 년 후 빚을 다 갚고 또 회사의 동업자로 승진하기도 한다. 그 사이 클래러의 병든 아버지는 사망하고 허버트는 클래러와 결혼한다. 그리고 클래리커는 허버트에게 핍이 몰래

도와주었다는 사실을 마침내 밝힌다. 그들의 회사는 허버트의 근면과 유능함에 힘입어 잘 되어 나간다.

작가는 마지막에 펌블추크를 다시 한번 등장시킴으로써 그의 구제 불능의 위선을 더욱 강력하게 각인시킨다. 그의 이 마지막 등장 시점이 바로 핍이 진실한 조와 비디를 만나기 직전이라는 사실은 그러한 효과를 더욱 극대화시킨다. 고갈되지 않는 위선과 비굴의 화신인 펌블추크는 디킨즈 특유의 악당으로서 일종의 매력과도 같은 생명력을 지닌다. 꼭 필요한 시점이 아님에도 불구하고 작품의 말미에 그가 이렇게 다시 등장해 상당량의 지면을 차지하고 있다는 사실은 바로 인물로서 펌블추크에게 주어진 작가적 애정의 한 강력한 증거이다. 자신의 청혼을 비디가 당연히 받아들일 것이라고 생각하는 핍은 아직 자기중심적인 태도를 완전히 벗어나지 못한 셈이다. 따라서 비디와의 결혼의 좌절은 온전한 인간적 성숙을 위해 그가 겪어야 하는 마지막 과정으로서 그 의미가 있다. 과거를 뉘우친 핍이 그의 기대대로 비디와 조의 용서를 받고 비디와 결혼하여 행복하게 산다는 식의 상투적이고 손쉬운 행복한 결말을 작가가 거부하고 있는 것은 그런 점에서 당연하다고 할 것이다. 핍이 나중에 빚을 다 갚고 회사의 동업자로 승진함으로써 어느 정도 행복한 결말에 이르긴 하지만 그것 역시 빚을 갚기 위해 열심히 일하면서 독신으로 외롭게 지내는 인고의 삶을 오랫동안 거친 뒤의 일임을 알아야 한다.

주해

- like the Bee: 꿀벌은 성실하고 겸손한 근면을 상징함.
- prodigygality: prodigality.
- 'olesome: wholesome.
- shay-cart: chaise cart.

- untoe: unto(=to).
- gratitoode: gratitude.
- as even you deserve to be: even = in all fairness.
- in charity and love with all mankind: 목사가 해주는 혼례식 훈시에 의례적으로 들어가는 표현임.
- nothink o' that natur: nothing of that nature.
- a composition with my creditors: 일부 변제를 통한 채권자들과의 타협.

제59장

핍은 11년 만에 고향을 다시 방문한다. 조와 비디는 그 사이 딸과 아들을 낳는데, 아들에게 핍이라는 이름을 지어준다. 핍은 조의 아들을 데리고 교회 묘지로 산책을 나가기도 한다. 비디는 핍에게 결혼하라는 충고를 하면서 에스텔러를 아직 잊지 못했냐고 묻는다. 핍은 에스텔러에 대한 부질없는 꿈은 다 사라지고 없다고 대답하지만, 그날 저녁 에스텔러를 기억하며 새티스 하우스를 다시 한번 찾아간다. 그는 에스텔러에 관해서 그녀의 남편 드러믈이 2년 전쯤 사고로 사망했다는 소식을 들은 바 있었다. 새로 건물을 짓기 위해 정원의 담장만 빼고 모든 것이 철거된 새티스 하우스의 빈터에는 엷은 안개가 깔려 있는데, 핍은 뜻밖에도 그곳을 거닐고 있는 에스텔러와 마주친다. 그녀는 여전히 아름다운 모습이었지만 훨씬 부드러워지고 다정하게 변해 있었다. 그녀는 경험을 통해 핍의 고통스러운 심정을 이해하게 되었다고 하면서 그의 용서를 빈다. 그리고는 비록 헤어질지라도 자신을 계속 친구로 생각해달라고 부탁한다. 그러나 핍은 그녀의 손을 잡고 새티스 하우스를 걸어 나오면서 그녀와 더 이상 헤어지지 않으리라는 예감을 받는다.

☐ 달이 떠오르면서 안개가 걷히는 가운데 핍과 에스텔러가 서로 손을 잡고 새티스 하우스를 걸어 나가는 작품의 결말은 매우 아름답고 시적이다. 디킨즈가 원래 쓴 결말은 이보다 훨씬 간단할 뿐만 아니라 두 사람의 결합 가능성에 대한 암시도 전혀 없는 것이었다. 개연성의 문제에서는 관점에 따라 평가가 다를 수 있겠지만, 시적인 아름다움과 상징적인 분위기 그리고 감동의 측면에서는 분명 새로 쓴 이 결말이 원래의 결말보다 훨씬 뛰어나다고 하겠다.

주해

- my duty ~ that remembrance: 결혼한 여자로서의 의무가 핍의 사랑에 대한 기억을 마음에 받아들이는 일과 이제 양립할 수 있게 되었다는, 다시 말해, 남편이 죽은 지 한참 된 과부로서 이제 지난날의 핍의 사랑을 마음속에 기억하는 일이 도덕적으로 용납될 수 있게 되었다는 의미. 에스텔러가 아직 재혼하지 않고 혼자 산다는 것이 간접적으로 드러나는 부분임.

Ⅲ. 등장인물 소개와 분석

1. 『위대한 유산』의 인물 묘사

2. 주요 등장인물

1. 『위대한 유산』의 인물 묘사

디킨즈 소설 속의 인물들은 독특한 개성과 활력으로 독자에게 강한 인상을 남기지만 대부분 단순하고 평면적이라는 비판을 자주 받는다. 실제로 디킨즈 작품에서 심리적 복잡성을 지닌 '입체적' 등장인물을 발견하기는 그리 쉽지 않다. 특히 디킨즈는 인물을 창조할 때 해당 인물의 특징적 동작이나 말, 옷차림이나 습관 등을 의도적으로 과장하고 확대해 그 인물의 성격을 뚜렷하게 드러내는 희화화(caricature) 기법을 자주 사용하기 때문에, 디킨즈의 등장인물들은 대체로 단순하고 명료한 성격의 소유자들처럼 보인다.

하지만 얼핏 단순해 보이는 디킨즈의 등장인물들은 자세히 들여다볼 때 의외로 그 이면에 모종의 심리적 복잡성을 감추고 있는 경우가 많다. 물론 이 복잡성이 해당 인물을 그야말로 '입체적'으로 만들 만큼 인물의 행동과 사건에 심층적이거나 다면적인 양상으로 나타나지는 않는다. 하지만 적어도 그 인물이 겉으로 보이는 것 이상으로 상당한 심리적 깊이와 사실성을 지닌 존재이고, 이를 통해 디킨즈가 인간과 삶의 숨겨진 본질을 예리하게 포착해 보여준다고 할 정도는 충분히 된다. 『위대한 유산』의 등장인물들도 디킨즈 인물 묘사의 그러한 면모를 잘 예증해주고 있다.

『위대한 유산』의 주요 등장인물들은 크게 세 부류로 나눌 수 있다. 먼저 성격이 분명하게 파악되고 변함이 없는 그야말로 평면적인 인물들로 펌블추크나 웹슬, 또는 드러믈 같은 인물들이 등장한다. 핍의 친구 허버트나 그의 연인 클래러도 여기에 속한다고 할 수 있고 핍의 누나 가저리 부인도 비록 올릭의 폭행을 당한 뒤 온순하게 변하긴 하지만 근본적으로 이 부류에 가깝다고 할 수 있다. 다음으로 성격이 상당히 분명하게 드러나 있는 듯하지만 그 나름의 단순치 않은 면모를 작품 속에서 보여주는 인물들이 있는데, 조 가저리를 비롯해 비디, 웨믹, 재거스 등이 여기에 해당한다. 악당으로서 성격이 확실하게 나타나지만 심리적 차원에서 핍의 감춰진 분노와 복수의 충동을 대변하는 인물이라는 점에서 올릭도 첫 번째보다는 이쪽 부류에 넣을 수 있다. 마지막으로 작품이 전개되면서 본래의 성격이나 됨됨이가 달라지거나 심상찮은 심리적 갈등 내지는 변화의 고통스러운 과정을 겪는 인물들이 몇몇 등장하는데, 바로 주인공 핍을 비롯해 미스 해비셤과 매그위치, 그리고 에스텔러가 여기에 해당한다.

위의 세 부류 중 첫 번째 유형을 제외하고 두 번째와 세 번째 부류의 인물들은 모두 그 나름의 크고 작은 심리적 복합성이나 숨겨진 면모를 작품 속에서 보여준다고 했는데, 이를 뒤집으면 곧 『위대한 유산』의 등장인물들 가운데 평면적이라고 할 만한 경우는 소수이고 오히려 복잡한 성격을 지닌 인물들이 다수라는 말이 된다. 디킨즈 작품 세계 전체를 통틀어서 이런 경우는 사실 거의 없다고 할 수 있는데, 그만큼 『위대한 유산』에서 디킨즈가 그 어느 때보다 깊이 있는 인물 창조를 통해 인간 내면의 미묘한 실체와 삶의 복잡한 양상을 집중적으로 탐구하고자 했음을 의미한다.

『위대한 유산』의 인물 묘사에서 복잡한 인간성에 대한 디킨즈의 깊은 통찰을 잘 보여주는 사항을 한 가지 언급한다면 바로 주요 인물들 대부분이 지니는 양면성을 들 수 있다. 가령 조와 비디를 보면, 그들은 겉으로는 착하고 선한 인간 유형을 대표하는 상투적인 인물처럼 극히 단순하고 평범해 보이지만, 사실은 두 사람 모두 해비셤과 핍의 본질을 꿰뚫어 보는 지혜와 통찰력, 그리고 주체적 판단과 의지를 실천하는 매우 범상치 않은 존재로 도덕적 차원에서 작품의 가장 핵심 역할을 하는 인물들이다. 웨믹과 재거스의 경우도, 그들은 냉혹한 약육강식의 현실 세계에서 자신의 이익을 챙기는 비정한 인물처럼 행동하지만 사실은 한편에 따뜻한 인간성과 부드러운 심성을 감추고 있는 존재들로 밝혀진다.

그리고 무엇보다 주목할 만한 것으로, 핵심 주인공들인 핍과 매그위치, 미스 해비셤과 에스텔러는 모두 피해자인 동시에 가해자, 또는 가해자인 동시에 피해자가 되도록 창조되어 있다. 미스 해비셤은 가부장제 사회의 제약과 남성의 비열한 배반의 피해자이지만 에스텔러와 핍을 복수의 도구로 이용함으로써 그들에게 고통과 불행을 초래하는 가해자이고, 매그위치 또한 콤피슨 같은 신사계급이 지배하는 사회의 차별과 학대로 범죄자로 몰리는 피해자이지만 사회에 대한 복수의 도구로 핍을 이용한다는 점에서 해비셤처럼 가해자의 성격을 지닌다. 한편 에스텔러는 해비셤의 왜곡된 복수심과 드러믈의 남성적 폭력의 피해자이지만 핍에게 수많은 고통을 주는 가해자이며, 핍 역시 누나와 펌블추크의 학대와 해비셤의 농락, 에스텔러의 무정함의 피해자이지만 속물 신사가 되어 조와 비디에게 배은망덕하게 굴 뿐만 아니라 콤피슨 같은 신사계급의 일원으로 매그위치 같은 하층계급을 착취하는 데 일조한다는 점에서 가해자의 성격을 지닌다. 심지어 가저리 부인이나 올릭, 웜슬, 허버트 같은 조연급 인물들조차도 미약하지만 가해자면서 피해자라는 이런 양면성을 조금씩 지닌다고 할 수 있는데, 이처럼 『위대한 유산』에서 주요 인물들 거의 모두에게 피해자-가해자의 이중적 성격을 부여함으로써 디킨즈가 궁극적으로 전달하고자 하는 것은 바로 삶에 대한 올바른 이해를 위해서는 인간 존재의 본질적 복잡성과 그 필연적 결과인 현실 세계의 유기적 복잡성을 정확히 인식하는 것이 절대적으로 필요하다는 믿음이라고 하겠다.

2. 주요 등장인물

▸ 핍(Pip)

본명이 필립 피립(Philip Pirrip)인 핍은 부모가 없는 고아로 습지 근처 마을의 대장장이와 결혼한 누나와 함께 살고 있다. 나이 차이가 많은 누나의 구박과 학대로 인해 그는 예민하고 소심한 성격에 죄의식까지 많이 느끼는 소년이다. 다행히 친구처럼 따뜻하게 대해주는 매부 조 가저리가 그를 위로해 주고 의지의 대상이 되어준다. 누나에 의해 강요된 죄의식은 죄수의 협박으로 누나의 음식과 조의 줄칼을 훔친 일, 해비셤 집에 갔다 와서 한 거짓말, 어린 신사를 때려눕힌 일, 자신이 도와준 죄수의 쇠고랑으로 누나가 공격당한 사건 등을 통해 어린 시절 내내 강화되면서 그를 더욱 소심하고 불안하게 만든다. 하지만 그의 무의식 한편에는 자신이 누나를 비롯한 주변 사람들한테 부당한 대우를 받고 있다는 반발감과 분노가 쌓여 있기도 한데, 이것은 펌블추크에 대한 강한 혐오의 표현을 통해 간접적으로 분출되곤 한다.

상류계급인 미스 해비셤의 집에서 만난 아름다운 소녀 에스텔러를 동경하면서 그는 신사가 되고 싶다는 꿈을 품는데, 실현 가능성이 거의 없던 이 꿈은 어느 날 익명의 은인이 그를 막대한 유산 상속자로 지정함으로써 돌연 실현된다. 하지만 갑작스런 행운은 그를 속물처럼 행동하게 만들고 이런 성격은 신사교육을 받으러 런던에 가서 한량 생활을 하는 동안 심화된다. 다만 자신의 이런 잘못된 행동과 모습에 대한 죄의식과 불만을 그는 늘 마음 한구석에 느끼고 있고 그가 본래 지닌 선한 심성도 남아 있어 그는 완전히 타락한 속물로 전락하지는 않는다. 여기에는 친구 허버트와 웨믹, 그리고 매쓔 포킷 등의 좋은 영향도 작용한다.

에스텔러에 대한 사랑은 핍에게 계속 깊은 고통만을 안겨주는데, 이는 에스텔러의 무정함 탓도 있지만 그가 은인이라 여기는 미스 해비셤이 결국은 그와 에스텔러를 결혼시킬 것이라고 믿는 상황에서 자신의 사랑을 에스텔러에게 강요할 수 없다는 일종의 신사다운 태도에서 기인하는 것이기도 하다. 에스텔러에 대한 이 신사적 태도는 허버트의 사업 출발을 몰래 도와주는 행위와 함께 그에게 도덕적 구원과 재생의 가능성이 충분히 있음을 보여주는 좋은 증거가 된다.

해비셤을 은인으로 생각하며 인내심 있게 에스텔러의 사랑을 기다리던 핍의 기대는 진짜 은인인 죄수 매그위치의 귀환으로 인해 완전히 허물어진다. 매그위치에 대해 핍이 느끼는 강렬한 혐오는 이런 점에서 어느 정도 이해할 만하다. 매그위치를 보호하고 탈출시키려고 애쓰는 과정에서 매그위치를 점차 잘 알게 되고, 이를 통해 핍은 자신의 속물성과 배은망덕함을 깨닫고 도덕적으로 성장하는 모습을 보인다. 이 도덕적 구원과 재생은 올릭의 함정에 빠져 죽음 직전까지 가는 상황, 템즈 강에 빠졌다가 구조되는 경험, 매그위치와 함께 재판정에 서는 장면, 열병에 걸려 사경을 헤매는 상태 등 상징적 시련의 과정을 여러 차례 거친 뒤에야 비로소 어렵게 성취된다.

신사로서의 모든 허위 의식을 벗어던지고 조의 대장간으로 귀향하여 비디와 함께 새 출발을 하려던 그의 계획이 전혀 예상치 못한 조와 비디의 결혼으로 좌절되는 것은 핍의 성찰과 구원을 다루는 진솔한 이야기를 상투적인 해피 엔딩으로 손쉽게 마무리 짓지 않으려는 작가 디킨즈의 소설가적 의식과 통찰을 잘 보여준다. 이는 핍과 에스텔러가 손을 잡고 폐허가 된 새티스 하우스의 마당을 걸어 나가는 마지막 장면의 차분한 처리에서도 다시금 확인된다.

▸ 조 가저리(Joe Gargery)

핍의 매부인 조 가저리는 선량한 심성을 지닌 대장장이로 아내 조 부인에게 학대를 받는 어린 핍을 친구처럼 따뜻하게 대해준다. 불우한 어린 시절을 보내며 교육을 거의 받지 못한 탓에 조 스스로 자신을 둔하고 어리석은 사람이라 일컫고, 핍 또한 그를 무식하고 어리석은 바보처럼 생각하곤 하지만, 그는 사실 깊은 감성과 타고난 지혜, 본능적 통찰력 그리고 시적 창조성까지 겸비한 인물이다. 또 비록 겉으로는 무골호인처럼 물렁해 보여도, 비디가 말하듯이 자기 나름의 당당한 자존심을 지닌 주체적 존재로 삶에 대한 확고한 태도와 진솔한 인간적 위엄을 보여주는 인물이다. 작품 초반부 그가 핍에게 하는 고백을 통해 밝혀지는 사실, 즉 헤라클레스처럼 강한 힘을 지녔음에도 불구하고 아내인 조 부인의 억지와 횡포에 속수무책으로 당하기만 하는 그의 무력한 태도가 사실은 어머니와 자신을 잔인하게 구타했던 자기 아버지의 잘못을 결코 반복하지 않겠다는 페미니즘적 결심에서 나온 것이라는 사실은 바로 조의 그러한 인간적 위엄과 태도를 잘 보여주는 예이다.

그는 특히 작품 후반부로 가면서 비디와 함께 진정으로 지혜와 통찰을 갖춘 온전한 인물로 뚜렷하게 부각되는데, 도덕적 시금석 역할을 하는 조의 이런 진면목은 작가의 의도적인 희극적 묘사에 덮여서 잘 드러나지 않을 때가 많다. 가령, 해비셤을 처음 만났을 때 그는 그녀를 바라보지도 직접 말을 건네지도 못한다. 핍은 이런 그를 바보처럼 여기고 더없이 부끄러워하는데, 우스꽝스럽게 묘사되는 그의 이 바보 같은 행동은 사실은 건강한 생명력의 소유자로서 그의 즉각적인 통찰, 즉 미스 해비셤의 반생명적인 존재의 본질을 단박에 누구보다 분명히 꿰뚫어 본 그의 직관과 본능적 거부감의 표현이다. 우스꽝스러운 묘사로 위장된 조의 이런 본능적 직관과 통찰의 예는 런던에서 그를 부끄러워하며 딱딱하게 구는 핍을 대할 때 그가 모자를 제대로 내려놓지 못하고 이리저리 허둥대는 희극적 장면에서도 다시 한번 발견된다. 특히 이때 그가 핍과 헤어지면서 던지는 이별사는 그의 희극적 외피에 감춰진 시적 통찰력과 인간적 위엄을 잘 드러내준다.

이밖에, 해비셤을 방문한 뒤 펌블추크의 집에 와서 함께 초대받지 못한 조 부인의 분노를 가라앉히는 모습은 그가 얼마나 본능적인 지혜의 소유자인가를 여실히 보여주는 예이며, 도제 생활 중 해비셤을 다시 방문하려는 핍에게 고집스럽게 선물 거리의 어려움을 이야기하는 장면도 그 희극성 이면에 핍의 방문의 불필요성과 부당성에 대한 그의 정확하고 예리한 통찰을 담고 있다. 한편 작품 후반부에서 열병에서 깨어난 핍이 그간의 상황을 털어놓으려 할 때도 조는 섬세한 배려와 창조적 지혜를 다시 한번 여실히 드러내는데, 그는 자신이 핍을 위해 누나의 구타를 오히려 적극적으로 막지 않았다는 옛날의 사정을 언급하며 핍의 과거 행동을 이해해 주는 동시에 설명과 사죄를 해야 하는 궁색한 처지에서 핍을 자연스럽게 구해준다.

결국 이 모든 것들은 조가 "끔찍이도 우둔하다"는 그 자신의 말과는 정반대로 '몹시도 지혜로운' 존재임을 증명한다. 즉 조는 표면적으로는 무력하고 무능하고 무식하며 우스꽝스러운 바보 같아 보이지만 사실은 깊은 통찰력과 지혜와 현실적 대응력을 갖춘 유능한 사람임이 작품에서 분명히 밝혀지고 있는 것이다. 작품 뒷부분에서 핍이 그를 "참 그리스도인다운 고결한 인간"(gentle Christian man)이라고 '신사'(gentleman)를 초월하는 호칭으로 부르며 그에게 진정한 찬사와 존경을 바치는 것은 바로 이 때문이다.

▸ 미스 해비셤(Miss Havisham)

미스 해비셤은 부유한 양조업자의 상속녀로 젊었을 때 콤피슨이라는 남자에게 배반을 당한 후 남성에 대한 복수심과 원한 때문에 자학적 유폐의 불행한 삶을 사는 인물이다. 시간을 정지시키고 빛을 차단한 채 세상과 절연하며 살아가는 그녀의 행위는 자신이 배반당할 당시의 고통을 그대로 생생하게 보존하여 이를 끊임없이 되새기려는 일종의 자학적인 대응인데, 이를 통해 그녀는 배반자에 대한 원한과 복수의 욕망을 최대로 증폭시키는 한편 자신을 세상에서 가장 불행한 존재로 만들어 놓고 이를 자랑스럽게 여긴다. 이런 점에서 그녀는 자기도취적 자학에 빠진 인물이라 할 수 있다.

한편 그녀는 남성의 비열한 속임수의 희생자이지만 에스텔러와 핍을 복수의 도구로 삼아 그들까지 불행에 빠뜨린다는 점에서 가해자이기도 하다. 에스텔러에 대해서는 처음엔 자신과 같은 불행을 당하지 않도록 하겠다는 선의로 그녀를 양녀로 삼았으나 결국은 복수의 도구로만 그녀를 이용한다. 그녀의 이 간접적 복수는 성공하는 듯이 보이지만 에스텔러가 그녀에게조차 무정하게 행동함으로써 자기가 놓은 덫에 빠지는 꼴이 된다. 그리고 핍에 대해서는, 그가 그녀를 은인으로 잘못 알도록 일부러 조장함으로써 그를 비정하게 이용하고 고통을 주는데, 나중에 에스텔러에게 버림받고 고통스러워하는 핍의 모습에서 바로 그 옛날 자신의 고통스러워하던 모습을 발견하고 잘못을 뉘우친다. 그리고 그 직후 비탄에 젖어 정신이 없이 벽난로 앞에 서 있다가 우연찮게도 그녀의 낡은 웨딩 드레스에 불이 붙어 심한 화상을 입고 결국 사망에 이른다. 불에 타서 고통스럽게 삶을 마감하는 그녀의 종말은 자연스러운 인과응보적 귀결로 보기에는 너무 갑작스럽고 지나친 측면이 있는데, 그런 점에서 그녀가 자신의 불행한 삶을 더 이상 영위하고 싶지 않다는 자포자기 상태에서, 또는 자신의 잘못에 대한 일종의 속죄의 표시로 자신을 불길에 휩싸이게 내버려 뒀을 자살적 성격의 가능성도 없지 않다고 하겠다.

▸ 에스텔러(Estella)

해비셤의 양녀로 그녀의 복수의 도구로 이용되는 에스텔러는 희생자적 성격이 강하다. 그녀의 거만함과 무정함은 그녀가 나중에 해비셤에게 항변하듯이 해비셤이 그렇게 만든 것이다. 그녀는 자신에게 핍의 사랑을 이해하거나 그것에 반응할 '심장'이 없다고 말함으로써 핍에게 진지한 경고를 하는데, 이것은 역으로 그녀에게 핍을 그래도 각별히 생각하는 모종의 '심장'이 있다는 반증으로 해석할 수도 있다. 그녀가 야만적인 드러믈의 됨됨이를 알면서도 해비셤에게서 벗어나기 위해 그리고 자신의 무의미한 도구적 삶을 그만두기 위해 그와 결혼하는 것은 자기 파괴적 결과를 낳을 뿐이지만, 이 또한 역으로 그만큼 그녀에게 자기 삶을 정확하게 인식하는 분별력이 있다는 증거로 볼 수 있다. 이런 점에서 그녀가 작품 마지막 핍과 재회하는 장면에서 "시련의 가르침을 통해... 좀 더 나은 모양으로 휘어지고 부서졌다"고 고백할 때, 그녀의 변화는 얼핏 갑작스럽고 인위적인 것처럼 보일 수도 있으나 사실은 그 개연성이 미리 준비되어 있었던 것이라고 해야 한다.

핍의 손을 잡고 새티스 하우스의 마당을 걸어 나가는 에스텔러와 핍 사이에 "또 다른 이별의 그림자"가 보이지 않았다는 마지막 종결문은 에스텔러의 이 변화를 토대로 두 사람이 결합할 가능성을 강하게 암시한다. 그런데 핍이 작품 속에서 내내 자신의 비천한 출신을 부끄러워하며 신사계급으로의 신분 상승을 위해 노력을 아끼지 않는 인물이었다는 점에 비추어 볼 때, 에스텔러가 바로 사회의 가장 밑바닥 계층이라 할 살인자 어머니와 사형수 아버지 사이의 딸이라는 사실은 작품 주제와 관련해 매우 의미심장한 아이러니를 제공한다.

▸ 매그위치(Abel Magwitch)

에이블 매그위치는 사회적으로 기피와 혐오의 대상인 죄수이지만 습지의 교회 묘지에서 핍의 눈앞에 처음 등장할 때부터 무섭고 흉측한 외양과 함께 연민의 대상으로서의 성격이 부여되어 있다. 굶주린 고아로 사회의 외면과 차별로 인해 범죄자가 될 수밖에 없었던 그의 과거 이야기는 사회비판적 성격을 강하게 띤다. 그가 핍이 베푼 자선 행위에 대한 감사의 마음을 깊이 간직하고 자신이 피땀을 흘려 번 재산을 다 바쳐 보은을 한다는 사실은 그 자체로, 자기 연민과 증오심에 사로잡힌 부자 해비셤과 그녀의 아첨꾼 친척들, 거짓 신사 악당 콤피슨, 위선의 화신 펌블추크, 속물 신사로 떨어지는 핍, 계급적 허영과 오만으로 가득 찬 포킷 부인과 드러믈 등이 포진한 지배계급의 이기적이고 부도덕한 실상과 선명한 대조를 이룬다.

그가 핍에게 그토록 깊은 고마움을 품고 그의 이름을 마음에 새겼던 이유는 일차적으로 "버러지처럼 쫓기고 있는 불쌍하고 비참한" 상황에서 핍이 그에게 음식을 가져다주고 인간적으로 따뜻한 말을 건넸기 때문이지만, 나중에 밝혀지듯이 매그위치 자신이 죽었다고 생각한 딸과 비슷한 또래인 핍이 그 순간 그의 그 죽었다는 딸을 생각나게 했던 탓도 크다. 그리고 여기에는 그가 콤피슨과 함께 습지에서 군인들에게 다시 잡혔을 때 그를 불쌍한 동료 인간으로 대하며 핍의 이름을 몇 차례 반복해 말하는 조도 의미 있는 역할을 한다.

하지만 핍을 신사로 만드는 그의 보은 행위에는 또 다른 동기가 작용하고 있는데, 그것은 자신을 차별하고 멸시하고 범죄자로 몰아갔던 신사계급에 대한 복수의 욕망이다. 이런 점에서 매그위치는 해비셤과 비슷하게 핍을 자신의 복수의 도구로 이용하는 가해자의 성격을 지닌다. 그리고 그의 돈이 만들어낸 신사로서 핍의 속물적 성격은 그의 복수 행위가 바로 자신을 부당하게 대한 타락한 신사계급의 재생산으로 귀결되고 만다는 아이러니를 낳는다. 그렇지만 매그위치는 핍이 그의 인간적 면모를 점차 이해하면서 그와의 관계를 통해 도덕적 각성을 얻는 결정적 계기가 되어준다는 점에서 어느 의미에서는 핍을 진정한 신사로 만드는 데 성공하는 셈이라고 할 수 있다.

▸ 조 부인(Mrs. Joe)

주인공 핍의 누나인 조 부인은 어린 동생 핍을 모질게 학대하고 남편까지 구타하며 못살게 구는 그야말로 난폭하고 억센 여자의 전형으로 그려진다. 바늘로 가득 찬 그녀의 앞치마 가슴판이 상징하듯 가학적 욕구에 가득 찬 그녀는 온갖 심술과 억지에 히스테리와 포악한 행동까지 서슴지 않는 인물로 펌블추크와 함께 작품에서 독자의 반감을 가장 강하게 일으키는 존재이다. 그녀가 걸핏하면 핍을 '손수' 길렀다는 사실을 들먹이며 자신을 희생적 순교자처럼 자랑스레 내세우는 모습은 그녀 역시 미스 해비셤처럼 자기도취에 빠진 존재임을 드러낸다.

핍을 학대하고 그에게 죄의식을 강요하는 그녀의 부당한 행위와 상대를 가리지 않는 난폭한 히스테리가 워낙 지나쳤던 탓에 독자는 그녀가 올릭의 폭행을 받아 쓰러졌을 때, 그리고 그녀가 결국 온순한 여자로 뉘우치는 말을 하며 사망에 이를 때 그다지 유감스럽게 느끼지 않는다. 하지만 그녀에게서 이해해 줄 만한 구석이 전혀 없는 것은 아니다. 작중 언행을 통해 드러나는 그녀의 정열적 성격과 강한 계급적 욕망을 생각할 때, 미천한 대장장이 아내로 가난하게 살아가야 하는 그녀에게 깊은 불만과 좌절감이 있는 것은 어느 정도 정당하다고 할 수 있고, 이것을 남편 조와 동생 핍에 대한 심술과 히스테리로 해소하는 것도 불가피한 측면이 없지 않다고 할 수 있다. 말하자면, 조 부인의 난폭한 언행 이면에는 바로 고아 처녀로서 과거의 불행한 처지, 무식한 하층 시골 대장장이 아내로 매일 견뎌야 하는 단조롭고 궁핍하며 계급적으로 좌절된 삶, 자식도 없는 데다가 일찌감치 무거운 짐으로 떠맡겨진 동생의 부양의무, 바보 같은 남편이 만족시켜주지 못하는 열정과 욕망 등등, 우리가 공감할 만한 내적 동기가 적지 않게 숨어 있는 것이다. 이런 관점에서 볼 때 그녀는 본질적으로 미스 해비셤과 비슷하게, 가부장 체제의 사회적 제약과 가정의 굴레에 갇혀서 자신의 욕망과 열정을 제대로 펼치지 못한 채 심술이나 가학, 억지 같은 오도된 출구를 통해 억압된 에너지를 겨우 해소할 뿐인 일종의 희생자적 여성에 상당히 가깝다고 할 수 있다.

▸ 비디(Biddy)

비디는 일견 디킨즈의 초기 소설에 자주 등장하는 이상화된 여성상에 해당하는 것처럼 보인다. 하지만 그녀는 겉으로만 순종적이고 소극적인 여성처럼 보일 뿐 실상은 주인공 핍과 조 가저리를 능가하는 실천적 지혜와 통찰력을 지닌 주체적이고 독립적인 인물로 상투적으로 미화된 감상적 여성상과는 상당히 거리가 멀다. 강가에서 핍이 신사가 되고 싶다고 고백할 때, 가저리 부인의 망치 그림이 올릭을 의미한다는 사실을 간파할 때, 올릭이 그녀를 좋아한다는 것에 대한 핍의 과민한 반응을 넌지시 지적할 때, 핍이 조의 교육을 부탁하자 그의 자존심을 언급하며 이의를 제기할 때, 조의 런던 방문을 핍에게 알리는 편지를 쓸 때, 가저리 부인의 장례식 후 자주 방문하겠다는 핍의 약속에 의문을 표할 때, 몰락 후 열병에서 회복한 핍을 세심하게 배려하며 이야기하도록 조에게 당부할 때 등등, 비디가 예리한 통찰력과 지혜, 성숙한 분별력과 공감력, 자존심과 단단한 뚝심, 실천적 의지와 주체성을 발휘하는 장면을 찾기는 아주 쉽다. 그녀는 조와 함께 작품에서 인간성과 도덕성의 최종적 기준점이자 이상적 실천자의 역할을 수행한다. 이런 점에서 그녀가 미숙하고 자기중심적인 데다 속물성까지 드러내는 핍을 일찌감치 마음에서 지우고 조와 결혼에 이르는 것은 지극히 당연한 결과이다.

▸ 재거스(Jaggers)

재거스는 변호로서 자신의 성공과 명성을 위해 냉혹하고 비정하게 행동하는 인물이다. 그는 인간적 정의를 아랑곳하지 않고 오직 법률적 승리만을 추구한다. 법률적 증거 논리의 맹점을 교묘히 이용해 몰리가 살인자임을 알면서도 무죄 판결을 받게 한 일은 그 대표적인 예다. 그는 마치 상대방의 은밀한 비밀을 알고 있는 듯한 태도로 모든 사람을 바라보면서 특징적인 손가락질과 위압적인 어조로 상황을 지배하고 주도한다. 그리고 이를 통해 상대방을 잠재적인 범죄자로 만들어 죄의식을 불어넣는 한편 그 자신은 신비스러운 분위기와 반박하기 힘든 권위의 두툼한 외투를 걸친다. 하지만 재거스의 내면에는 일종의 악덕 변호사로서 자신의 존재와 행위가 지니는 비인간적이고 범죄적 성격에 대한 부끄러움과 죄의식이 숨어 있다. 이것은 집게손가락을 물어뜯거나 향기 강한 비누로 손을 씻어대는 습관 등을 통해 강하게 암시되어 있다. 그가 에스텔러를 해비셤의 양녀로 보낸 이유가 한 어린아이를 죄악과 불행의 악순환에서 구해주려는 선의의 의도 때문이었다는 사실, 그리고 그 자신도 과거에는 핍처럼 "가련한 꿈"(poor dreams)을 지닌 적이 있었다는 은근한 암시 등도 재거스가 웨믹처럼 본래 인간적인 면모를 적지 않게 간직한 존재였음을 드러내 준다. 다만 그는 웨믹보다 훨씬 더 철저하고 완벽하게 자신의 그런 인간적 감정과 정체를 억누르며 비정하게 살아가고 있을 뿐인 것이다. 이런 점에서 그는 어찌 보면 웨믹보다 더 비극적인 면모를 감추고 있는 인물이라고 할 수 있다.

▸ 웨믹(Wemmick)

우체통 편지 구멍처럼 찢어진 입과 딱딱한 목질의 무표정한 표정 등 웨믹의 처음 인상은 다소 부정적으로 보인다. 하지만 그는 곧, 괴팍하지만 희극적인 언행과 핍에 대한 솔직한 태도 등을 통해, 단순히 재거스의 비정한 하수인이 아님을 드러낸다. 특히 늙은 아버지를 모시는 월워쓰(Walworth) 집에서의 그의 다정한 모습은 그가 "부드러운 마음을 지닌 사람"임을 분명히 보여준다. 그리고 이를 통해 독자는 그가 재거스 같은 인물이 지배하는 비정한 현실 세계에서 자신의 인간성을 지키고 생존하기 위해 사적인 감정을 철저히 억누르고 있다는 사실, 즉 그가 공과 사를 철저히 분리한 이중인격의 삶을 살고 있다는 사실을 깨닫는다. 웨믹의 이런 생존전략은 그로 하여금 결혼식마저 위장하듯 몰래 치르고 이를 상관인 재거스에게 비밀로 감추도록 하는데, 이런 점에서 그는 현대 산업사회 도시 문명에서 자아 분열의 삶을 살아야 하는 현대인의 극단적 전형을 선구적으로 보여주는 인물이라고 할 수 있다.

하지만 웨믹은 다른 한편 작품의 어두운 전반적 분위기를 부드럽게 완화하는 희극적 역할을 톡톡히 하는 인물이기도 하다. 그가 아버지를 위해 대포를 쏘는 장면이나 연인 스키핀스 양을 애무하는 장면, 그리고 앞에서 언급한 결혼식 장면은 그의 그런 희극성이 잘 나타나는 대표적인 예들이다. 특히 낚싯대를 들고 산책하는 것처럼 길을 걷다가 우연히 생각난 듯이 교회에 들어가 결혼식을 올리자고 하는 예상치 못한 그의 행동과 그 이후의 괴이한 결혼식 진행 과정은 작품의 가장 희극적인 장면 가운데 하나로, 독자는—비록 그렇게 철저히 위장해야 하는 그의 비극적 현실에 곧 적지 않은 씁쓸함을 느끼지만—적어도 그 얼마 동안만은 저절로 터져 나오는 웃음에 그 직전의 핍과 매그위치의 탈출 실패가 준 깊은 우울감에서 잠시 벗어난다.

▸ 펌블추크(Pumblechook)

펌블추크는 디킨즈 특유의 풍자적 희화화(caricature) 능력이 성공적으로 발휘된 인물이다. 뚱뚱한 몸에 붕어처럼 생긴 입, 곤두선 모래 빛 머리카락, 허세에 찬 말투, 거친 숨소리, 게걸스러운 식욕, 나사처럼 머리를 비트는 습관 등 그에게 부여된 특징적 외양은, 둔감하고 완고하고 비굴한 그의 성격과 결합하여, 그를 가장 디킨즈적인 희극적 악당의 한 사람으로 만든다. 그는 작품 곳곳에 심심찮게 등장하여 희극적 기분전환의 역할을 훌륭히 수행함으로써 독자의 뇌리에 지워지지 않는 인상을 남기는데, 타의 추종을 불허하는 그의 한없는 위선과 허세는 그 한편에 독특한 활력과 지치지 않는 불굴성을 지니고 있어 독자는 그에 대해 혐오감과 함께 묘한 매력을 강하게 느낀다. 유산상속 예정자로 읍내에 처음 나타난 핍에게 언제 그를 돼지만도 못하게 취급했었냐는 듯이 연신 굽실거리며 악수를 청하는 그의 비굴한 모습은 희극적 악당으로서 그의 진면목이 가장 잘 나타나는 대목이다.

▸ 올릭(Orlick)

악당으로서 올릭은 콤피슨이나 펌블추크와는 달리 사회적 소속과 정체가 모호한 인물이다. 조 가저리 밑에서 일하는 중간기술자 직공으로 등장하지만 그는 습지에서 기어 나온 정체 모를 파충류처럼 움츠린 모습으로 음험한 기운을 풍기며 어슬렁어슬렁 핍의 주변을 맴도는 존재이다. 이 때문에 그는 핍의 내면에 감춰진 분노와 복수의 욕망 또는 성적 충동 등을 대변하는 존재, 즉 핍의 심리적 분신(double)과도 같은 존재라고 할 수 있다. 조 부인을 공격하거나 비디에게 성적인 구애를 하는 행위, 에스텔러가 머무는 미스 해비셤 집에서 총을 지닌 문지기 역할을 하는 것, 그리고 작품 결말에 펌블추크에게 징벌을 가하는 행위 등은 모두 핍의 은밀한 심리적 충동을 대행하는 성격을 띤다. 그가 핍의 누나를 죽인 것이나 다름없고 핍까지도 살해하려고 한 중범죄자임에도 불구하고 작품 말미에 핍이 그를 경찰에 고발했다는 언급 같은 게 전혀 없이 그저 강도행각으로 인한 단순한 감옥살이만 하는 것으로 가볍게 처리되고 마는 이유도 바로 핍과의 그런 내밀한 심리적 일체성 때문이라고 할 수 있다. 그가 조 부인에 의해 남성 성기이자 공격적 폭력성의 상징인 망치(hammer)로 표현되는 것도 이런 점에서 우연이 아니다.

▸ 허버트 포킷(Herbert Pocket)

허버트는 처음엔 우스꽝스러운 창백한 어린 신사로 등장하지만 나중에 핍의 런던 생활의 진정한 친구 역할을 하면서 긍정적인 인물로 묘사된다. 희극적인 면이 약간 있는 그는 기본적으로 솔직하고 진실성 있는 성격에 자연스러운 태도로 호감을 일으키는 인물이다. 핍에게 해비셤의 과거 이야기를 해주면서 식탁 예절을 어색하지 않게 가르쳐주는 그의 행위는 그의 됨됨이를 잘 보여주는 예이다. 인물로서 그의 이런 긍정적 성격과 그가 전하는 그의 아버지 매쥬 포킷의 신사다움에 대한 정의는 핍의 속물적 행태를 비추는 거울 역할을 한다. 한편 식민지 무역 사업을 통한 성공의 기회를 거머잡고자 하는 허버트의 한탕주의적 환상은 제국주의적 팽창과 번영을 구가했던 빅토리아조 영국 사회에 만연한 물질적 성공에의 기대와 환상에 대한 작가의 비판적 반영으로 읽을 수 있다.

▸ 웝슬(Wopsle)

교구 서기로서의 신분에 만족하지 못하고 연극배우로 명성을 얻고자 런던으로 올라오는 웝슬을 핍과 비슷하게 사회적 신분 상승의 기대를 추구하는 인물이다. 햄릿 역할을 하는 비극배우에서 저급한 소극(笑劇)의 우스꽝스러운 광대로 전락하는 그의 행로는 신사로 상승했다가 무일푼으로 몰락하는 핍의 행로에 대한 일종의 희극적 패러디로서 기능한다. 그리고 이 과정에서 그는 펌블추크와 웨믹 등과 함께 작품의 어두운 분위기를 완화해주는 '희극적 막간극' 같은 역할을 상당 부분 담당하기도 한다.

Ⅳ. 작품의 구조, 언어, 테크닉

1. 치밀하고 견고한 구조
2. 문체와 언어
3. 기법

1. 치밀하고 견고한 구조

디킨즈의 작품들은 대개 등장인물이 많고 이야기의 폭이나 길이가 넓고 긴 편이다. 그래서 그의 작품들은 한편으로 풍성함을 자랑하면서도 다른 한 편으로는 이야기 구성이 좀 느슨하고 산만하다는 느낌을 줄 때가 많다. 그러나 『위대한 유산』은 디킨즈의 그런 일반적 성향과는 달리 등장인물들이 그다지 많지 않은 데다가 이야기의 구성도 매우 견고하고 명료하다. 따라서 이 소설은, 『두 도시 이야기』(*A Tale of Two Cities*)와 『어려운 시절』(*Hard Times*)과 함께, 디킨즈 소설로는 예외적으로 풍성함보다는 통일성과 짜임새를 그 특징으로 지니는 작품이라고 할 수 있다. 물론 그렇다고 해서 『위대한 유산』이 의미의 함축성과 풍성함이 떨어지는 소설이라는 뜻은 아니다. 오히려 그 반대로 『위대한 유산』은 디킨즈의 어느 작품 못지않게 내용적 깊이가 있고 호소력이 강한 작품이라고 할 수 있는데, 바로 그 소설적 깊이와 감동을 디킨즈의 다른 소설에서는 보기 드문 형식적 통일성과 짜임새가 확고하게 뒷받침하고 있는 것이다.

『위대한 유산』의 이러한 특징은 무엇보다도 치밀하고 견고한 작품 구조에서 잘 나타난다. 이 작품은 주인공 핍의 성장 단계에 따라 세 부분으로 나뉘어 구성되어 있는데, 그 각각은 서로 거의 동일한 길이로 씌어져 있다. 총 59장 가운데 1장에서 19장까지의 첫 부분은 켄트의 습지대에서 보내는 핍의 어린 시절을 다루고 있으며, 20장에서 39장까지의 두 번째 부분은 런던에서 지내는 청년기의 삶을, 그리고 40장에서 마지막 장까지의 세 번째 부분은 성년에 이른 핍이 은인 매그위치를 만나면서 새로운 변화와 각성에 이르는 과정을 다루고 있다. 이 세 부분의 내용과 사건들은 각기 독립된 것들이 아니라 주인공 핍의 성장이라는 주제를 중심으로 처음부터 끝까지 서로 유기적인 관계를 맺으면서 궁극적으로 하나의 통일된 전체를 구성한다.

핍의 육체적 성장 시기에 맞추어 나뉜 작품의 이 세 구성 부분들은 곧 핍의 정신적 성장 과정의 세 단계와 일치하는 것이기도 한데, 이 세 단계는 일종의 변증법적 발전 양상을 띰으로써 작품의 구조를 특히 견고하게 세워 놓는다. 첫 번째 단계는 가난한 시골 소년에서 대장장이 도제 청년으로 자라나기까지의 핍의 모습을 우리에게 보여준다. 이 시기 핍은 비록 죄의식과 첫사랑 그리고 계급적 열등감 등으로 인해 한편으로 좌절감과 번민에 사로잡히긴 하지만 궁극적으로는 순수함을 아직 잃지 않은 소년기와 사춘기의 진실한 모습을 보여준다. 두 번째 단계에서 핍은 경험의 세계로 들어선다. 그는 갑자기 거액의 상속 예정자가 되어 런던에 올라간다. 그리고 신사로 교육받으면서 도시와 상류 생활의 여러 가지 측면을 경험한다. 이 과정에서 그는 갑작스러운 행운과 환경의 변화에 제대로 대처하지 못한 채 도시와 사교계로 대표되는 경험 세계에 함몰되어 점차 속물적인 한량으로 타락해간다. 그리고 사랑에 관해서도 그는 기대감과 열등감과 질투와 초조함 등으로 괴로운 나날을 보내는 등, 젊은 연인으로서 사랑의 고통스러운 과정을 구체적으로 경험한다.

이렇게 대립된 성격의 두 과정을 거친 핍은 마지막 세 번째 단계에 오면 정신적, 육체적, 물질적 위기와 시련을 통해 새로운 인간으로 성장해 나간다. 성년을 넘긴 핍은 어느 날 갑작스러운 은인의 방문을 받고 자신과 세계의 정체성에 대한 위기에 직면한다. 그는 자신의 은인이 귀환 죄수라는 것을 알고 신분과 부와 사랑에 대한 자신의 모든 현실적 기대가 헛된 망상이었음을 깨닫는다. 하지만 그는 이후 이 죄수와의 관계를 통해 자신의 속물적 실체와 삶의 진정한 가치를 차츰 깨달아간다. 그는 결국 깊은 도덕적 각성과 갱생의 과정을 거쳐 자신의 진정한 자아상을 확립하고 인생을 새로 출발하기에 이르는데, 핍이 도달한 이러한 변화와 성장은 바로 그가 앞 단계에서 거쳤던 순수와 경험의 과정들이 변증법적으로 종합됨으로써 발생한 결과이다. 즉, 핍의 타락한 경험적 자아는 그가 완전히 잃어버리지 않고 간직하고 있던 순수함과 진실성을 통해 극복되고 구원받는 한편, 그의 순수한 심성과 진실성은 그의 고통스럽고 부끄러운 현실 경험을 통해 그 가치가 새롭게 성찰되고 회복되는데, 핍은 이 둘의 최종적인 결합을 통해 마침내 순수와 경험을 아우른 성숙한 인격체로 변화하고 거듭나게 되는 것이다.

변증법적 성격을 띠는 『위대한 유산』의 구조적 완결성은 가령 작품의 처음과 끝에서 조의 부엌을 배경으로 묘사되는 가족관계의 구도와 성격을 통해서도 잘 드러난다. 작품의 첫 부분에서 우리는 조 가저리의 집 부엌에서 핍의 가족, 즉 조와 그의 아내 조 부인을 만난다. 이때 이들이 가족으로서 보여주는 모습은 행복과는 거리가 멀다. 선량하지만 무식하고 무력한 대장장이 조, 항상 불만에 가득 차 있고 어린 동생을 거칠게 학대만 하는 사나운 그의 부인, 그리고 그 사이에서 불안과 고통과 죄의식에 떨고 있는 불쌍한 어린 고아 핍으로 구성된 가족의 풍경은 결코 바람직하다고 할 수 없다. 한편 작품의 마지막 장에서 우리는 오랜만에 고향으로 돌아온 핍의 눈을 통해, 또다시 조의 부엌에서 조와 그의 부인 그리고 어린 핍이 함께 모여 있는 낯익은 풍경을 목격하게 된다. 즉 핍과 독자의 눈앞에 과거와 동일한 가족 구도를 지닌 부엌 풍경이 그대로 반복되어 펼쳐지고 있는 것이다. 물론 여기서 조의 부인과 핍은 진짜 과거의 조 부인과 핍이 아니라, 조의 아내가 된 비디와 그녀가 낳은 아들이다. 그런데 이것은 바로 반복된 가족관계의 구도가 이제는 그 성격이 완전히 다르다는 사실을 의미한다. 대장장이이지만 여전히 건장하고 또 글까지 읽고 쓸 줄 아는 조, 창조적 통찰과 따뜻한 모성적 지혜가 넘치는 조 부인, 그리고 그 사이에서 부족함 없는 사랑을 누리는 어린 소년 핍은, 이제 과거와는 정반대로 그야말로 행복하고 평화로운 가정의 풍경을 전형적으로 구현하고 있다. 말하자면 결말의 이 부엌 가족 풍경은 주인공 핍을 둘러싸고 있는 가족관계를 구도가 동일하면서도 질적으로 완전히 다른 상태, 즉 과거의 고통스럽고 불행하고 억압적인 관계에서 온전하고 행복하고 자족적인 새로운 관계로 재생산하고 있는 것이다. 그리고 바로 결말에서의 이러한 창조적 재생산을 통해 작품의 구조적 완결성과 변증법적 구도는 더욱 확고하게 구축되고 있는 것이다(어린 핍의 학대자이면서도 행운을 가져다 준 은인 행세를 하는 위선적인 엉클 펌블추크의 자리가 어린 핍을 아끼고 존중하며 진정한 은인으로 그의 삶에 조심스레 개입하는 다정한 엉클 핍에 의해 채워진다는 사실도 이러한 변증법적 변화의 구도를 더욱 완성해주는 부분이다).

한편 『위대한 유산』의 소설적 구조는 동화적 성격을 띠고 있기도 하다. 아니 좀 더 정확히 말하면 '전복'된 동화의 구조를 띠고 있다. 주인공 핍의 인생 진로는 표면적으로 일단 신데렐라의 경우와 매우 유사하게 보인다. 미천한 시골 소년의 신분이었다가 뜻밖의 은인에 의해 갑자기 높은 신분으로 올라서고 마침내 아름다운 배우자까지 맞이하게 될 것으로 기대하는 핍은 일종의 남자 신데렐라에 해당된다고 할 수 있기 때문이다. 실제로 작품 속에서 핍은 해비셤을 동화 속의 '은인 요정'처럼 여기며(19장) 또 자신을 공주를 구하는 기사 같은 동화적 주인공으로 상상해보기도(29장) 한다.

그러나 핍의 운명이 지니는 신데렐라 같은 패턴은 작품 속에서 곧 뒤집히고 만다. 큰 기대를 품고 신사교육을 받기 위해 올라온 핍에게 런던은 죄악과 탐욕과 타락과 허영으로 가득 찬 암울하고 더러운 도시로 나타난다. 그리고 과거에 습지에서 만났던 비천하고 혐오스러운 도망 죄수가 그의 진짜 은인인 것으로 밝혀지면서, 해비셤은 마법의 요정 은인이 아니라 복수심과 증오에 가득 찬 광인으로 떨어진다. 한편 장차 배우자로 맞을 아름다운 공주처럼 그가 동경했던 에스텔러는 오직 무정하게 그를 괴롭히기만 하다가 결국 자포자기적으로 비열한 남자와 결혼해버리고 말 뿐 아니라, 부모도 도망 죄수와 살인죄를 범한 여자인 것으로 밝혀진다.

요컨대 핍의 인생은 신데렐라 같은 행운을 향해 상승하는 듯이 보이지만, 얼마 가지 않아 모든 기대와 꿈이 좌절되면서 오직 정신적 타락과 육체적 쇠약, 그리고 물질적 몰락만이 그를 맞이할 뿐인 것이다. 이런 점에서 핍의 신데렐라적 유사성과 기대는 작품 속에서 오직 깨지기 위해서만 존재한다고까지 말할 수 있는데, 이와 같이 전복된 동화 구조가 갖는 의미는 바로 그것이 작품의 주요 형식으로서 작품의 주제와 유기적인 일체를 이루고 있다는 점에 있다. 왜냐하면 주인공 핍의 낭만적 꿈과 기대가 현실 속에서 무참히 깨져가는 역 동화적 전개는 바로 작품의 주제인 핍의 정신적 성장, 즉 현실 경험을 통해 순수와 경험의 변증법적 통합의 경지로 발전해나가는 핍의 성장 과정을 더없이 적절하고 효과적으로 전달하는 구조로서 기능하고 있기 때문이다.

『위대한 유산』은 이 밖에도, 극적 긴장과 반전이 교묘하게 구성되고 전개된다는 점에서 구조상으로 추리소설적 성격을 상당히 강하게 띠는 작품이기도 하다. 습지의 도망 죄수(들)부터 시작해서 해비셤의 기괴한 생활, 조 부인에 대한 살인범의 정체 등, 독자들의 긴장과 궁금증을 자아내는 여러 비밀스러운 인물과 사건들이 작품의 전반부에 걸쳐 계속 이어지면서 추리소설적 분위기를 강하게 조성한다. 이러한 긴장과 궁금증은 1부 끝에 가면 핍의 행운의 소식과 그것에 내재된 비밀, 즉 정체불명의 은인이 과연 누구인가 하는 것에 독자의 관심이 집중되면서 최고조에 이른다. 하지만 이에 대해 작가는 작품 초반부터 여러 가지 정황과 등장인물의 진술 등을 통해, 핍은 물론이고 독자들까지 모두 해비셤을 핍의 은인이라고 거의 확신하도록 만든다. 그리고는 마침내 3부에 가서 해비셤이 아니라 과거의 죄수가 핍의 은인이라는, 거의 아무도 예상치 못했던 사실을 돌연 터뜨림으로써 충격적인 극적 반전의 효과를 최대한으로 거둔다. 물론 작가는 이 극적 반전의 개연성을 위해 역시 작품 초반부부터 적지 않은 단서와 암시를 여기저기에 심어놓고 있는데, 그 교묘한 솜씨로 인해 독자는 진실이 밝혀질 때까지 거의 아무도 그 낌새를 알아차리지 못하고 만다. 한편 작품의 후반부에서도 죄수와 해비셤과 콤피슨의 뒤얽힌 관계, 죄수의 탈출 과정, 그리고 에스텔러의 출생 비밀 등을 통해 극적 긴장의 끈은 끝까지 팽팽하게 유지되는데, 이와 같은 흥미진진한 추리소설적 형식은 결과적으로 작품의 단단한 짜임새와 구조를 더욱 견고하게 하는 데 크게 기여한다.

2. 문체와 언어

타고난 이야기꾼인 디킨즈 아주 거침없고 풍성한 문체를 구사하는 것으로 잘 알려져 있다. 그래서 그의 소설은 상상력의 자유로운 전개를 따라 풍성하게 넘쳐흐르는 언어적 활력을 주요 특징으로 한다. 그런데 『위대한 유산』의 경우 디킨즈 특유의 그러한 거침없는 활력이나 넘치는 묘사력이 최대한 억제되고 그 대신 간결하고 압축된 문장과 표현들이 작품을 이끌어가고 있다. 따라서 이 작품은 이른바 디킨즈 소설에서 흔히 발견되는 불필요한 세부 묘사나 장황하게 늘어지는 과장된 문체 같은 것이 거의 없이 전체적으로 차분하고 통제된 기조를 일관되게 유지한다. 이 작품이 디킨즈 소설 중 가장 견고하고 통일된 구조를 지녔다는 점을 생각할 때 이런 문체적 특징은 어쩌면 당연한 일일 것이다.

물론 『위대한 유산』의 간결하고 절제된 문체는 어디까지나 디킨즈의 다른 작품과 비교할 때 상대적으로 그렇다는 것이지 오늘날 현대 소설의 호흡이 짧고 속도감 있는 문체와는 사실 거리가 멀다. 말하자면 19세기의 작품이고 또 디킨즈의 작품인 만큼 『위대한 유산』의 문체는 비록 간결하고 압축된 것이라고 해도 오늘날의 기준으로 볼 때는 여전히 호흡이 꽤 길고 무거우며 복잡하기까지 하다는 느낌을 주는 것이다. 하지만 구문이나 표현 방식의 19세기적 특징에 조금만 익숙해지고 나면 독자는 『위대한 유산』의 문체가 진중한 바탕에 두텁고 견고한 올로 짜여 있으면서도 매우 자연스럽고 유려하게 읽힌다는 것을 쉽게 발견할 수 있을 것이다.

작품의 이런 문체적 성격과 특징은 무엇보다 이 작품이 1인칭 서술자의 시점으로 씌어져 있다는 사실에서 크게 비롯된다. 이 작품은 주인공 핍의 일인칭 시점으로 서술되어 있는데, 어른으로 성장한 핍이 어린 시절을 비롯한 자신의 과거 경험을 회고하면서 이를 시간적 순서에 따라 서술해나가는 방식으로 전개된다. 작품의 모든 사건과 행동, 그리고 생각들이 주인공 핍의 관점에서 묘사되는데, 인물로서 주인공 핍은 비록 보통 사람보다 좀 더 감수성이 예민하고 좀 더 성숙한 도덕적 깨달음과 교양을 지닌 신사라고 하겠지만 직업적으로는 자서전을 쓰는 작가가 아니라 상업에 종사하는 사업가이다. 따라서 이런 주인공이 직접 서술하는 것으로 되어 있는 이야기는 사실성을 획득하기 위해서라도 작가 디킨즈의 자유롭게 발휘되는 창조적 언어 구사가 아니라 교양 있는 19세기 신사의 점잖고 자연스러운 언어가 구사될 수밖에 없는 것이며, 그 결과 작품 전체의 문체적 특징은 경박하지 않고 진지하며, 절제되고 간결하면서도 유려한 성격을 띠게 된 것이다.

하지만 화자이자 주인공인 핍 역시 결국 작가에 의해 창조된 인물이므로 화자이자 주인공 핍의 언어에는 작가의 관점과 생각과 감수성이 알게 모르게 개입하거나 작용하지 않을 수 없다. 작품에서 간혹, 신사이자 사업가인 1인칭 화자의 의식이나 서술 능력을 넘어서는 구체적이고 예리한 묘사나 비유 또는 판단이 섞여 있는 것은 바로 그 때문이다. 사실 주인공 핍의 평범한 서술만으로는 작품으로서 독자의 흥미를 계속 끌고 감동을 유지하기가 어려웠을 것이라는 점에서 작가 디킨즈의 창조적 언어 구사가 핍의 목소리에 덧붙여지는 것은 불가피했을 것이다. 그러나 주인공 핍의 의식이나 언어적 능력을 넘어선 이런 부분들은 자세히 살펴서 따져볼 때 겨우 알아챌 수 있을 뿐, 대부분은 작품이 전개되는 동안 아주 자연스럽게 핍의 서술에 녹아 있다. 따라서 독자는 작품을 읽는 내내 시종일관 화자 핍의 진술을 진실하고 자연스러운 것으로 거부감 없이 받아들이게 되는데, 이점은 바로 작가인 디킨즈의 노련한 서술 솜씨가 돋보이는 부분이라고 하겠다.

세부적으로 볼 때, 솔직하고 자연스러운 언어로 과거의 경험을 회고하는 1인칭 화자 핍의 서술은 회고 대상인 과거의 시점이 언제냐에 따라 그 태도와 어조가 조금씩 다르게 나타난다. 이는 회고하는 서술자 핍과 서술 대상인 주인공 핍 사이에 존재하는 심리적 거리의 정도 차이에서 비롯되는 것인데 크게 세 가지로 나눌 수 있다. 먼저 작품 초반부 어린 시절을 묘사하는 부분에서 서술자 핍은 거의 항상, 학대받는 핍의 어린 시절로 돌아가 당시 자신이 겪었던 고통스러운 경험을 어린 핍의 관점에서 그대로 재현한다. 다시 말해 회고하는 핍의 서술은 대부분 그 대상인 어린 핍과의 심리적 거리가 거의 없는 일종의 동일시 상태에서, 과거를 회상하기보다는 그것을 생생하게 다시 경험하는 몰입적 성격을 띠고 전개된다. 그리고 그 결과 독자는 자연스럽게 서술자 핍과 같은 시선으로 어린 핍의 처지를 바라보며 그의 고통과 번민에 대한 깊은 공감과 연민을 느끼게 된다.

이에 비해 유산상속의 소식을 들을 직후부터 매그위치가 다시 등장할 때까지 속물 신사로 살아가는 핍의 청년 시절을 묘사하는 부분에서는 서술자 핍은 작중 인물 핍에 대해 비판적이라고 할 정도로 상당히 큰 심리적 거리를 유지한다. 그래서 그의 서술은 청년 핍의 일상과 잘못된 행동을 객관적인 시선으로 바라보며 사실적으로 묘사해 나간다. 그리고 이따금 비판적 논평을 가하거나 풍자적 제스처를 취하곤 한다. 독자 또한 서술자 핍의 그런 비판적 거리에 반응하여 청년 핍의 속물적 행태를 동일한 비판적 관점으로 바라보며 그 추이를 지켜보게 된다.

마지막으로 매그위치의 귀환 이후 핍이 도덕적 성장을 하는 작품 후반부에서는 서술자 핍과 주인공 핍 사이의 심리적 거리는 비판적 관점이 없이 객관적 태도를 유지할 수 있는 한에서 최대한 좁혀진다. 이 시기의 청년 핍은 과거의 잘못을 깨닫고 도덕적 재생을 향한 성숙의 과정을 거치는 인물로서, 삶에 대한 인식과 태도가 회고하는 서술자 핍과 상당히 가까워진 존재이다. 따라서 그런 핍에 대한 서술자 핍의 묘사는 비판적 거리가 전혀 없이—그리고 전반부 어린 시절 부분에서와 같은 몰입적 동일시도 없이—시종일관 차분한 공감과 수긍의 태도로 담담히 기술되고 있다. 폐허가 된 새티스 하우스의 마당에서 재회하는 핍과 에스텔러의 마지막 장면을 묘사하는 서술자의 차분한 어조는 주인공 핍과 서술자 핍 사이의 정신적 간극이 서로 좁혀져서 마침내 하나의 일치점에 도달한 상태임을 선명히 드러내 주고 있다.

3. 기법

『위대한 유산』은 사실주의적 성격이 강한 작품이다. 주인공이 자신의 과거를 회고하며 자서전적으로 이야기를 전개해나가는 서술 형식상 그럴 수밖에 없다. 하지만 성장 과정에서 주인공 핍이 경험하는 감정과 심리, 또는 어떤 특별한 상황이나 성찰의 의미 등을 묘사할 때 디킨즈는 종종 상징적 이미지를 통해 그것을 매우 함축적이고 효과적인 방식으로 표현하곤 한다. 이런 상징주의적 기법은 작품의 사실주의적 문체와 내용에 아주 자연스럽게 결합됨으로써 작품의 견고한 구조와 압축된 문체를 한층 돋보이게 하는데, 디킨즈의 대표작이자 탁월한 고전 작품으로서 『위대한 유산』이 지니는 예술성은 여기에 힘입은 바 크다.

소설 전체에 걸쳐 산재해 있는 상징적 요소는 주인공 핍의 이름에서부터 이미 찾아볼 수 있다. 핍(Pip)이라는 이름은 보통명사로 '사과나 배 같은 과일의 자그만 씨앗'이라는 의미를 지닌다. 앞으로 싹을 틔워 나무로 자라날 존재인 씨앗의 이미지는 바로 고아에서 어른으로 성장해 나가야 하는 핍의 존재와 딱 부합하는 상징으로, 주인공으로서 핍이 지니는 성격과 지위를 그야말로 작은 씨앗처럼 단단하게 압축하여 드러내준다. 싹을 틔우고 나무로 자라날 씨앗으로서 핍은 그러나 기름진 토양과 따스한 환경에 뿌려진 씨앗이 아니다. 작품 첫 장면이 인상적으로 보여주는바, 핍은 춥고 황량한 습지의 교회 무덤가에 홀로 버려진 존재, 과연 싹을 틔우고 살아남을 수 있을지조차 의심스러울 만큼 거칠고 척박한 땅에 뿌려진 빈약한 한 톨의 씨앗일 뿐이다. 실제로 바로 뒤에 나타난 무서운 죄수의 살해 협박을 비롯해 누나와 이웃 어른들의 학대가 드러내 주는 핍의 생존 조건은 죄의식을 강요받으며 자연스러운 본성을 억압받는 감금된 씨앗과도 같은 것이다. 어린 소년으로서 핍은 자신의 이러한 억압된 처지와 본질을 의식 차원은 아니지만 본능적으로는 최소한 인식하고 있는데, 이것은 그가 미스 해비셤의 집에 끌려가기 전에 씨앗 장수 펌블추크의 가게에서 종이 꾸러미에 묶인 서랍 속의 씨앗들을 보고 그 씨앗들이 "화창한 어느 날 그 감옥들에서 탈출하여 꽃을 활짝 피우고 싶지 않을까" 하며 궁금해하는 모습을 통해 상징적으로 표현되고 있다.

씨앗의 상징으로 출발한 핍의 성장 이야기는 고향 마을과 런던을 배경으로 지리적 이동이 이뤄지면서 전개된다. 이 지리적 이동은 곧 핍의 정신적 변화와 성장 과정에 있어서 주요 계기 내지는 전환점이 되곤 하는데, 이때 안개는 각 장면의 의미를 효과적으로 구현하거나 요약하는 상징적 도구로 활용되곤 한다. 핍이 거액의 유산상속 예정자가 되어 고향을 떠나는 1부의 끝에서, 핍의 눈앞에서 서서히 걷혀가며 드넓은 세상을 보여주는 아침 안개는 앞날에 대한 설렘과 두려움에 찬 핍의 심정을 시적인 분위기로 훌륭하게 압축해 보여준다. 이 장면이 지닌 시적 상징성 때문에 어떤 평자들은 이 대목을 밀턴의 『실낙원』에서 에덴동산을 떠나 미지의 세상으로 첫걸음을 내딛는 아담과 이브의 모습에 비유하기도 한다.

아침 안개는 2부의 후반부인 35장 끝에서 다시 나타난다. 이 경우 핍이 누나의 장례식에 참석한 뒤 런던으로 떠날 때 짧게 언급되지만, 안개는 이 장면의 의미를 극대화하는 상징적 역할을 수행한다. 바로 앞 장면에서 고향을 자주 방문하겠다는 핍의 말에 비디가 지극히 온당하게도 회의적인 반응을 보이자 핍은 그녀에게 "인간성의 아주 나쁜 측면"을 보인다고 비난한다. 하지만 그럼으로써 핍은 아이러니컬하게도 바로 자기 자신의 "인간성의 나쁜 측면"을 극명하게 드러내는데, 이 장면은 신사가 된 후 작품 속에서 나타나던 핍의 속물적인 타락상이 마지막으로 분명히 확인되는 부분이다. 따라서 1부 끝에서처럼 런던을 향해 고향을 떠나는 핍 앞에서 다시금 아침 안개가 걷히는 이미지는 그의 도덕적 타락을 최종적으로 드러내어 마감 짓는 한편 이후 전개될 핍의 뼈아픈 자기 인식과 성찰을 예비하는 일종의 결산적 의미를 확고히 드러내주는 상징이다.

한편 3부의 끝 59장에서 안개는 다시금 효과적인 시적 상징으로 등장하여 작품의 마지막 장면을 아름답게 장식한다. 이번엔 아침 안개가 아니라 저녁 안개인데, 오랜 세월 후 고향으로 돌아온 핍이 찾아간 새티스 하우스는 차가운 은빛 저녁 안개에 잠겨 있다. 하지만 그곳에서 우연히 에스텔러를 만난 핍이 그녀와 함께 손을 잡고 새티스 하우스를 나설 때, 저녁 안개는 막 떠오른 달빛을 받으며 그의 눈앞에서 환히 걷힌다. 그리고 안개 밑으로 넓게 펼쳐져 나타난, 고요한 달빛 속의 그 모든 풍경 속에서 핍은 에스텔러와의 또 다른 이별의 그림자를 보지 못한다. 시련을 통해 변화하고 성숙한 두 사람이 고통스러운 과거의 상징인 새티스 하우스의 폐허를 뒤로 하고 새롭게 발걸음을 내딛는 희망찬 결말이 저녁 안개가 걷히며 달빛이 환히 비치는 풍경을 통해 상징적으로 아름답게 표현되고 있는 것이다. 작품의 마지막 순간에 묘사되는 안개의 이런 상징성은 특히, 음식과 줄칼을 훔쳐 습지로 달려가는 핍을 짓누르듯이 둘러싸던 작품 초반의 짙은 아침 안개와 묶어 생각할 때 더욱 선명하게 부각될 것이다. 말하자면 불쌍한 고아 소년 핍의 성장 이야기는 고독과 죄의식과 두려움과 억압과 혼돈의 세계를 대변하는 짙은 아침 안개의 상징으로 시작했다가 달빛 속에서 방황과 상실과 좌절의 아픈 기억과 함께 환히 걷히는 은빛 저녁 안개의 상징으로 끝나고 있는 셈이다.

안개가 작품의 주요 대목을 아퀴 짓는 중심적인 상징으로 활용되고 있다면, 소설 속에는 작지만 의미 있는 상징들이 심심치 않게 등장하여 작품의 의미와 정취를 풍부하게 해준다. 가령, 위에서 언급한 마지막 장면에서 핍은 에스텔러를 만나기 전에 폐허가 된 새티스 하우스의 황량한 풍경을 둘러보다가 허물어진 건물 더미 사이에서 옛 담쟁이덩굴을 발견한다. 이 담쟁이덩굴은 29장과 58장에도 등장하는데, 핍이 유산상속 예정자로서 에스텔러와의 궁극적인 결혼을 확신하며 자신을 로맨스의 주인공 기사로 상상하는 최절정기인 29장에서는 건물을 뒤덮고 있는 "억센 초록 담쟁이덩굴"로 언급된다. 반면 모든 꿈과 기대가 무너진 다음 병약한 몸을 이끌고 귀향한 시기인 58장에서는 건물 벽에서 뜯겨져 내려 "땅바닥에 길게 늘어진 채 시들어가고 있는" 것으로 묘사된다. 그런데 이제 11년 후 핍이 물질적으로 성공했지만 여전히 에스텔러를 잊지 못하는 쓸쓸한 마음으로 그곳을 다시 찾았을 때, 그 옛 담쟁이덩굴은 "건물의 조용한 잔해 위에서 새로 뿌리를 내리고 초록빛으로 자라고 있는 것"으로 묘사되고 있다. 따라서 이미 두 번에 걸쳐 핍의 처지를 상징적으로 표현해줬던바, 이번에도 담쟁이덩굴은 외롭고 쓸쓸한 핍의 이 방문이 뭔가 희망적인 결과로 이어질 것이라는 상징적 암시를 아주 자연스럽고 효과적으로 독자에게 던져주고 있는 것이다.

이밖에 다른 상징의 예를 몇 가지 더 찾아보자면, 먼저 핍과 관련 것으로 그의 무의식적 욕망이나 자각이 상징적으로 표출되는 꿈과 환상을 들 수 있다. 가령 그가 두 번(8장, 49장)에 걸쳐 목격하는 목 매달린 미스 해비셤의 환영은 그의 내면에 감춰진 또는 억눌린 반감 내지는 분노에 대한 상징으로 볼 수 있으며, 57장에서 열병에 걸린 그가 건물 벽에 낀 벽돌이나 증기기관의 지렛대로 자신을 상상하는 부분은 타락한 사회체제의 공범자이자 희생자로서 자신의 사회적 정체성을 인식하는 한편 그 체제에서 벗어나고 싶은 간절한 욕망을 상징적으로 표현한다. 한편 그가 템즈강에 빠지고 또 열병에 걸려 죽을 고비를 넘기는 사건은 도덕적 재생을 얻기 위해 거쳐야 하는 일종의 통과의례라는 상징적 의미를 지닌다.

다음으로 다른 인물들과 관련된 상징들이 있는데, 조 부인의 경우 그녀는 가난한 대장장이의 아내라는 곤궁한 처지와 그런 가운데서도 어린 동생까지 손수 길러냈다는 미덕의 상징으로 언제나 앞치마를 입고 있다. 하지만 정사각형의 가슴받이에 핀과 바늘이 잔뜩 꽂혀 있는 이 앞치마는 그녀의 의도와는 달리, 외적으로는 모질고 가학적인 그녀의 공격적 본성에 대한 객관적 상관물인 동시에, 내적으로는 억눌려 있는 성적, 계급적, 또는 사회적 욕구와 불만에 대한 자학적 표현이라는 상징적 의미를 복합적으로 지닌다. 의복을 통한 상징은 미스 해비셤에게서도 나타나는데, 그녀의 빛바랜 하얀 웨딩드레스는 그녀의 귀신같은 형상으로 인해 수의처럼 보임으로써, 자학적 증오에 사로잡혀 자연스러운 인간 본성을 거부한 그녀가 결국 '살아 있지만 죽은' 존재나 다름없다는 것을 상징적으로 드러내 준다. 그녀의 이러한 생명 없는 영혼과 피폐한 내면은 부패한 그녀의 웨딩 케이크를 통해서도 상징적으로 표현된다.

한편 에스텔러의 경우, 그녀의 이름이 '별'이라는 의미를 지녔듯이 그녀는 핍에게 '별'과 같이 높이 우러러볼 빛나는 존재, 즉 동경의 대상으로 인식된다. 8장에서 해비셤 집에 처음 간 핍이 해피셤의 명령을 받고 에스텔러를 소리쳐 부를 때, 에스텔러는 한참 후 어둠 속에서 촛불을 들고 "별처럼" 나타나 복도를 걸어오는 것으로 묘사된다. 에스텔러의 이 강력한 별 이미지는 바로 얼마 후 핍이 해비셤 저택의 양조장을 둘러보고 있을 때 그녀가 그의 눈앞에서 양조장 건물 안의 철제 계단을 걸어 올라가 머리 위 높은 곳의 난간을 통해 하늘로 날아 올라가는 듯한 모습으로 나타남으로써 한층 강화된다. 하지만 동경의 대상으로 핍의 마음에 각인되는 에스텔러의 이 아름다운 별 이미지에는 핍을 멸시하고 학대하는 그녀의 무정하고 모진 행동에 의해 곧바로 차가움과 냉정함이라는 부정적 이미지가 더해진다. 이것은 바로 앞 장인 7장에서 핍이 두 번에 걸쳐 겨울 밤하늘의 별들을 생각하는 장면을 통해 미리 예고되는데, 여기서 핍은 한 번은 조와 이야기하며 누나를 기다리다가, 다른 한 번은 펌블추크와 함께 마차를 타고 집을 떠나가는 도중에,

밤하늘에 뜬 별들을 올려다본다. 그리고 추운 겨울밤의 별들이 불쌍한 인간에게 "아무런 도움이나 연민"도 보이지 않고 핍 자신의 마음에도 "아무런 빛을 밝혀주지 않는"다면서 그들을 차갑고 무정한 존재들로 여긴다. 말하자면 핍은 에스텔러를 만나기 전날 밤 별에 대한 부정적 인상을 통해 바로 다음 날 만날 에스텔러라는 빛나는 별이 지니는 차갑고 무정한 성격을 미리 암시받고 있는 것이다.

이밖에 올릭의 경우, 그는 작품 속에서 일종의 핍의 분신(double) 내지는 제2의 자아(alter ego) 역할을 하면서 핍의 억압된 성적 욕망과 복수의 충동을 간접적으로 드러내거나 실행해주는 상징적 인물이다. 가령 그는 핍을 학대하는 누나 조 부인을 공격하거나 핍이 혐오하는 펌블추크에게 응징을 가함으로써 핍이 무의식에 억눌러 놓은 복수의 욕망을 대행해서 실현한다. 그는 또한 핍이 좋아하는 비디를 향해 노골적으로 성적 구애 행위를 하거나, 해비셤 집의 문지기로서 핍이 흠모하는 에스텔러의 출입을 가까이서 지켜보는데, 이를 통해 비디나 에스텔러에 대한 감춰진 핍의 성적 욕망을 간접적이고 은밀한 방식으로 대신 드러내 준다. 올릭의 이런 심리학적 성격과 역할은 특히 그에게 부여된 강력한 남성성과 이미지를 통해 상징적으로 표현되곤 한다. 그는 "굉장한 힘"을 간직한 채 구부정한 자세로 파충류처럼 어슬렁어슬렁 걸어 다니는데, 그의 이런 모습은 바로 남성의 잠재된 성적 본능과 욕망, 폭력적 충동을 압축하고 있는 동물적 이미지이다. 그는 또한 자주 남성 성기 이미지(phallic image)에 해당하는 사물들과 결합해서 묘사되곤 하는바, 가령 그가 조 부인을 공격하는 도구는 두 개의 둥근 쇠고랑이 달린 부서진 죄수용 족쇄이다. 그리고 나중에 조 부인이 그를 나타내기 위해서 그리는 물건은 망치이며, 그가 해비셤 집의 문지기로 일하면서 사용하는 물건 중 강조되어 언급되는 것들은 바로 몇 가지 열쇠들과 장전된 엽총이다. 올릭과 결부된 이런 전형적인 성적 상징물들은 말하자면 올릭이라는 등장인물이 단순한 조연급 악역 이상의 깊은 성적 함의와 심리학적 역할을 지닌 의미 있는 존재임을 말해주는 강력한 증거이다.

끝으로 핍의 정신적 성장이라는 작품 전체의 주제와 관련해 간과해서는 안 되는 의미심장한 상징적 장면이 하나 있는데 그것은 매그위치가 사형선고를 받는 순간이다. 매그위치의 탈출을 돕는 과정에서 자신의 속물성과 타락성에 대한 깊은 각성에 이른 핍은 매그위치의 곁을 끝까지 지키기로 결심한다. 그는 매그위치가 마지막 사형선고를 받을 때도 함께 자리를 지키는데, 이때 핍은 부상으로 의자에 앉아 있는 '흉악범' 매그위치의 손을 잡고 31명의 다른 죄수들과 함께 만인이 보는 앞에서 판사를 바라보며 서 있는 것으로 묘사된다. 비록 피고석 밖이긴 하지만 판사 앞에—그리고 법정 창문으로 비쳐드는 밝은 햇빛으로 표상되는 절대자의 심판 앞에—매그위치 대신 '서 있는' 핍의 이 자세는 바로, 심판을 받을 대상이 죄수인 매그위치가 아니라 오히려 타락한 신사인 핍 그 자신이라는 통렬한 자기 인식의 상징적 형상화이다. 다시 말해 이 순간 핍은 타락한 속물 신사인 그 자신이 사실은 매그위치보다 더한 죄인이라는 인식, 즉 자신이야말로 콤피슨 같은 악당과 펌블추크 같은 위선자를 신사로 존중해주고 매그위치 같은 불쌍한 하층민은 범죄자로 몰아가는 잘못된 사회체제의 공범자로서 그러한 억압과 차별을 강화하고 조장한 몹쓸 죄인이라는, 따라서 정말 심판을 받아 마땅한 존재는 바로 그 자신이라는 깊은 깨달음을, 매그위치 대신 재판정에 '서 있는' 행위를 통해 강렬한 극적 상징으로 통렬하게 고백하고 있는 것이다. 디킨즈가 『위대한 유산』에서 구사하는 여러 상징적 기법 중 가장 절묘하고 인상적인 것을 꼽는다면 아마 이 장면을 들 수 있을 것이다.

한편 디킨즈 작품세계를 언급할 때 빠뜨릴 수 없는 것은 바로 유머, 즉 해학이다. 인물이나 상황의 희극적 창조를 통해 독자를 사로잡는 디킨즈의 탁월한 능력은 작가로서 그의 가장 두드러진 특기라 할 수 있는데, 유머에 바탕한 디킨즈의 희극적 활력과 풍성함은 사회비판 의식이 강해지는 그의 후기 작품에 오면 초기 작품에 비해 상당히 약화된다. 가령 『위대한 유산』 바로 앞에 나온 소설 『두 도시 이야기』의 경우 프랑스 혁명이라는 심각한 역사적 비극과 관련된 작품의 어두운 주제 의식이 디킨즈의 희극적 창조성을 거의 압도하여 작품 전체의 내용과 분위기가 시종일관 암울하게 유지된다. 당대 독자와 평자들 가운데 디킨즈 초기의 풍성하고 활기찬 희극성을 좋아하던 이들은 디킨즈의 이런 변화를 적지 않게 아쉬워하며 종종 불만을 표하곤 했다. 『위대한 유산』을 창작할 당시 디킨즈는 그런 비판을 어느 정도 유념했고, 그 결과 이 작품에서는 그 특유의 희극적 인물 창조와 풍자적 해학을 좀 더 밀도 있게 구사함으로써 작품의 재미를 한층 끌어올리는 한편 독자와 평자의 호평도 이끌어내는 데 성공한다.

물론 『위대한 유산』도 다른 후기 작품처럼 전체적인 분위기는 꽤 어두운 편이다. 작품의 주된 내용인 주인공 핍의 성장 과정은 불행한 어린 시절, 죄의식과 계급적 열등감, 잘못된 기대와 도덕적 타락, 좌절된 사랑과 후회 등과 같은 상당히 우울하고 심각한 내용들로 점철되어 있으며, 이를 서술하는 일인칭 화자 핍의 어조나 태도도 사뭇 무겁고 진지하다. 하지만 디킨즈는 작품의 이런 어두운 내용과 분위기 사이 사이에다 초기 소설 못지않게 활기찬 유머와 해학적 풍자를 심심찮게 뿌려놓는다. 어리숙한 듯하지만 본능적인 지혜를 지닌 핍의 선량한 매부 조 가저리를 비롯해, 교구 서기였다가 배우가 되는 웝슬, 위선과 허세의 화신인 종묘상 펌블추크, 양복점 주인 트랩과 그의 짓궂은 점원 소년, 그리고 재거스의 괴짜 사무원 웨믹 같은 인물들을 통해 나타나는 이 희극적 활력과 창조성은 줄거리 곳곳에 효과적인 방식으로 개입하여 작품의 어두운 분위기와 흐름을 일신하는 데 성공한다.

그 대표적인 예는 아마 웨믹의 결혼식 장면일 것이다. 55장 후반부에서 낚싯대를 들고 산책하는 것처럼 길을 걷다가 우연히 생각난 듯이 교회에 들어가 결혼식을 거행하는 웨믹의 모습과 괴이한 그 진행 과정은 작품의 가장 희극적인 장면 가운데 하나로 독자의 웃음을 저절로 터져 나오게 한다. 물론 비정한 약육강식의 공적 세계에서 살아남기 위해 사적인 감정이나 행위를 철저히 감춰야 하는 웨믹의 비극적 현실에 대한 인식으로 인해 독자의 이 웃음은 곧 씁쓸한 연민으로 바뀌고 만다. 하지만 마지막 그 씁쓸한 인식의 순간 직전까지 디킨즈는 웨믹과 관련된 예상치 못한 희극적 상황과 묘사를 통해 독자에게 순수한 즐거움과 유쾌한 웃음을 선사한다. 그리고 이 순수하고 유쾌한 얼마간의 순간은 바로, 콤피슨으로 인해 매그위치가 탈출에 실패하고 체포되는 앞장(54장)의 고통스러운 상황과 재판에서 사형선고를 받은 매그위치가 부상 후유증으로 사망하는 뒷장(56장)의 비극적 내용 사이에서 독자의 우울한 기분을 잠시나마 위로해 주는 희극적 막간극으로 그 효과가 극대화되어 있다.

이밖에 펌블추크의 경우도 주목할 만한데, 그는 디킨즈 특유의 풍자적 희화화(caricature) 능력이 성공적으로 발휘된 인물로 작품 여기저기에 심심찮게 등장하면서 그 누구보다 희극적 기분전환의 역할을 훌륭하게 수행한다. 더할 나위 없는 그의 위선과 역겨운 허세는 그 한편에 독특한 활력과 지치지 않는 불굴성을 지니고 있어 독자는 그에 대해 혐오감과 더불어 묘한 매력까지 동시에 느낄 정도이다. 핍이 유산상속 예정자가 되어 읍내에 처음 나타났을 때 그를 언제 돼지만도 못한 존재로 취급했었냐는 듯이 연신 굽실거리며 악수를 청하는 비열하고 위선에 찬 그의 모습은 아마 작품에서 가장 가증스러우면서도 가장 인상적인 희극적 장면일 것이다. 이런 점에서 펌블추크는 디킨즈 후기 작품 전체를 통틀어 그의 희극적 창조성의 본령을 가장 성공적으로 보여주는 인물이라고 해도 지나치지 않다.

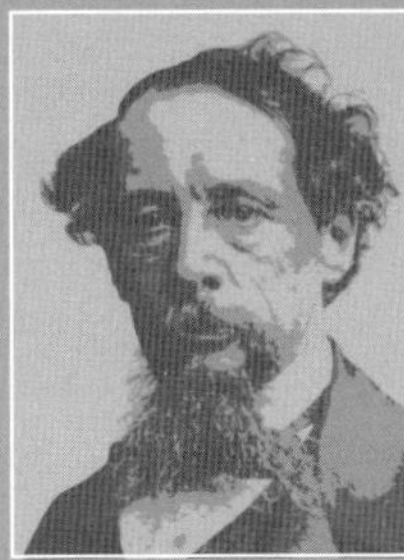

V. 토론 주제와 답

1. 여성 인물들과 빅토리아조 가부장제 이데올로기
2. 『위대한 유산』의 구성원리로서 아이러니
3. 인물 내면에 감춰진 심리적 메커니즘

1. 『위대한 유산』에 등장하는 주요 여성 인물들을 디킨즈 당대인 빅토리아조 사회의 남성중심적 가부장제 이데올로기와 관련지어 논하라.

디킨즈 작품에서 여성을 중심으로 한 화목한 가정이나 성스러운 처소로서의 가정의 이상에 대한 찬미는 쉽게 발견된다. 이는 남성의 지배와 여성의 헌신적 복종이라는 빅토리아조 가부장제 이데올로기를 지탱하는 당대의 주요 담론인 '집안의 천사' 개념과 사뭇 일치하는 것으로, 이 때문에 디킨즈는 빅토리아조 지배계급의 억압적 가정 이데올로기를 적극적으로 받드는 남성중심적 작가라는 비판을 종종 받곤 한다. 그리고 이 비판은 일정 정도 타당성을 지닌다. 하지만 디킨즈 작품을 구체적으로 들여다보면 그의 여성 묘사는 단순히 당대 가부장제의 성이데올로기에 부합하는 이상화된 여성상으로만 채워져 있지 않음을 알 수 있다. 왜냐하면 디킨즈가 창조하는 여성 등장인물들 중 상당히 많은 경우 빅토리아조 사회의 남성중심적 가치관이나 지배 이데올로기에 포섭되지 않는 파격적이고 전복적인 면모를 강하게 보여주곤 하기 때문이다. 이것은 곧 디킨즈의 여성 묘사에 빅토리아조의 남성중심적 가정이데올로기의 문화적 이상과 담론을 지지하거나 대변하는 측면 못지않게 그 억압적 실체와 위기적 증상을 비판하거나 폭로하는 리얼리즘적 가치가 있음을 의미한다. 『위대한 유산』에 등장하는 주요 여성 인물들도 디킨즈 여성 묘사에 내재된 이런 복합적인 성격을 잘 보여준다.

먼저 『위대한 유산』은 여성에 대한 빅토리아조 가부장제의 상투적 이상화에 해당하는 여성들보다 남성의 권위와 지배에 맞서거나 분노하는 강하고 억센 여성들이 이야기의 중심을 차지하고 있다. 자기를 배반한 남성에 대한 광기 어린 분노와 복수심으로 가득 찬 미스 해비셤을 비롯해, 그녀의 복수의 도구로 양육되어 '심장' 없는 여자로 모든 남성을 도도하고 매몰차게 대하는 에스텔러, 자기 운명과 삶에 대한 깊은 불만에 가득 차서 남편을 구박하며 '길길이 날뛰는' 포악한 조 가저리 부인, 그리고 재거스의 가정부이자 에스텔러의 친모로 남편에 대한 분노와 질투심으로 연적을 살해하고 자기 아이까지 죽이려 했던 야수 같은 몰리에 이르기까지 『위대한 유산』의 주요 여성 등장인물은 대부분 순결하고 성스러운 '집안의 천사' 이미지와는 전혀 동떨어진 존재들이다. 물론 허버트의 아내 클래러와 비디처럼 부드럽고 선한 여성 인물들도 있다. 하지만 클래러의 경우 작중 인물로서 그 역할과 비중이 극히 미미하고, 비디의 경우는 겉으로는 순종적이고 소극적인 여성처럼 보이지만 실상은 주인공 핍과 조 가저리를 능가하는 실천적 지혜와 통찰력을 지닌 주체적이고 강단 있는 인물로 상투적으로 미화된 이상적 여성상과는 상당히 거리가 멀다.

따라서 비디를 제외하면, 『위대한 유산』에서 독자의 관심을 사로잡는 지배적 여성 이미지는 미스 해비셤과 에스텔러, 가저리 부인 등처럼 남성에게 위협적인 사납고 거친 여성상이라고 할 수밖에 없다. 그런데 이들의 이런 강하고 억센 여성상은 표면상으로는 작가 디킨즈의 부정적 묘사 대상이 된다. 해비셤의 경우 남성에 대한 분노가 자학적이고 파괴적인 증오와 뒤틀린 복수심을 낳아 자신과 타인에게 치명적인 해를 끼치는 것으로 나타나고, 에스텔러는 잘못 주입된 남성 혐오와 무정함으로 인해 삶의 의미를 찾지 못한 채 핍에게 고통만 안겨주다가 결국은 야만적인 드러믈에게 자포자기하듯 자신을 내던지고 만다. 조 부인 역시 포악한 심성과 가학적 공격성으로 어린 동생 핍과 선량한 남편 조 가저리를 끊임없이 학대하는 행위를 통해 독자의 강한 반감과 혐오감을 일으킨다. 그리고 이들은 각각 작품 속에서 인과응보적 응징을 받거나 순화되고 뉘우치는 모습을 보인다.

강하고 억센 여성 인물들의 이런 부정적 모습과 그에 따른 징벌 양상은 일단 디킨즈의 다른 순종적이고 착한 여주인공들의 이미지를 대조적으로 강화하는 기능을 하는 것처럼 보인다. 다시 말해 이들은 여성에 대한 부정적 관념을 강조해 보여줌으로써 순종적 여성상을 돋보이게 하는 반증의 역할을 하고 그 결과 빅토리아조 가부장제 성이데올로기의 남성 지배질서를 뒷받침하는 셈이라고 할 수 있는 것이다. 하지만 이들에 대한 디킨즈의 묘사를 좀 더 자세히 살펴보면 디킨즈가 이들을 단순히 반여성론적 의미만을 지니도록 창조하고 있지 않음을 쉽게 알 수 있다. 이것은 특히 우리가 이 여성 인물들의 사회적 조건과 행동 동기, 즉 '그들이 왜 그렇게 행동하는가'에 대한 의문을 지니고 작품 속에 노정된 그들의 사회적 조건과 심리적 메카니즘을 짚어볼 때 확실하게 드러난다.

가령 미스 해비셤의 경우, 그녀는 남성에 대한 복수심과 원한 때문에 자신을 자학적 유폐의 불행한 삶에 가둬놓고 에스텔러와 핍을 복수의 도구로 삼아 그들까지 불행에 빠뜨리는 가해자로 묘사된다. 하지만 그녀의 불행은 애초 콤피슨과 그녀의 남동생, 즉 남성의 비열한 속임수에서 비롯된 것이다. 그리고 이를 좀 더 파고들면 그녀가 콤피슨과 남동생에게 쉽게 속아 넘어간 것은 궁극적으로 가부장제 남성 지배 질서하에 그녀가 여성으로서 처한 불리한 개인적, 사회적 조건에서 초래된 것임을 알 수 있다. 부자 아버지의 보호 아래 그녀에게 허용된 편협하고 제한된 19세기식 가부장제 여성 양육은 그녀를 세상 물정 모르는 미숙하고 독단적인 여성으로 길러낼 수밖에 없었고, 그런 그녀가 아버지 사망 후 부장 상속녀로 사회 경험이 전혀 없이 결혼 시장에 나왔을 때 콤피슨 같은 사기꾼의 손쉬운 먹잇감이 되는 것은 사실상 당연한 결과인 것이다. 그녀가 콤피슨의 배반에 자기 유폐라는 자학적이고 소극적인 방식으로 대응하는 것 또한 결국은 여성의 직접적인 사회 활동이나 생산적인 욕망 실현이 봉쇄된 억압적 가부장제 사회체제에서 다른 건설적 대응이나 시도가 거의 불가능한 현실적 한계의 탓이 상당히 크다. 마찬가지로 그녀가 에스텔러를 통해 간접적이고 대리적인 방식으로 남성에 대한 복수를 꾀하는 행위 역시 그녀가 처한 현실적 제약의 불가피한 결과인 측면이 크다. 요컨대 미스 해비셤은, 우리가 그녀의 행동을 시대적 사회적 조건 속에 놓고 파악할 때, 뒤틀린 복수심과 증오로 가득 찬 한 광적인 남성 혐오주의자의 부정적 외피 아래--여성의 건강한 자아실현을 봉쇄하고 이에 저항하면 '다락방의 광녀'로 가두고 낙인찍는--기만적 가부장제 이데올로기와 억압적 남성 지배 질서의 불행한 희생자의 모습을 감추고 있는 존재임이 드러난다. 그리고 그 결과 우리는 그녀를 거부감의 대상보다는 오히려 공감과 연민의 대상으로 바라보게 된다고 할 수 있다.

조 부인 역시 비록 정도의 차이는 있지만 미스 해비셤과 비슷하게 가해자의 외양 밑에 희생자의 성격을 감추고 있는 인물이다. 그녀는 주인공 핍의 누나이면서도 어린 핍을 모질게 학대하고 남편까지 구타하며 못살게 구는 그야말로 난폭하고 억센 여자의 전형처럼 보인다. 바늘로 가득 찬 그녀의 앞치마 가슴판이 상징하듯 가학적 욕구에 가득 찬 그녀는 온갖 심술과 억지에 히스테리와 포악한 행동까지 서슴지 않는 인물로 펌블추크와 함께 작품에서 우리의 반감을 가장 강하게 일으키는 존재라 할 만하다. 하지만 디킨즈는 그녀의 이런 부정적 성격이 단순히 한 개인으로서 타고난 인격적 결함의 탓만이 아님을 그녀의 사회적 조건과 개인적 상황을 통해 어느 정도 분명하게 암시해주고 있다.

우선 그녀는 결혼하기 전 부모 없는 가난한 고아 처녀로 갓난아기나 다름없는 어린 남동생을 혼자 길러내야 하는 아주 열악한 처지에 있었던 것으로 나타난다. 이런 처지에서 그녀가 사회적 생존을 위해 택할 수 있는 거의 유일한 방법은 어떻게든 빨리 결혼을 하는 것이다. 여성이 사실상 결혼을 통해서만 최소한의 경제적 안정과 보호를 확보할 수 있는 가부장제 사회에서

이는 더더욱 그럴 수밖에 없다. 따라서 형편없는 조건에 생김새까지 거칠고 투박하여 결혼 시장에서 더없이 불리했을 그녀는 자신의 바람보다 한참 낮은 수준의 남자인 시골의 무식하고 보잘것없는 대장장이라도 기회가 되자마자 곧바로 배우자로 맞았을 게 뻔하다. 하지만 작중에서의 그녀의 언행이 보여주듯이 그녀는 에너지와 정열이 강하고 사회적 욕망이 큰 여자로, 선량하지만 사회적 야망이 전혀 없이 물러 터지기만 한 대장장이 남편에게서 만족을 얻었을 리 만무하다. 게다가 두 사람 사이에 자식이 없다는 사실은 남편 조가 헤라클레스처럼 힘은 셀지언정 성적으로는 무능하다는 뜻일 수 있다. 따라서 이런 사회적 조건과 개인적 삶의 상황을 안고 있는 그녀가 잠재된 불만과 좌절된 욕망을 남편과 동생 핍에 대한 심술과 화풀이를 통해 해소하는 것은 어쩌면 불가피한 일이었을 것이며, 그녀의 드센 성격상 그것은 난폭하고 가학적이며 히스테리컬한 방식으로 표출될 수밖에 없었을 것이다. 다시 말해, 겉으로 보기에 난폭하기만 한 그녀의 언행 이면에는 바로 고아 처녀라는 불행한 신세, 미천한 시골 대장장이 아내로 참아야 하는 단조롭고 궁핍하며 계급적으로 좌절된 삶, 자식도 없는 데다가 일찌감치 무거운 짐으로 떠맡겨진 동생의 부양의무, 바보 같은 남편이 만족시켜주지 못하는 열정과 욕망 등등, 우리가 공감할 만한 내적 동기가 적지 않게 작용하고 있는 것이다. 그리고 이런 관점에서 볼 때, 그녀는 미스 해비셤과 마찬가지로 남성 중심 가부장 체제의 사회적 제약과 가정의 굴레에 갇혀서 자신의 본성과 자아를 제대로 펴지 못한 채 심술이나 가학, 억지 같은 오도된 출구를 통해 억압된 에너지를 겨우 해소할 뿐인 일종의 희생자적 존재로 인식하는 게 충분히 가능하다고 할 것이다.

『위대한 유산』에서 디킨즈가 창조하는 강인한 여성들 즉 미스 해비셤과 조 부인, 그리고 에스텔러와 몰리 등은 가부장제 질서의 실권자인 남성의 입장에서 볼 때는 어쨌든 하나같이 남성의 당연한 지배와 권위를 위협하는 존재들이다. 그런데 이와 관련해, 이들 위협적인 여성 인물들은 희생자적 성격 외에 또 다른 한 가지 흥미로운 공통점을 보여준다. 이것은 작품 속에서 이들이 남성과 맺는 최종적 관계를 통해 나타나는데, 바로 이들이 전부 남성에 의한 폭력적 응징이나 순화의 과정을 거친다는 사실이다. 먼저 미스 해비셤을 보면, 그녀는 작품 후반부에서 핍 앞에 무릎을 꿇고 자신의 잘못에 대한 용서를 간절히 빈다. 그리고 얼마 후 불길에 휩싸이는데 핍이 이를 발견하고 그녀를 구해주는 것으로 묘사된다. 여기서 미스 해비셤은 일종의 화형과 같은 인과응보적 징벌을 받는 셈인데, 이 과정에서 묘사되는 핍의 행위, 즉 그녀를 덮쳐 원수처럼 싸우듯이 온 힘을 다해 그녀의 저항하는 몸부림을 사정없이 짓누르고 제압하는 폭력적 행위는 핍 자신의 무의식에 억눌러 놓은 그녀에 대한 분노와 복수 욕망의 간접적 표현이기도 하다. 말하자면 미스 해비셤은 이 순간 화형이라는 가혹한 징벌에 더해 남성의 폭력적 응징까지 함께 받는다고 할 수 있는 것이다. 그리고 얼마 후 그녀는 죽음을 통해 참회와 속죄를 완결하는 것으로 묘사된다.

한편 조 부인은 한층 명확하고 직접적인 방식으로 남성의 폭력적 응징을 받고 순화되는 모습을 보인다. 핍과 남편 조에게 폭군과도 같은 권력과 행패를 부리다가 직공 올릭의 남성적 자존심까지 굴복시키려고 하던 그녀는 급기야 올릭에게 기습적인 폭행을 당한 뒤 그야말로 무력하고 온순한 여성으로 떨어지고 만다. 그리고 병상에서 지난날의 잘못을 뉘우치다가 마침내 핍과 조에게 용서를 빌며 세상을 하직한다. 올릭의 이 폭력적 응징은 핍의 무의식에 도사리고 있는 그녀에 대한 강렬한 복수와 분노의 대리적 실행이라는 심리적 상징성을 띤다. 이는 올릭의 폭행 도구가 바로 핍이 도와준 죄수의 부서진 족쇄라는 점, 누나가 당한 폭행에 대해 핍이 느끼는 강한 죄의식, 그리고 나중에 올릭이 핍에게 누나를 죽인 것은 바로 너라고 말하는 대목 등을 통해 상당히 분명하게 드러난다. 이런 점에서 올릭은 핍의 동물적 본능과 공격성을 대변하는 일종의 분신이라고 할 수 있다.

에스텔러의 경우도 비슷한 양상이 발견되는데, 그녀 역시 작품 결말부에 오면 남편 드러믈에게 구타를 당하면서 불행한 결혼 생활을 겪다가 마침내 핍에게 고통을 주었던 자신의 잘못된 과거 행동을 깨닫는 여자로 바뀐다. 그리고 이를 겸손히 고백하는 유순한 여자로 핍 앞에 나타난다. 남편에게 순종하지 않는 성격 강한 아내를 물리적 힘으로 굴복시키는 드러믈의 행위는 비열한 남성적 폭력의 전형인데, 심리적 차원에서 볼 때 이것 역시 핍의 내면에 무의식으로 존재하는 에스텔러에 대한 분노와 공격적 욕망의 대리적 실행이라는 의미를 지닌다. 핍이 드러믈을 누구보다 혐오하는 본질적 이유는 바로 핍 자신의 감춰진 비열한 본성과 속물성을 드러믈이 그대로 보여준다는 사실에 있는데, 이런 의미에서 드러믈은 올릭과 마찬가지로 핍의 은밀한 분노와 욕망을 대행하는 또 다른 심리적 분신에 해당한다. 따라서 그가 에스텔러에게 가하는 구타와 순화는 조 부인에 대한 올릭의 공격과 마찬가지로 본질적으로 핍 자신이 행하는 구타와 순화나 다름없다고 할 수 있다.

이밖에 변호사 재거스에 의해 위험한 본성이 늘 억제되면서 "길들여진 야수"로 살아가는 몰리도 남성에 의해 징벌되고 순화되는 강인한 여성의 또 다른 사례로 존재한다. 그런데 이처럼 작품 속에서 남성을 위협하는 성질 드센 여성들이 시종일관 부정적으로 묘사되다가 종국에 가서 인과응보적 응징과 순화를 받는 양상은 결과적으로 작가 디킨즈가 남성 지배 질서의 온당성을 강조함으로써 가부장제 이데올로기의 강화에 봉사한다는 강력한 증거처럼 보인다. 그리고 사실 그런 측면이 상당히 크다. 하지만 『위대한 유산』에서 반복적으로 나타나는 이 여성 응징과 순화 양상은 반드시 디킨즈의 남성중심적 한계의 발현으로서만 그 의미를 규정할 수 있는 것은 아니다. 관점을 조금 달리해서 보면 그것은 거꾸로 19세기 역사의 변천 속에서 빅토리아조 가부장제 사회의 남성 지배계급 안에 일어난 심리적 메커니즘의 한 국면과 징후를 디킨즈의 창조적 상상력이 리얼리즘적으로 포착하여 보여준 증거로도 해석될 수 있다. 왜냐하면 『위대한 유산』에 집중된 강한 여성에 대한 폭력적 순화 모델들은 디킨즈의 초기 소설에서는 거의 찾아볼 수 없는 사례들인바, 이는 곧 시대의 흐름 속에서 여성의 에너지가 점차 기존의 가부장제 규범에 의해 쉽게 다스려지지 않는 힘으로 부상하는 가운데 남성이 그만큼 여성의 도전과 위협에 당당하게 맞서 지배 질서를 지켜낼 만한 여유와 자신감을 상실했다는 상황, 그리고 그 결과 남성이 폭력이라는 떳떳하지 못한 방법으로라도 여성을 굴복시키고자 할 만큼 어떤 위기적 본능 내지는 필사적 심리에 몰려 있다는 역사적 상황을 디킨즈의 상상력이 반영한 결과라고 할 수도 있기 때문이다.

요컨대 『위대한 유산』에 나타난 디킨즈의 여성 길들이기 묘사는 당대의 남성 지배 질서를 정당화하는 내용으로 채워진 듯이 보인다. 하지만 그것은 동시에 남성 지배 질서가 직면하고 있는 위기적 상황과 내적 반응의 역학, 그리고 그 도덕적 부당성에 관한 디킨즈의 리얼리즘적 통찰을 담고 있는 것이기도 하다. 『위대한 유산』의 거칠고 강한 여성 등장인물들은 우리에게 디킨즈가 궁극적으로 시대적 한계를 뛰어넘지 못한 남성적 작가임을 확인해준다. 하지만 그들이 이 못지않게 우리에게 분명히 확인해주고 있는 또 다른 사항은 바로 남성 지배 이데올로기에 바탕한 빅토리아조 가부장제 사회의 본질적 문제들과 역사적 변화의 징후를 통찰력 있게 포착하여 이를 심리적 깊이와 개연성 있는 이야기로 형상화해 내는 디킨즈 상상력의 창조성과 진실성이라고 하겠다.

2. 『위대한 유산』은 "처음부터 끝까지 플롯을 구성하는 복합적인 아이러니"(Q. D. 리비스)가 존재한다고 할 수 있다. 구체적인 사례를 들어 앞의 진술을 뒷받침해 보라.

『위대한 유산』은 아이러니로 가득 찬 소설이다. 가령 작품의 출발점인 'great expectations'라는 영어 제목부터 이미 아이러니가 내재되어 있는데, 제목의 핵심 의미인 '커다란 기대'가 실제 작품 속에서 결코 만족스러운 결과를 가져오지 못할 것 같은 예감이 제목 속에 일종의 반어적 가능성으로 암시되어 있기 때문이다. 실제로 작품이 전개되면서 이 '커다란 기대'는 주인공 핍에게 오히려 나쁜 영향을 끼치는 것으로 나타남으로써 이 아이러니의 예감은 적중한다. 작품의 결말 또한 하나의 의미심장한 아이러니를 포함하고 있다. 핍과 에스텔러가 함께 손을 잡고 새티스 하우스의 마당을 걸어 나가는 마지막 장면은 두 사람의 결합 가능성을 강하게 암시한다. 그런데 핍이 작품 속에서 내내 자신의 비천한 출신을 부끄러워하며 신사계급으로의 신분 상승을 위해 모든 노력을 경주했다는 점에 비추어볼 때, 그가 마침내 결혼하는 에스텔러가 바로 살인자인 집시 어머니와 사형수 아버지 사이에 태어난 딸이라는 사실은 바로 작품의 도덕적 주제를 요약하는 일종의 최종적 아이러니라 할 수 있다. 이처럼 『위대한 유산』은 처음부터 끝까지 작품 곳곳에 크고 작은 아이러니가 다양한 방식과 여러 형태로 산재해 있는데, 이런 점에서 『위대한 유산』은 아이러니로 시작해서 아이러니로 끝나는 소설이라고 해도 과언이 아니다.

아이러니는 기본적으로 어떤 언어적 표현의 표면적 의미와 실제 의도 사이의 상반성, 또는 어떤 행위의 본래 의도와 실제 결과 사이의 상반성에서 발생한다. 전자인 언어적 아이러니는 하나의 수사적 장치로서 비교적 단순하고 명료한 형태의 아이러니라 할 수 있고, 후자인 행동의 아이러니는 인간 삶의 미묘한 양상을 드러내 주는 하나의 본질적 현상으로서 좀 더 복잡하고 깊은 층위의 아이러니이다. 그리고 이 아이러니는 대개 개별적인 하나의 행동보다는 연관된 여러 행동이 결합해 어떤 하나의 아이러니컬한 상황을 만들어내는 방식으로 일어나곤 한다. 『위대한 유산』에 포진해 있는 아이러니도 그런 단순한 언어적 아이러니에서부터 삶의 본질과 진리를 포착하여 보여주는 현상적 아이러니에 이르기까지 상당히 다양하게 존재한다. 단순명료한 언어적 아이러니의 예로는 미스 해비셤의 집의 이름인 새티스 하우스(Satis House)를 들 수 있다. '충분하다'는 의미를 지닌 이 이름은 물질적 만족과 여유를 충분히 지닌 부자의 집으로 표면상 잘 어울리는 명칭이지만 실제 그 집에 거주하는 주인 미스 해비셤과 에스텔러가 인간에게 가장 필수적인 사랑과 생명의 온기가 결핍되어 있다는 점에서 강력한 아이러니로 작용한다. 이런 언어적 아이러니는 간혹 작품의 등장인물들에 의해 구사되기도 하는데, 가령 26장에서 재거스가 야만적인 드러믈에 대해 얼굴이 마음에 든다고 말하는 부분이나 30장에서 양복점 주인 트랩의 점원 소년이 읍내 거리를 걸어가는 핍을 발견하고는 짐짓 벌벌 떨며 무섭다고 소리침으로써 핍을 욕보이는 장면 등이 그런 경우이다.

언어적 아이러니가 '극적 아이러니'(dramatic irony)의 상황으로 발현될 때도 있는데, 19장과 35장에서 핍이 비디에게 '인간성의 나쁜 측면'을 보인다고 비난하는 장면들이 그렇다. 여기서 핍은 조의 정직한 자존심을 전혀 고려하지 않는 그의 속물적 이기성(19장)과 지키지 못할 고향 방문 약속을 떠벌리는 그의 자기 기만적 허위성(35장)을 꿰뚫어 보는 비디의 통찰을 부자가 된 그에 대한 시기심과 질투로 돌려버리고는 도덕적 우월감에 가득 차서 비디를 강하게 비난한다. 그러나 과거를 돌아보는 성숙한 화자의 객관적 서술을 통해 독자는 핍의 이 비난이 지닌 아이러니성, 즉 그 순간 '인간성의 나쁜 측면'을 정말로 드러내는 사람은 비디가 아니라 바로 핍 그 자신이라는 사실, 그리고 비디야말로 오히려 '인간성의 진정 좋은 측면'을 보이는 인물이라는 사실을 아주 분명하게 인식하게 된다.

그러나 『위대한 유산』을 채우고 있는 아이러니는 이런 단순한 언어적 아이러니보다는 인물의 행동에서 파생되는 좀 더 복잡한 상황적 아이러니이다. 등장인물의 행위가 그 의도와 모순된 결과를 초래함으로써 일어나는 이 상황적 아이러니는 작품 전체에 걸쳐 빈번하게 발견되는데, 작품의 플롯을 견인하는 지배적 구성원리라 할 정도로 작품의 중심인물 및 주요 사건과 관련해 전개된다. 가령 8장에서 핍이 미스 해비셤 집에 처음 갔을 때 그녀는 핍에게 '놀아보라'(play)는 지시를 한다. 하지만 귀신 같은 해비셤의 형상으로 공포에 짓눌린 어린 핍에게 그 순간 '논다'는 가장 쉽고도 자연스러운 행위는 아이러니컬하게도 '그보다 더 행하기 어려운 건 아마 이 넓은 세상에 하나도 없을' 가장 어려운 행위가 되어버린다. 그리고 핍의 이 마비된 반응은 바로 중심인물로서 미스 해비셤이 지니는 성격의 본질, 즉 시간을 정지시키고 빛을 차단한 그녀의 존재와 삶이 얼마나 부자연스럽고 반생명적인지를 잘 드러내 주는 역할을 한다. 이 비슷한 상황은 나중에 핍을 따라가 해비셤을 처음 만난 조가 그녀를 직접 상대하지 못하고 핍을 통해서만 그녀에게 말을 건네는 장면에서도 일어나는데, 여기에는 말도 제대로 못하는 조의 바보같이 보이는 행위가 사실은 해비셤의 반생명적 본질을 본능적으로 파악한 통찰의 결과라는 작가의 의도된 아이러니가 숨겨져 있다.

미스 해비셤의 복수 행위가 그 최종적 의미를 드러내는 것도 아이러니를 통해서다. 미스 해비셤은 남성에 대한 자신의 복수를 실현하는 도구로 에스텔러를 무정하고 거만한 여자로 양육하여 사교계에 내보낸다. 그리고 그녀의 이 대리적 복수 시도는 표면적으로는 성공하는 듯이 보인다. 하지만 그 성공의 순간 에스텔러의 무정함과 거만함은 부메랑이 되어 바로 미스 해비셤 그녀 자신에게 향하고, 이 통렬한 아이러니는 그녀의 뒤틀린 복수 기획이 얼마나 무의미하고 자기 파괴적인지를 선명하게 드러내 준다. 그녀가 에스텔러를 양녀로 삼은 행위도 그 귀결점이 이 아이러니의 연장선상에 놓여 있다. 자신이 남성에게 당한 배반과 불행을 에스텔러가 당하지 않도록 하겠다는 그녀의 선한 애초의 취지는 결과적으로 인간의 가장 중요한 심성인 사랑의 감정을 에스텔러에게서 제거함으로써 에스텔러를 오히려 가장 불행한 여자로 만들어버리는 비극적 아이러니로 끝나고 있기 때문이다.

한편 핍과 관련된 아이러니는 그가 작품의 주인공인 만큼 다른 등장인물보다 횟수가 훨씬 많고 그 의미 비중도 아주 크다. 그중 핵심적인 것들만 몇 가지 예로 들자면, 먼저 18장에서 핍은 재거스로부터 자신이 유산상속 예정자라는 소식을 듣고서 평소의 간절한 꿈이 마침내 실현되었다는 커다란 기쁨에 사로잡힌다. 그러나 그 기쁨의 한편에는 노력 없이 얻은 공짜 행운에 대한 불편한 자의식과 자신의 진정한 친구이자 은인인 조를 그토록 쉽게 버리고 떠난다는 도덕적 죄의식이 강하게 자리 잡고 있다. 그러면서 또 다른 한편으로 그는 속물적 우월감에 차서 조와 비디를 내려다보기 시작하는, 그래서 그들이 자기를 시기한다고 불쾌해하는 자신의 못난 실체를 어렴풋이 느낀다. 이런 심리적 모순과 착잡함은 그날 저녁 그가 자기 방에 혼자 남아 다음과 같은 아이러니를 깨닫는 것으로 명료하게 요약되며 끝난다. "나에게 찬란한 행운이 찾아온 첫날 밤이 내가 일찍이 경험해 본 가장 외로운 밤이라는 것은 참으로 슬프고도 이상하게 느껴졌다"

한편 핍이 에스텔러와 맺는 관계는 아이러니로 시작해서 아이러니로 끝난다고 해도 거의 틀린 말이 아니다. 두 사람이 처음 만났을 때부터 에스텔러는 핍에게 거만하게 굴면서 온갖 경멸과 모욕을 가한다. 하지만 그러면 그럴수록 핍은 오히려 에스텔러에게 끌리고 그녀에 대한 강렬한 동경과 숭

배에 빠지는 아이러니에 사로잡히고 만다. 핍은 에스텔러를 자신의 비천한 출신과 죄수와의 부끄러운 과거, 궁핍한 삶 등의 정 반대편에 존재하는 존재, 다시 말해 저 높은 하늘에 아름답게 빛나는 별처럼 우러러보는 동경의 대상으로 생각한다. 에스텔러와의 이 간극은 그가 유산상속 예정자가 되어 신분 상승을 하면서 물리적으로 좁혀지는 듯이 보인다. 하지만 아이러니컬하게도 그럴수록 이 간극은 오히려 더 크게 벌어지는 것처럼 핍의 마음에 인식된다. 32장 끝에서 런던에 올라오는 에스텔러를 마중하러 나왔다가 웨믹을 따라 감옥을 구경하고 온 그는 "더러운 감옥과 범죄에 세계에" "심하게 오염되어" 있는 자신을 문득 깨닫고 "다가오고 있는 젊고 아름답고 도도하고 세련된 에스텔러"와의 "그 엄청난 대조"에 "형언할 수 없을 만큼 혐오스러운" 느낌을 받는다. 그런데 흥미롭게도 핍이 느끼는 이 간극의 아이러니는 작품 후반부에 이르러 상반된 내용의 또 다른 아이러니에 의해 반전의 종결을 맞는다. 왜냐하면 핍이 그토록 거리감을 느끼며 동경했던 에스텔러가 바로 그가 간절히 털어내고 싶었던 범죄와 죄수 세계의 자식, 그것도 가장 밑바닥에 해당하는 살인자와 사형수 사이의 딸이라는 사실, 그리고 그가 그런 최악의 배경을 지닌 에스텔러와 마침내 결합한다는 사실은 작품의 결말을 장식하는 최종적 아이러니가 되어 그전까지 내내 핍을 괴롭혔던 간극의 껍데기를 단숨에 벗겨버리고 그 숨겨진 실상을 선명하게 밝혀주기 때문이다. 이런 점에서 이 마지막 아이러니는 핍의 고통스러운 성장 이야기의 핵심 내용을 간결히 압축하고 그 궁극적 의미를 매듭짓는 결정적 역할을 한다고 할 것이다.

핍의 성장 이야기에서 또 다른 핵심적 사항, 즉 신사가 된다는 것이 무엇인가 하는 문제와 관련해서도 아이러니는 작가의 의도를 드러내는 결정적 장치로 사용된다. 신사가 되고 싶어 하는 핍의 열망은 매그위치의 은밀한 후원을 통해 실현되는데, 핍을 신사로 만드는 매그위치의 행위는 핍에 대한 보은 의식이 그 주된 동기이지만 동시에 자신을 학대하고 멸시했던 지배계급, 특히 콤피슨 같은 거짓된 신사계급에 대한 분노와 복수의 욕망에서 나온 것이기도 하다. 하지만 핍이 런던에서 보여주는 신사의 모습은 진정한 신사와는 거리가 멀다. 조와 비디를 저버린 채 속물적 허영과 번드레한 외양만 추구하며 사교와 무위도식으로 살아가는 그의 모습은 매그위치를 차별하고 박해하는 사회의 지배계급으로서 자신의 쾌락과 이득만을 취하는 콤피슨 같은 타락한 속물 신사와 별로 다르지 않은 것이다. 말하자면 매그위치의 복수는 정작 그의 복수 대상인 이기적이고 타락한 신사계급과 본질적으로 동일한 또 하나의 속물 신사를 만들어내는 아이러니컬한 결과를 낳는 것이다.

그러나 속물 신사로서 핍의 모습이 지닌 이 아이러니 역시 작품의 후반부로 가면서 앞에서 본 에스텔러와의 아이러니컬한 관계처럼 반전을 맞는다. 매그위치를 돕는 과정에서 자신의 속물성과 배은망덕함을 깨달은 핍은 자신이 매그위치의 돈을 받을 자격이 없다고 생각하고 빚쟁이가 되는 것을 감수할 뿐만 아니라 신사계급으로서의 모든 것을 버리고 낙향하여 조와 비디 곁에서 새 출발을 하겠다는 결심을 한다. 그런데 그의 이 변화는 곧 그가 신사의 신분에서 가장 멀리 떨어졌을 때 오히려 진정한 의미의 신사에 가장 가까운 모습을 보인다는 또 다른 아이러니를 낳고, 이 아이러니는 하나의 역설(paradox)로서 핍의 신사 행로가 지니는 최종 의미를 요약하는 역할을 한다. 요컨대 작품에서 핍은 속물적 신사로 전락했다가 시련과 재생의 과정을 거쳐 인격과 도덕성을 갖춘 성숙한 인간으로 올라서는데, 핍의 이 성장 궤적은 그가 신사의 신분에 가장 가까워졌을 때 진정한 신사에서 가장 멀어지고 반대로 신사의 신분에서 가장 멀어졌을 때 진정한 신사에 가장 가까워진다는 이중 아이러니의 역설로 압축되고 있는 것이다.

이와 관련해, 54장 말미에 탈출에 실패한 매그위치가 강에 빠져 부상을 입고 다시 잡힌 직후 핍에게 "나 없이도 신사가 될 수 있다"고 말하는 대목이 나온다. 매그위치의 이 말은 일종의 '극적 아이러니'이다. 왜냐하면 그의 재산이 곧 몰수되고 핍의 신사 신분 유지가 불가능할 게 확실한 상황에서 매그위치의 이 말은 실현 가능성이 없는 것으로, 오직 그만이 그렇게 믿을 뿐 핍과 독자는 그렇지 않다는 것을 잘 알고 있기 때문이다. 하지만 위에서 보았듯이 이중의 아이러니가 압축하고 있는 핍의 인격적 성장 궤적의 최종 지점에 비추어볼 때 매그위치의 이 말은 어떤 의미에서는 실현된다고도 할 수 있다. 다시 말해 매그위치의 이 말은 틀렸지만 사실 맞기도 한, 또는 틀림으로써 오히려 진실로 증명되는 또 다른 하나의 '역설'(paradox)에 해당하는 것이다. 그리고 이 역설이 필연적으로 동반하는 것은 바로 이 장면에서 극적 아이러니를 최종적으로 발생시키는 것은 매그위치의 말이 아니라 오히려 그 순간 그의 말이 틀렸다고 믿는 핍과 독자의 태도라는 깨달음이다.

아이러니는 사실 우리가 삶에서 흔히 마주치는 현상이다. 아이러니 발생의 기본 조건은 인과 관계 사이의 상반성, 결과적 상황의 반전, 의미의 표리부동성 등이라고 할 수 있는데 우리 일상의 많은 일들이 바로 이런 성격을 띠거나 그 비슷한 양상으로 일어나기 때문이다. 이런 점에서 아이러니는 삶이 작동하는 본질적 방식 가운데 하나라고 할 수 있다. 이따금 아이러니에 기반한 역설이 진리를 표현하는 통찰로서 강한 설득력을 발휘할 수 있는 것도 바로 삶에서 빈번하게 일어나는 이러한 아이러니적 작동 방식 때문이다. 『위대한 유산』 곳곳에서 발견되는 다양한 아이러니들도 바로 삶의 이런 아이러니적 성격에 대한 구체적 반영으로서 그 궁극적 의미가 있다고 하겠는데, 앞에서 이미 몇몇 중요한 예들을 보았지만 몇 가지 흥미로운 예들을 좀 더 열거해 보기로 하자.

먼저, 런던에서 핍의 신사교육을 맡는 매쓔 포킷은 정직하고 성실하고 너그럽고 사심이 없는 인격적인 사람으로 핍의 존경을 받는 인물이다. 하지만 그는 계급적 허영심밖에 없는 아내를 전혀 통제하지 못하고 하인들도 제멋대로 굴게 내버려 두며 자식들도 거의 방치하다시피 한다. 따라서 그의 가정은 무질서와 혼란 그 자체이다. 그런데 그는 "가정 경제에 관한 아주 호쾌한 강연자"로 인기가 많은 연사이며 "또 어린아이와 하인의 관리에 대한 그의 논문은 그 주제에 관한 한 단연 최상의 교과서로 인정받고 있"는 것으로 묘사된다(33장). 다음으로 핍은 읍내 길거리에서 자신의 속물적 태도를 비꼬며 모욕을 가한 양복점 점원 소년에 대해 주인인 트랩 씨에게 편지를 써서 고자질하고 해고를 요청하는 비열한 행동을 한다. 그런데 작품 후반부에서 그가 올릭의 함정에 빠져 아무도 모르게 살해당할 뻔한 절체절명의 위기에 처했을 때 허버트 일행을 그곳으로 안내하는 등 그를 구출하는 데 결정적 역할을 하는 사람은 바로 그 트랩 씨의 점원이다.

올릭에 대해서도 핍은 그가 미스 해비셤의 문지기로 일하는 것을 보고 재거스 씨에게 말해 그를 해고하도록 한다. 그런데 그가 은인으로 믿는 미스 해비셤과 연인 에스텔러를 보호하기 위해 취한 이 선의의 조치는 아이러니컬하게도 올릭으로 하여금 런던에 올라와 콤피슨의 끄나플로 일하게 만들어 핍 자신이 구출해주고자 하는 매그위치의 탈출을 수포로 돌아가게 하는 데 핵심적 역할을 하도록 하는 부정적 결과를 낳는다. 마지막으로 펌블추크의 경우 두 겹의 아이러니가 존재한다. 우선 더할 나위 없이 파렴치한 악당으로서 그의 성격은 그가 온갖 허세와 위선을 부리며 자신의 그런 정체를 감추려고 하면 할수록 오히려 더 선명하게 작품 속에서 드러난다. 하지만 여기에 흥미로운 아이러니가 하나 더 추가되는데, 그것은 작품 속에서 그의 혐오스러움이 그렇게 선명히 드러나면 드러날수록 독자는 그를 더욱 더 미워하고 가증스럽게 여겨야 하건만 독자는 오히려 묘하게도 그의 불사조 같은 위선과 파렴치함에 일종의 매력을 느끼면서 그를 가장 재미있고 인상적인 인물 중 하나로 기억하게 된다는 점이다. 펌블추크가 『골동품 가게』(*The Old Curiosity Shop*)의 퀼프(Quilp)나 『데이빗 코퍼필드』(*David Copperfield*)의 미코버(Micawber)처럼 작가 디킨즈의 희극적 창조성이 최상의 경지로 발휘된 그야말로 '디킨즈다운' 인물로 평가되는 것은 바로 이 때문이다.

이상에서 보았듯이 『위대한 유산』은 아이러니로 시작해서 아이러니로 끝나는, 그리고 아이러니로 가득 찬 소설이다. 작품의 주요 사건과 중심인물들은 거의 모두가 아이러니의 틀 속에서 움직인다고 할 정도로 아이러니는 『위대한 유산』의 줄거리를 시종일관 견인하고 그 주제를 압축한다. 이런 점에서 아이러니는 이 작품의 핵심적 구성원리라고 할 수 있다. 즉 『위대한 유산』은 아이러니 위에 구축된 소설이나 다름없는 것이다. 그리고 이렇게 『위대한 유산』을 지탱하고 있는 아이러니는 실제 내용에 있어서는 여러 가지 형태와 양상을 띠며 나타나는데, 각각의 그 모든 예들이 지닌 궁극적인 의미는 그것들이 바로 삶에 편재하는 아이러니적 작동 방식의 반영이라는 사실, 그리고 나아가 삶의 본질과 진리를 포착하거나 표현하는 중요한 장치로도 기능하는 아이러니의 본령을 다양하게 예증해준다는 사실에 있다.

3. 『위대한 유산』은 인간 심리에 대한 작가 디킨즈의 깊은 통찰력을 잘 보여주는 작품이다. 특히, 표면에 서술되는 주요 인물들의 언행은 그 뒤에 미묘하고 복잡한 심리적 메커니즘을 함축하고 있는 경우가 많다. 이에 대한 예를 한두 가지 들고 구체적으로 설명해 보라.

『위대한 유산』은 주인공 핍이 1인칭 화자로 자신의 과거 이야기를 서술하고 있기 때문에 작품에서 포착되는 인물의 심리는 아무래도 주인공 핍에게 집중되어 있다. 특히 누나를 비롯해 펌블추크 같은 어른들에게 당하는 부당한 대우에 대한 핍의 반응과 행동을 묘사하는 대목들은 작가 디킨즈가 불우한 처지에 놓인 어린아이의 고단한 내면세계를 얼마나 잘 이해하는지 여실히 보여준다. 어린아이의 심리에 대한 디킨즈의 이 통찰은 주로 핍의 외면적 행동이나 언사에 그의 내면에 감춰진 무의식적 욕망이나 억눌린 분노를 압축해 놓는 방식으로 전달된다. 그 대표적인 사례는 핍이 미스 해비셤의 목 매달린 환영을 보는 장면과 그가 새티스 하우스를 처음 방문하고 돌아와 펌블추크와 누나에게 거짓말을 하는 대목이다.

먼저 미스 해비셤의 환영에 대해 이야기하면, 새티스 하우스에서 미스 해비셤을 처음 만나고 난 직후 저택의 정원과 마당을 구경하던 핍은 양조장 건물 앞에서 우연히 시선을 위로 돌렸다가 커다란 대들보에 목이 매달린 미스 해비셤의 환상을 본다. 해비셤의 이 환영은 한순간 그를 공포에 휩싸이게 하는 것으로만 언급될 뿐 그것에 대한 어떠한 설명도 주어지지 않는다. 하지만 이 직전까지 핍이 해비셤과 에스텔러에게 받은 대우와 그것에 핍이 어떻게 반응하는가를 염두에 둘 때, 뜬금없이 끼워진 듯한 해비셤의 이 환영은 사실 핍의 무의식에 도사린 강렬한 반발감과 분노와 복수의 욕망을 상징적으로 압축한 표현임을 알 수 있다.

미스 해비셤을 처음 만났을 때 시간을 정지하고 빛을 차단해버린 그녀의 자기 유폐의 존재 방식과 귀신 같은 형상 앞에서 어린 핍은 본능적으로 그녀가 살아 있지만 죽은 것이나 다름없는 존재, 즉 반생명적 존재임을 느낀다. 이런 의미에서 미스 해비셤의 죽은 환영은 1차적으로 핍이 본능적으로 파악한 해비셤의 존재적 본질을 표현한 것이라고도 할 수 있다. 그런데 해비셤에 대한 핍의 이 본능적 거부감은 곧 분노와 반발감으로 발전하여 핍의 무의식에 쌓인다. 해비셤이 놀기를 강요함으로써 어린아이에게 가장 쉬운 행위인 노는 행위를 세상에서 가장 어려운 행위로 만들어버릴 때나, 에스텔러 앞에서 핍의 생각을 억지로 말하게 해서 에스텔러의 노골적인 경멸을 받게 할 때 핍은 아무리 어린아이라도 마음속에 무의식적 분노와 반발감을 느끼지 않을 수 없었을 것이기 때문이다.

물론 핍의 마음에 직접적으로 강한 분노와 반발감을 촉발하고 이것을 분명히 의식하게 만드는 존재는 해비셤이 아니라 에스텔러이다. "혐오스러운 개"에게 던져주듯이 핍에게 음식을 주는 장면에서 그 절정에 달하는 에스텔러의 시종일관 거만하고 멸시에 찬 언사와 태도는 핍으로 하여금 "너무나 심한 굴욕감, 마음의 상처, 모멸감, 불쾌감, 분노"를 느끼게 하고 그 결과 그는 발로 "담벼락을 걷어차고 머리카락을 쥐어뜯으며" 울기까지 한다. 하지만 에스텔러는 핍이 자신의 격렬한 분노를 직접적으로 표출하기에는 핍에게 너무 아름다운 소녀이다. 처음 만나는 순간부터 에스텔러에게 마음을 빼앗긴 핍은 마음속에 그녀를 그녀의 이름이 의미하는 '별'과 같은 존재로 각인해 놓는다. 그녀는 어둠 속에서 촛불을 들고 별처럼 나타나는 것으로 묘사되며, 핍이 양조장 건물을 둘러볼 때도 그의 눈에 마치 "머리 위 높은 곳에 있는 난간을 통해 하늘로 올라가는 듯"한 별처럼 보인다. 따라서 에스텔러에 대한 동경과 숭배심에 압도된 핍은 그녀의 모욕과 경멸에 대한 강렬한 분노와 반발감을 그녀에게 직접적으로 표출하지 못하고 그저 마음속에 억눌러 놓고 만다. 그가 할 수 있는 것은 겨우 혼자서 자기 머리카락을 쥐어뜯으며 자학적으로 화를 푸는 것뿐이다.

그러나 핍이 느낀 분노와 복수의 욕망은 그렇게 무의식 속에 가만히 억눌러 놓거나 자학적 해소로 넘어가기에는 사실 너무 강하다. 그것은 어떻게든 의식의 통제와 억압을 뚫고 삐져나오려고 하는데, 에스텔러에 대해 출구가 막혀 있는 현실에서 유일하게 가능한 것은 바로 미스 해비셤에게로 전이되어 표출되는 간접적 방식뿐이다. 즉 에스텔러에게 직접 터뜨릴 수 없는 핍의 분노와 반발감은 필연적으로 곁에서 에스텔러를 부추기는 미스 해비셤에게로 전이될 수밖에 없는 것이다. 그리고 이 전이된 분노와 반발감은 해비셤에 대한 기왕에 쌓인 분노와 반발감에 더해져서 통제하기 어려운 강렬한 복수의 욕망으로 확장하고, 그 결과 핍은 무의식적으로 그녀의 죽음을 바라는 지경에 이르는바, 그것이 바로 해비셤의 목 매달린 환영으로 나타난 것이다. 핍이 해비셤의 목 매달린 환영을 보는 시점이 그가 별처럼 하늘로 올라가는 듯한 에스텔러의 모습을 본 바로 다음 순간이라는 사실은 이런 점에서 결코 우연이 아니다. 요컨대 해비셤의 목 매달린 환영은 새티스 하우스에 처음 발을 내디딘 순간부터 마지막 떠나기 직전까지 핍의 내면에서 일어난 복잡한 심리적 메커니즘의 상징적 압축이자 필연적 귀결이며, 얼핏 난데없어 보이지만 사실은 극히 자연스러운 장면의 하나로 인간 심리에 대한 디킨즈의 뛰어난 통찰력을 보여주는 좋은 예라고 할 수 있다.

작품 후반부인 49장 말미에서도 디킨즈는 다시 한번 해비셤의 목 매달린 환영을 통해 핍의 복잡한 심리 상황을 상징적으로 압축해 표현하고 있다. 여기서 핍은 비탄에 젖어 잘못을 뉘우치는 해비셤을 용서한 뒤 마지막으로 새티스 하우스의 뜰과 양조장을 돌아보다가 또다시 해비셤의 목 매달린 환영을 본다. 이 환영은 핍에게 불길한 예감을 주어 그로 하여금 바로 뒤에 일어나는 화재의 현장에 뛰어들어 해비셤을 구출하게 하는 것으로서 표면적 의미를 지닌다. 하지만 이 환영 역시 사실은 핍의 무의식에 내밀하게 억눌러져 있는 해비셤에 대한 강한 분노와 복수의 욕망을 압축적으로 표현한 것이다. 그가 비록 의식의 차원에서는 주저함 없이 해비셤을 용서한다고 말했지만 그의 무의식에는 자신을 철저히 농락한 해비셤의 잔인한 처사에 대한 극도의 배반감과 분노가 해소되지 않고 남아 있을 수밖에 없다. 이런 상황에서 해비셤의 방에서 나와 마당을 거닐던 그가 잃어버린 에스텔러를 다시 생각하며 "너무나 춥고, 너무나 외롭고, 너무나 황량한" 심정이 되었을 때, 그의 무의식에 눌려 있던 분노와 복수의 욕망이 문득 의식의 껍질을 뚫고 솟구쳤을 것이 분명하다. 그리고 그 결과 해비셤의 죽음 내지는 살해에 대한 강렬한 무의식적 갈망이 순간적으로 그의 마음을 휘어잡고, 그것은 곧 해비셤의 목 매달린 환영으로 표현되어 나타났던 것이다. 핍의 내면에 존재하는 이러한 의식 무의식 사이의 괴리와 충돌은 이 대목 바로 다음 장면의 심상찮은 묘사를 통해서도 더욱 확연히 드러나는데, 여기서 핍은 불길에 휩싸인 해비셤을 구하기 위해 그녀에게 달려들어 불을 끄려고 애쓰는 중에 무의식 상태로 정신없이 해비셤과 "원수처럼 필사적으로 싸우"며, "사납게 비명을 지르며 빠져나가려고 몸부림치는" 그녀를 마치 겁탈이라도 하듯이 "온 힘을 다해 잡아" 폭력으로 누르고 제압하는 것으로 묘사되고 있다. 이런 점에서 두 장면이 연달아 펼쳐지는 것은 작가의 다분히 의도적인 배치라고 할 것이다.

한편, 핍이 해비셤 집에서 돌아온 뒤에 누나와 펌블추크의 질문에 거짓으로 대답하는 장면은, 그날 해비셤 집에서의 일이 핍의 삶에서 결정적 전환점이 되었던 만큼, 좀 더 복잡한 심리적 메커니즘을 담고 있다. 핍의 거짓말은, 핍 자신의 서술에도 밝혀져 있듯이, 우선적으로 누나와 퍼블추크에게

"이해받지 못할 거라는 두려움"에서 비롯된다. 즉 핍은 "자신이 본 그대로 미스 해비셤네 집을 설명한다 해도 어른들한테 이해받지 못할 거라는 확신" 때문에 자세한 대답을 하지 않으려 하는데 누나와 펌블추크가 강압적으로 질문하며 괴롭히자 이를 벗어나기 위해 어쩔 수 없이 거짓말을 하게 되는 것이다. 하지만 이해받지 못하리라는 핍의 생각은 단순히 해비셤의 기괴한 모습과 행동에 대한 설명의 어려움 때문만은 아니다. 그것은 오히려 그가 새티스 하우스에서 겪은 일들이 도저히 말로 표현할 수 없을 만큼 당혹스럽고 고통스러운 것이라는 점에서 비롯되는 바가 더 크다. 특히 그가 에스텔러에게 당한 멸시와 굴욕의 경험은 너무나도 참담한 것이라서 핍은 그걸 말로 설명할 수 없는 것은 물론이고 다시 기억하고 싶지도 않은 마음이었을 게 분명하다. 따라서 누나와 펌블추크의 질문에 사실대로 대답하는 것은 애초부터 불가능할 뿐만 아니라 설령 가능해도 그것은 고통스러운 그 순간의 기억을 되살리는 것이 되는바, 이에 대한 강력한 심리적 방어기제가 작동할 수밖에 없고 그 결과 그는 황당한 거짓말을 지어내고 마는 것이다.

이처럼 자기방어에서 나온 핍의 거짓말은 일종의 소극적 행위라 하겠지만 그것은 한편으로 공격적 성격을 띠고 있기도 하다. 왜냐하면 해비셤에 대한 그의 허무맹랑한 거짓말은 자기를 학대하는 누나와 펌블추크를 골탕 먹임으로써 그에게 큰 복수의 쾌감을 안겨주기 때문이다. 시험 삼아 던진 작은 거짓말을 통해 펌블추크가 해비셤을 본 적이 없다는 것을 알아챈 핍은 곧바로 검은색 융단 마차를 비롯해 황금 접시, 네 마리의 큰 개, 색색의 깃발, 칼 등 황당한 거짓말을 거침없이 지어냄으로써 해비셤에 대해 조금이라도 알아보려던 펌블추크와 누나의 의도를 좌절시키는 것은 물론 그들을 완전한 오해의 수렁에 빠지게 만든다. 자포자기의 심정으로 상상력을 마구 발동해 거짓말을 계속 남발하는 그의 이 행위는 바로 펌블추크과 누나에 대해 평소 쌓인 내면의 깊은 분노를 풀 수 있는 기회를 최대한 활용하고 싶은, 그래서 그들에게 복수하는 즐거움을 최대한 맛보고 싶은 무의식적 욕망에서 나온 것이다. "이 당시 한 거짓말들을 회상할 때면 나도 나 자신에 대해 놀라워 한다"는 성인 서술자 핍의 고백은 핍이 그 순간 얼마나 신나게 복수의 쾌감을 즐기며 자신을 억제하지 못했는지를 간접적으로 말해준다.

하지만 거짓말로 누나와 펌블추크에 대한 복수의 쾌감과 만족을 얻는 핍의 심리를 좀 더 파고 들어가면 우리는 핍의 또 다른 은밀한 욕망이 숨어 있는 것을 발견하게 된다. 그것은 바로 일종의 보상 심리로, 누나와 펌블추크에 대한 그의 완강한 저항과 복수 행위의 저변에는 그것을 통해 새티스 하우스에서 해비셤과 에스텔러한테서 받은 굴욕과 고통을 보상받고자 하는 무의식적 욕망이 크게 작용하고 있는 것이다. 게다가 그는 그날 해비셤의 부유한 신분과 그를 "천한 막노동꾼 소년"이라고 일컫는 에스텔러의 모욕을 통해 계급적 열등감을 처음으로 느꼈는바, 이 때문에 이제까지 일체감을 느꼈던 조의 세계를 비판적으로 보면서 거리감을 갖기 시작한다. 이 거리감은 곧, 핍의 내면에 에스텔러가 속한 미스 해비셤의 세계 즉 상류계급의 일원이 되고 싶은 동경과 욕구가 무의식의 형태로 이미 형성되었음을 의미한다. 그리고 바로 상류계급을 향한 그의 이 무의식적 욕망은 누나와 펌블추크를 상대로 한 화려한 거짓말, 즉 그들이 범접하지 못할 부자 미스 해비셤과 아름다운 에스텔러와 자신이 친하게 어울려 황금 접시에 담은 케이크를 먹고 포도주를 마시며 한바탕 신나게 놀았다는 내용의 거짓말로 은밀하게 표출되는 것이다. 다시 말해 핍의 거짓말은 그에게 누나와 펌블추크에 대한 복수의 욕구 충족은 물론이고 상류계급을 향한 그의 새로운 욕망의 상상적 대리 충족, 그리고 이를 통한 새티스 하우스에서의 고통스러운 경험에 대한 간접적 보상이라는 이중 삼중의 즐거움을 동시에 안겨주는 것이다. 그가 "경이로운" 거짓말을 계속 지어내며 자신을 억제하지 못하는 진정한 이유는 바로 여기에 있다고 하겠다. 이런 점에서 이 거짓말 장면은 『위대한 유산』 전체를 통틀어 가장 복잡한 심리적 메커니즘을 함축하고 있는 예라고 해도 지나치지 않다.

VI. 작품 해석

1. 『위대한 유산』에 나타난 '신사'의 주제
2. 『위대한 유산』의 결말 해석
3. 제목 'Great Expectations'의 의미와 번역
4. 영화로 보는 『위대한 유산』

1. 『위대한 유산』에 나타난 '신사'의 주제

1

『위대한 유산』(*Great Expectations*)에 대한 비평적 논의에서 '신사'의 주제는 빠질 수 없는 핵심적인 사안이다. "나는 신사가 되고 싶다"(I want to be a gentleman)(154)고 선언하는 주인공 핍(Pip)의 성장 이야기는 신사를 향한 그의 욕망이 실현되는 과정과 그렇게 실현된 욕망이 어떤 결과를 낳는가 하는 문제를 중심으로 펼쳐진다. 그리고 신사로서 부정적인 인간상을 보여주는 핍의 이야기는 빅토리아 시대의 신사상(象)과 이념에 대한 작가 디킨즈(Charles Dickens)의 강력한 비판으로서 사회적 의미를 강하게 띤다. 이처럼 '신사'와 관련된 작품의 내용과 주제의식이 매우 분명하기 때문에 이 작품에 대한 비평이나 분석에서 신사의 문제는 작품 전체를 관통하는 핵심 주제로서 마땅히 구체적으로 다뤄져야 하는 부분일 것이다.

그런데 『위대한 유산』에 대한 기왕의 비평을 들여다보면 뜻밖에도 사정은 그렇지 않은 것으로 나타난다. 물론 『위대한 유산』이 빅토리아조 '신사'의 이념을 본질적인 차원에서 검토하며 비판하는 작품이라는 점은 비평가들 모두 쉽게 동의한다. 그리고 "역사적인 깊이와 사회적 넓이 그리고 심리적 통찰에 있어서 『위대한 유산』은 빅토리아 시대의 신사 개념에 대한 가장 복합적이고 만족스러운 소설적 탐색이다"라는 길모어(Robin Gilmour)의 결론(143)에 이의를 제기할 평자도 아마 없을 것이다. 하지만 문제는 작품을 관통하는 핵심 주제로서 '신사' 문제가 실제 작품 비평에서는 바로 그 '자명성' 때문에 아이러니컬하게도 구체적인 관심과 분석의 대상이 되지 못한 채 그저 당연한 전제나 사실로 간단히 언급되거나 아니면 작품 외적인 논증의 자료 정도로 이용되곤 한다는 점이다. 다시 말해 『위대한 유산』의 비평 가운데 정작 '신사' 주제가 작품 속에서 얼마나 복합적이고 만족스럽게 소설적으로 탐색되는지 구체적으로 분석하며 추적해 나가는 경우를 찾기 어렵다는 말이다.

이는 가령 『위대한 유산』에 대해 권위 있고 설득력 있는 비평을 제시하고 있는 리비스(Q. D. Leavis)의 글, 「『위대한 유산』을 어떻게 읽어야 하는가」(How We Must Read *Great Expectations*)를 봐도 쉽게 알 수 있다. 상당히 구체적이고 충실한 작품 분석을 통해 『위대한 유산』의 위대성을 추적해 나가는 이 글에서 리비스는 『위대한 유산』을 주인공 핍이 사회가 부과하는 죄의식과 계급적 열등감 그리고 그로 인해 발생된 개인적 이기심 등을 극복하고 마침내 "정신적 자유를 향해 성공적으로 나아가는 이야기"(the history of a successful progress towards spiritual freedom)(373)로 규정한 다음 디킨즈가 이 과정을 상징성과 사실성의 자연스러운 구사를 통해 얼마나 치밀하고 호소력 있게 소설적으로 형상화하고 있는가를 설득력 있게 주장한다. 하지만 핍의 개인적 성장 과정에 대한 구체적이고 전반적인 논의에도 불구하고 리비스는 이 글에서 정작 '신사'의 주제에 대해서는 별다른 비평적 관심거리가 아닌 듯이 그저 두어 차례 지나가듯이 언급하고만 있을 뿐이다.

위에서 언급한 길모어의 경우도 사정은 크게 다르지 않다. 그의 저서 『빅토리아조 소설에 나타난 신사의 개념』(*The Idea of the Gentleman in the Victorian Novel*)에서 길모어는 제목에 걸맞게 '신사 개념'을 키워드로 쌔커리(Thackerary), 디킨즈, 그리고 트롤롭(Trollope) 등과 같은 빅토리아조 소설가들의 작품을 통해 당대 신사 이념의 담론을 구체적으로 추적하고 있다. 특히 디킨즈를 다루는 장(章)에서는 『위대한 유산』만을 따로 논의의 대상으로 선택해 상당히 길게 언급한다. 하지만 길모어는 이 글에서 작품 자체에 대한 구체적인 분석보다는 작품 외적인 요소들과 갖는 연관성을 밝히는 데 더 치중하고 있다. 즉, 그는 자수성가한 작가로서 디킨즈가 개인적으로 '신사' 계급에 대해 보이는 양면적 태도와 작품이 맺는 관련성에서 논의를 출발하여 『위대한 유산』이 빅토리아조 이전 시대와 빅토리아조 당대에 존재했던 '신사'의 이념이나 담론과 어떠한 관련을 맺고 있는지를 밝히는 데 주력을 기울인다. 글의 후반부에 작품에 대해 좀 더 구체적으로 언급하는 경우가 있긴 하지만, 이때에도 길모어는 신사계급과 하층 내지는 범죄 세계 사이의 상호 의존성을 설명한 뒤, 위에 인용한 신사 주제에 대한 일반적인 결론을 내리는 것 이상으로 작품을 깊이 분석해 들어가지는 않고 있다.

『위대한 유산』에 대해 종합적인 고찰과 연구를 수행하여 이를 단행본으로 낸 새드린(Anny Sadrin)의 역저 『위대한 유산』 역시 기대와는 달리 '신사' 주제에 대한 구체적인 작품 분석을 보여주지 못하고 있다. 이 책을 구성하는 총 16개의 장 중 4개가 '신사'와 관련되어 있는데, 이 중 대부분이 신사의 주제 자체보다는 작품 속에서 나타나는 신사와 죄수의 대립 구도 양상, 그리고 죄수와 관련된 역사적 문맥과 상황을 설명하는 데 할애되어 있다. 이 중 마지막 장은 그래도 "진정한 신사"라는 제목을 달고 있는 만큼 새드린은 여기서 비로소 신사 주제에 대한 본격적 논의를 시도한다. 하지만 새드린 역시 길모어와 마찬가지로 타고난 신사와 자수성가한 신사 사이에서 갈등하는 디킨즈의 이중성에서 논의를 출발하여 『위대한 유산』이 이전 작품들과 달리 후자로 기울어진 모습을 보인다는 점을 설명하는 데 치중한다. 그리고 비교적 간략한 작품 내용 언급과 논의를 통해 주인공 핍이 결국 도덕성을 갖춘 근대적 신사상에 이른다는 일반적인 결론을 제시하는 데 그친다.

한편 비교적 최근의 주목할 만한 디킨즈 비평으로 들 수 있는 뉴이(Vincent Newey)의 2004년 저서 『찰스 디킨즈의 경전들』(*The Scriptures of Charles Dickens*)은 60쪽이라는 긴 분량을 들여 『위대한 유산』을 심도 있게 분석한 글을 포함하고 있다. 텍스트의 표면 아래 숨어 있는 전복적 이면을 읽어내고자 하는 다분히 포스트모더니즘 성향의 이 글에서 뉴이는 『위대한 유산』의 내용을 전체적으로 꼼꼼히 짚어가며 인물과 사건의 심리적 차원을 중심으로 자기 나름의 분석을 가하고 있다. 하지만 뉴이의 이 긴 글에서도 '신사'에 대한 논의는 글의 전반부에서 한 차례 몇 줄의 언급과 후반부 초입에서 두어 쪽 정도 설명이 거의 전부라고 해도 과언이 아닐 만큼 극히 미미하다. 사실 뉴이의 글이 보여주는 '신사' 논의의 부재는 1990년대 이후 현재까지 포스트모더니즘 이론의 영향을 받은 디킨즈 비평계의 전형적인 양상이기도 하다. 페미니즘과 신역사주의 등 다양한 이론이 적용되는 디킨즈 비평에서 '신사'의 주제는 더 이상 논의의 대상이 되지 못하거나 아니면 논의가 종결된 것으로 간단히 언급되고 지나가는 미미한 사안처럼 여겨지고 있는 것이다. 특히 신역사주의의 영향 아래 하나의 작품에 집중하기보다는 역사적 담론의 맥락에서 여러 텍스트를 대상으로 텍스트 이면에 억압되거나 소외된 문제를 비교하고 규명하는 근래의 디킨즈 비평 추세에서 『위대한 유산』의 '신사' 주제에 대한 집중적이고 구체적인 분석과 논의는 더더욱 불가능할 수밖에 없는 상황이다.[1)]

---

1) 『위대한 유산』에 대한 국내의 논의에서도 '신사'의 주제를 본격적으로 탐구한 논문은 찾기 어렵다. 백낙청의 의 경우 『위대한 유산』만이 아닌 디킨즈 소설 전반에 나타난 신사 주제를 다루고 있고, 이밖에 성은애와 장남수의 글이 그나마 신사 문제를 다루는 글들인데, 성은애의 경우 '길잡이' 성격의 글이라서 작품에 대한 구체적이고 깊이 있는 분석까지는 들어가지 못하고 있으며 장남수의 글은 신사로서 핍이 도달하는 최종적 성격에 주로 논의를 집중하고 있다. 한편 김현숙의 글도 신사 문제를 다루고는 있으나 핍의 인간적 성장과

요컨대 『위대한 유산』에서 '신사'의 주제는 비평가들 누구나 동의하는 핵심 주제임에도 불구하고 정작 그것이 작품 속에서 어떻게 다뤄지는지 구체적으로 추적하는 작업은 국내외를 막론하고 의외로 찾아보기 힘들다. 이 글은 이처럼 '신사' 주제에 대한 구체적 작품 분석이 부족하다는, 즉 '신사' 주제를 좀 더 세밀히 검토할 필요가 있다는 문제의식에서 출발한다. 따라서 다음에서는 먼저 '신사'의 주제가 작품 속에서 구체적으로 어떻게 다뤄지는지 살펴보고, 이어서 '신사'의 주제가 이 작품에서 어떤 결론에 도달하고 있는지를 규명해볼 것이다. 그리고 이를 통해 '신사' 주제를 재론하는 이 글의 의의를 좀 더 분명히 밝혀볼 터인데, 비평가들의 통상적인 생각과 달리 『위대한 유산』에서 '신사' 주제를 통해 디킨즈가 제시하고자 하는 것이 '진정한 신사'란 어떤 존재인가 하는 새로운 정의가 아니라 바로 '신사'의 이상(理想) 자체에 대한 해체와 파기라는 좀 더 근원적이고 역설적인 결론이라는 게 이 논문의 핵심 요지이기 때문이다.

2

『위대한 유산』의 '신사' 주제를 언급할 때 모든 비평가의 출발점은 위에서 언급한 핍의 선언, 즉 17장에서 도제가 된 뒤 불만에 찬 생활을 하던 핍이 비디(Biddy)와 함께 습지로 산책을 나가서 '신사가 되고 싶다'고 고백하는 부분이다. 핍의 이 선언에서 출발한 비평가들은 즉시 핍의 런던 생활로 훌쩍 건너뛰어, 그가 신사교육을 받으면서 보여주는 타락한 모습과 그 이후 매그위치(Magwitch)의 귀환으로 도덕적으로 변화해가는 과정을 거론

그 의미를 추적하는 논의의 일부로만 언급될 뿐이다.

하는 데로 나아간다. 하지만 『위대한 유산』의 '신사' 주제 논의는 이보다 훨씬 앞에서 출발해야 한다. 왜냐하면 디킨즈는 작품의 초반부에서 이미 '신사'의 주제를 서사의 표면에 분명하게 돌출시켜놓고 있기 때문이다.

이는 핍의 자서전적 서술의 시발점이자 최초의 결정적 계기가 되는 경험, 즉 습지에서 만난 죄수들 이야기가 아직 끝나기 전인 5장에서 일어난다. 감옥선을 탈출했던 매그위치는 콤피슨(Compeyson)과 습지에서 싸우다가 수색대에게 잡힌다. 그런데 이때 매그위치는 자신이 콤피슨을 도망가지 못하게 잡았다고 주장하며 다음과 같이 말한다.

> 이놈은 말이오, 놀랍게도 신사라오. 이 악당 놈은 말이오. 그러니까 감옥선은 이제, 내 덕분에 이 신사 놈을 다시금 모시게 된 것이오.
>
> "He's a gentleman, if you please, this villain. Now, the Hulks has got its gentleman again, through me." (67)

매그위치의 이 말은 물론 나중에 밝혀질 그와 콤피슨과의 원한 관계에 대한 단서로서 일차적인 의미가 있다. 하지만 아직 두 사람의 관계에 대한 아무런 구체적 정보가 없는 상황에서 갑자기 신사를 들먹이는 매그위치의 이 말은 그 '뜬금없음'으로 인해 독자의 뇌리에 강한 인상을 남긴다. 특히 여기서 매그위치는 콤피슨을 "이 악당"이라고 부르는 동시에 "그가 신사"라고 말하고 있다. '악당'이 '신사'라니, 얼핏 당치않은 이 등치에 독자의 인식은 순간적인 관심 발생을 넘어 교란당하는 상태까지 이른다. '신사'라는 명칭이 그야말로 '뜬금없이' 튀어나와서는 '당치 않게도', 정반대되는 '악당'과 동일시될 뿐만 아니라 그 '신사'는 감옥선으로 돌아가야 마땅하다는 듯이 선언되고 있는 것이다. 이것은 곧 '신사'의 통상적인 개념에 대한 파괴와 전복에 다름 아니다. 말하자면 디킨즈는 작품의 핵심 주제가 될 '신사' 개념에 대한 전면적인 도전과 문제 제기를 이렇게 일찌감치 매그위치의 입을 통해 독자 앞에 정면으로 던져놓고 있는 것이다.

악당을 신사와 등치시키는 매그위치의 말이 순간적인 파격으로 독자의 인식을 교란할 수 있는 것은 물론 우리가 지닌 신사에 대한 긍정적인 이미지 때문이다. '신사'라고 하면 흔히, 기본적으로 육체노동을 할 필요가 없을 만큼 일정 수준 이상의 수입이나 재산이 있는 사람으로서 적당한 교육을 받고 세련된 교양과 예의범절을 갖추고 있으며 명예를 소중히 여기는 한편 존경할 만한 도덕성과 인격을 지니고 있는 사람을 지칭한다. 이것은 빅토리아조 중산계급이 지향하는 계급적 이상에서 비롯된 이미지인데, 여기에서 도덕성과 인격은 특히 중요하고 필수적인 요소이다. 따라서 이런 신사의 이미지는 도덕적인 측면에서 볼 때 일종의 보편적인 이상적 인간상에 가까운 이미지라고 할 수 있다. 우리가 신사라고 할 때 대개 '점잖고 예의 바른 인격자,' 즉 존경할 만한 덕성을 갖춘 거의 '군자'에 가까운 이미지를 떠올리곤 하는 것은 바로 이 때문이다. 그러므로 이런 이상적 인간상에 가까운 신사의 이미지와 악당은 서로 양립할 수 없는 조합이며, 이런 점에서 매그위치의 말은 그 비상식성으로 인해 우리의 통념적 인식을 교란하기에 충분하다.

하지만 이 인식의 교란은 일시적이다. 왜냐하면 우리는 다음 순간 매그위치의 말을 별다른 거부감 없이 받아들여 그 의미를 이해하고 있기 때문이다. 그리고 콤피슨의 이미지를 신사인 악당으로서 어렵지 않게 머릿속에 형성한다. 이것은 곧 매그위치의 말이 성립 불가능한 것에서 성립 가능한 어떤 것으로 우리 인식 체계 안에서 전환되어 받아들여진다는 것을 의미한다. 어떻게 이것이 가능한가? 그 답은 신사의 호칭이 이상적인 인간상을 지칭하는 도덕적 개념이 아닌 사회적 신분을 지칭하는 계급적 개념으로 사용될 수 있다는 점에서 얻어진다. 즉 도덕적인 인격자를 지칭하는 개념으로 신사를 이해할 때 '신사-악당'의 등치는 의미 성립이 불가능해지지만, 도적적인 요소를 배제한 신분의 개념으로 신사를 이해하는 순간 매그위치의 등치는 의미 성립이 즉시 가능해지는 동시에 우리의 인식 체계에 자연스럽게 수용될 수 있도록 전환되는 것이다.

도덕적 요소가 배제된 사회적 신분 개념으로서 신사는 어떤 존재인가? 바로 재산이나 교육 수준, 예의범절과 차림새 등 '외적'인 자격 기준을 갖추고 있는 사람, 즉 노동할 필요가 없을 만큼 일정 수준 이상의 수입이나 재산이 있는 사람으로 그런 경제력에 의거해 적당한 교육을 받고 적당히 세련된 예절과 점잖은 행실을 보여주는 사람을 뜻한다. 이것은 곧 혈통이 좋은 귀족이 아니라도 어느 정도 재산이 있고 교육만 받으면 누구든 사회적으로 신사 행세를 할 수 있다는 것을 의미한다. 디킨즈는 이런 신사의 개념을 허버트 포킷(Herbert Pocket)이 핍에게 양조업자인 미스 해비셤(Miss Havisham)의 아버지에 대한 설명을 하는 다음 장면에서 확실하게 제시하고 있다.

> "…. 그녀의 아버지는 네가 살던 고장의 시골 신사였는데 양조업자였어. 양조업자인 것이 왜 존경받는 직업이 되는지 나는 잘 모르겠어. 하지만 점잖은 신사면서 빵 굽는 일은 절대 할 수 없는 반면에 그 누구 못지않게 점잖은 신사면서 양조업을 할 수 있다는 것은 반박할 수 없는 사실이란다. 그런 건 매일 볼 수 있는 일이야."
>
> "하지만 신사가 술집을 운영해서는 안 되는 것이겠지, 그렇지?" 나는 말했다.
>
> "그럼, 결코 안 될 일이지." 허버트는 대답했다. "하지만 술집이 신사를 먹여 살리는 것은 가능하지. …."

> "…. Her father was a country gentleman down in your part of the world, and was a brewer. I don't know why it should be a crack thing to be a brewer; but it is indisputable that

while your cannot possibly be genteel and bake, you may be as genteel as never was and brew. You see it every day."

"Yet a gentleman may not keep a public-house; may he" said I.

"Not on any account," returned Herbert; "but a public-house may keep a gentleman. ...." (203)

허버트의 말은 양조업자가 빵장수나 술집 주인과는 달리 사회적으로 '신사'로 인정을 받는다는 것을 의미한다. 그 이유는 명백하다. 역사적으로 빵장수나 술집 주인과는 달리 양조업자는 가게에서 직접 빵을 굽거나 술손님을 상대하는 것 같은 육체노동을 할 필요가 없을 뿐만 아니라 전문 경영을 통해 훨씬 큰 경제적 부를 축적할 수 있는 존재였기 때문이다. 즉 양조업자는, 명문가의 혈통이나 토지 재산이 없다는 점은 빵장수나 술집 주인과 마찬가지지만 일정 수준 이상의 부와 재산 축적, 그리고 그것이 가능케 한 교육을 통해 신사라는 계급적 지위의 외적 조건을 충족시킬 수 있었고, 이를 통해 신사로 인정받고 행세할 수 있었던 것이다.2)

그러나 이렇게 누구든 부와 재산과 교육을 통해 획득할 수 있는 신분으로서 신사의 개념은 다른 한편으로 '신사'라는 호칭을 받은 사람이 도덕적인 자질의 유무에 따라서 군자나 인격자가 될 수도 있고 아니면 반대로 악당이나 위선자 또는 속물이 될 수도 있다는 사실을 의미하는 것이기도 하다. 말하자면, 사회적 신분 개념으로서 신사는 도덕적으로 군자든 악당이든 어느 쪽으로도 언제나 가능성이 열려 있는 존재인 것이다. 앞에서 인용한 매그위

---

2) 역사적으로 영국에서 양조업은 꾸준히 번창해 나갔던 업종으로 18-19세기에 오면 양조업자 출신 국회의원도 다수 나올 만큼 사회적으로 부와 지위를 획득했다. 이에 대한 설명으로는 David Paroissien, *The Companion to Great Expectations* (Westport: Greenwood, 2000), 198-199쪽 참조.

치의 말은 콤피슨을 통해 바로 이 후자의 경우를, 그리고 좀 더 확대해석한다면 디킨즈 당대 영국 사회에서의 신사상의 실상이 '신사-군자'보다는 '신사-악당'에 가깝다는 암시를 우리에게 환기시켜주고 있는 것이고, 우리는 그런 신사 의미에 기초하여 매그위치의 일견 전복적인 등치를 우리의 인식 체계에 자연스럽게 수용하게 되는 것이다.

신사와 악당을 등치시킨 매그위치의 말은 결국 신사라는 명칭과 의미의 스펙트럼을 세 가지 유형으로 우리에게 정리하여 확인시켜주고 있다. 그 첫 번째는 악당과 등치될 수 없는, 즉 이상적 인간형으로서의 신사 유형이고, 두 번째는 악당이나 군자와 등치되기 이전의, 즉 경우에 따라 악당도 될 수 있고 인격자도 될 수도 있는 사회적 신분 개념으로서의 신사이며, 마지막은 악당으로 등치될 수 있는 신사, 즉 콤피슨처럼 감옥선에 가는 것이 마땅한 '악당-신사'(또는 '신사-악당')의 유형이다. 이 세 가지 유형은 신사라는 개념의 양극단과 중심을 나타내는 세 지점에 해당된다고 하겠는데, 『위대한 유산』에서 핍의 성장 과정을 통해 우리에게 전달되는 신사의 주제와 의미가 궁극적으로는 이 세 가지 점 안에서 제시된다고 할 수 있다. 이런 점에서 디킨즈는 매그위치의 이 두 문장을 통해 일찌감치, 핍의 궤적을 중심으로 추구되는 『위대한 유산』의 신사 주제를 전부 압축하여 제시하고 있는 셈이다.

매그위치를 통해 응축된 맹아로 던져진 '신사' 주제는 물론 핍이 "신사가 되고 싶다"는 욕망을 선언함으로써 작품 전면에 명시된다. 그러나 디킨즈는 핍의 이 명시적 선언이 나오기까지 그 욕망의 발생 계기와 형성 과정을 자연스럽게 형상화해 놓고 있다. 작품의 또 다른 "맹아적 장면"(germinal scene, Stange 77)인 해비셤 집의 첫 방문 때 핍은 에스텔러(Estella)에게서 거친 손과 구두 그리고 말씨에 대한 경멸과 함께 "천한 노동자 소년"(a common labouring-boy, 89)이라는 모욕을 받는다. 이로 인해 핍은 계급적 열등감과 자의식을 느끼는 동시에 에스텔러에 대한 흠모와 동경의 감정을 품게 되는데, 바로 여기에서 “자신을 천하지 않게 만드는 것을 향한”(towards making myself uncommon, 101) 욕망이 그의 마음속에 싹트게 된다. 막연하게 형성되었던 이 욕망은 해비셤 집에 대한 방문이 거듭되면서, 한편으로는 현실에 대한 불만 의식과 다른 한편으로는 공부를 통한 실천적 모색이 쌓이면서 점점 분명한 의지로 자리를 잡는다. 그리곤 이것은 점차 ‘신사’라는 명확한 이상으로 핍의 마음속에 확고한 뿌리를 내리고 마침내 그의 입을 통해 선언되기에 이르는 것이다.

그런데 이때 핍이 추구하고 또 받아들이는 신사는 위에서 매그위치가 환기한 신사 유형 중 두 번째 의미의 신사에 해당된다. 즉 핍은 인격적 이상적 인간상으로서의 신사가 아니라 사회적 신분 개념으로서 신사가 되기를 바라는 것인데, 왜냐하면 그의 신사 추구 욕망은 에스텔러의 경멸을 극복할 수 있는 조건, 즉 좋은 옷차림과 세련된 말씨와 예절 등을 갖춘 신분으로 올라서고자 하는 욕망에 다름 아니고, 이것은 곧 신사의 도덕적 요소와는 아무런 관계가 없는 것이기 때문이다.

사회적 신분을 나타내는 개념으로서 이러한 신사의 의미는 사실 『위대한 유산』에서 사용되는 ‘신사’(gentleman) 호칭의 일반적인 의미이다. 위에서 언급한 미스 해비셤의 아버지에 대한 허버트의 호칭이 그 대표적인 경우지만, 11장에서 핍이 미스 해비셤의 집에 두 번째 갔던 날 만나는 사람들에 대한 호칭을 통해서 분명하게 드러난다. 여기서 핍은 해비셤의 별채에 들어갔다가 그녀의 친척 몇 명을 만나는데 그 중 한 사람인 커밀러(Camila)의 남편을 그는 ‘신사’라고 지칭한다. 그리고 얼마 후 그는 해비셤의 방으로 올라가는 계단에서 또 한 사람을 만나는데, 나중에 변호사 재거스(Jaggers)로 밝혀지는 이 사람도 핍은 곧바로 ‘신사’라고 언급한다. 핍은 또한 해비셤을 만난 뒤 마당을 돌아다니다가 싸우게 되는 한 소년, 나중에 허버트로 밝혀지는 이 소년도 즉시 ‘창백한 어린 신사’라고 일컫는다. 이렇게 처음 등장하는 인물들 모두에게, 그것도 그들의 인간됨이 전혀 알려지지 않은 상황에서, 곧바로 '신사'라는 명칭이 부여되는데, 이때 '신사'라는 공통된 명칭은 말하자면 도덕적 인격의 유무와는 전혀 상관없이 오직 그들이 입고 있는 점잖은 옷차림을 통해 표상되는 사회적 신분과 계급적 지위를 나타낸다. 그리고 이런 '신사'들과의 '집중적인' 만남은 외모와 말투에 대한 에스텔러의 멸시로 인해 지울 수 없는 계급적 열등감을 경험한 핍의 뇌리에 강한 인상을 주었을 게 틀림없고, 그 결과 핍은 그럴듯한 옷차림과 예절과 말씨를 갖춘 계급적 존재로서의 '신사'의 이미지를 강렬한 동경의 대상으로 마음속에 뚜렷하게 새겨놓게 되는 것이다.

물론 신사라는 사회적 신분과 명칭을 얻기 위해 필요한 것은 경제력과 그것에 기초한 교육이다. 경제력은 핍의 거친 손을 노동에서 해방시켜 하얀 손으로 만들고 그의 투박한 구두도 근사한 구두로 교체해주며, 나아가 점잖은 말씨를 배울 수 있는 교육의 기회를 핍에게 가져다줄 수 있기 때문이다. 핍이 스스로 고백하고 있는바, 그의 소년 시절을 사로잡았던 "돈과 점잖음을 향한 갈망"(hankering after money and gentility, 257)의 본질은 바로 여기에 있다. 하지만 미천한 대장장이 도제로서 핍에게 이것은 쉽게 얻을 수 없는 것이다. 비록 '주경야독'을 통해 자신의 지적인 수준을 높이고자 애써 보지만, '주경'을 면제해줄 수 있는 경제력이 주어지지 않는 한 그의 노력은 별 효과가 없을 뿐이고 그가 바라는 신사가 되는 일은 사실상 요원한 일이다. 따라서 그는 뭔가 외부적인 행운의 가능성을 기대하게 되고, 이것은 자연히 해비셤이 자신에게 뭔가 해줄지 모른다는 허황된, 하지만 끈질긴 기대로 이어진다.

핍의 이 기대는 그가 믿는 내용으로는 아니지만 어쨌든 어느 날 전혀 예상치 못한 순간에 실현된다. 그는 막대한 유산을 상속받을 행운아가 되어 시골의 미천한 대장장이 도제의 신분에서 단번에 벗어난다. 그리고 그가 그토록 갈망하던 신사가, 그것도 "부유한 신사"(a gentleman of fortune, 170)가 되어 그야말로 급격한 신분 상승을 얻는다. 행운을 통해 이른바 팔자를 고치는 핍의 이런 여정은 신데렐라 같은 동화적 성격을 강하게 띠고 있는데, 신분 상승 내지는 팔자 고침에 대한 인간의 본질적 욕망의 반영인 동시에, 상업적 성공을 통해 과거 그 어느 때보다도 급속도로 그리고 수월하게 사회적 신분의 상승을 획득한 빅토리아조 영국 중산계급의 역사적 현실에 대한 반영이기도 하다.3)

사회적 신분 상승의 욕망으로서 추구되는 신사의 위치와 성격은 앞에서 말했듯이 핍의 행동 여하에 따라 악당과의 등치가 언제든지 가능해질 수 있는 위치와 성격이다. 즉 핍은 신사로서 인격적 이상형으로 상승할 가능성도 있고 반대로 악당으로 미끄러질 가능성도 있다. 하지만 매그위치의 등치가 이미 암시하고 있듯이, 본질적으로 상승은 힘들고 미끄러짐은 쉽다. 다시 말해 상승은 힘겨운 이상이고 하락은 손쉬운 현실이다. 인간에게 비루함의 본성이 남아 있는 한 그것은 어쩔 수 없는 현실의 단면이다. 핍이 신사가 되고 난 뒤 보여주는 행적은 바로 인격자가 아닌 악당과의 등치가 가능한 신사 유형, 즉 악당-신사를 향한 미끄러짐의 과정이라고 할 수 있다. 다만 핍의 미끄러짐은 콤피슨과 같은 악당-신사의 극단 지점까지 완전히 떨어지는 것이 아니라 그 전 단계의 지점, 즉 '속물-신사'의 상태까지만 나아간다.

신사로서 핍이 런던에서 보여주는 미끄러진 신사상, 즉 "속물의 행로"(a snob's progress, House 156)는 그가 실제로 신사가 되어 런던에 가기 전부터 이미 드러난다. 커다란 재산을 물려받을 거라는 행운의 소식을 재거스에게서 듣는 순간부터 핍은 이미 "부유한 신사"로서 자기 자신을 높이 생각하는 한편 가난하게 살다 간 마을 사람들을 불쌍하게 동정하면서 그들을 자신과는 거리가 먼 열등한 존재들로 경멸스럽게 여기기 시작한다.

---

3) 물질적 성공과 신분 상승에 대한 "커다란 기대의 신화에 전 국가적으로 빠져든"(of national enchantment with the myth of great expectations)(Morris 108) 빅토리아조의 이런 현실은 런던의 회계사무소에 매일 출근해 '자본'과 '기회'가 횡재처럼 굴러떨어지기를 기대하는 허버트의 허황된 꿈을 통해서도 더욱 분명하게 반영되어 있다.

그리고 평소에 자신을 짐승이나 다름없이 취급하던 읍내의 펌블추크(Pumblechook)나 트랩(Trabb)의 아첨에 우쭐해 하며 그들을 호의적으로 생각하기까지 한다. 핍의 이런 행태는 바로 사회적 신분 상승을 곧바로 인간적 가치와 인격의 상승으로 착각하는 속물적 태도의 전형이다.

핍의 신사 생활 초기에는 그의 이런 속물로의 하강 경향을 지적하고 견제하는 일종의 경고가 비디와 허버트를 통해 주어지기도 한다. 유산을 상속하게 되었다는 소식을 전해 받은 직후 핍은 비디와의 대화에서 조에 대한 핍의 속물적 태도를 지적하는 그녀에게 자기를 시기한다며 적반하장격인 비난을 퍼붓는다. 그녀가 "인간성의 나쁜 측면"(a bad side of human nature)을 보였다며 흥분하는 핍에게 비디는 "신사라면 남을 부당하게 대해서는 안 된다"(a gentleman should not be unjust, 176)고 조용히 대꾸한다. 비디의 이 말은 곧 '신사'라는 존재가 물질과 교양 같은 외적 자격만을 갖춘 계급적 존재가 아니라 정의로움 같은 도덕적인 자질까지 갖춘 인격적 존재이어야 한다는 것을 의미한다. 다시 말해 비디는 '신사'라는 명칭을 신분적 개념을 넘어선 인격적 개념으로 사용하고 있는 것이며, 그 결과 사회적 신분으로만 '신사'를 이해하고 추구하는 핍에게 신사다움의 의미를 새롭게 인식하도록 요구하는 셈이다. 그리고 나아가 이를 통해 핍이 정의롭지 못하다면 '신사'로서 그의 진로는 도덕적 자질까지 갖춘 인격적 존재로의 상승이 아니라 속물이나 악당으로의 전락일 수밖에 없다는 경고를 하는 셈이기도 하다.

한편 허버트는 핍에게 해비셤의 과거와 관련하여 콤피슨을 설명하는 도중에 그의 아버지 매쓔 포킷(Matthew Pocket)이 내린 신사다움의 정의를 다음과 같이 언급한다. "이 세상이 시작된 이래, 마음에 있어서 진정한 신사가 아닌 사람은 누구도 결코 행동에 있어서 진정한 신사가 되지 못했다"(no man who was not a true gentleman at heart, ever was, since the world began, a true gentleman in manner, 204). 매쓔 포킷의 이 말은 곧 마음이 정말 신사인 사람이야말로 '진정한' 신사이고 그렇지 않은 사람은 '신사'로 행세할 수 있어도 '가짜' 신사일 뿐이라는 것이다. 이것은 결국 진정한 신사가 되기 위해 가장 필수적이고 중요한 것은 신사다운 마음, 즉 존경할 만한 도덕성과 바람직한 인격이라는 의미이다. 이것이 없이는 아무리 신사다운 예절과 행동을 지니고 있어도 그것은 껍데기 또는 왁스칠에 불과하고 그 불순한 실체가 드러나게 마련이다. 따라서 매쓔 포킷에게 콤피슨은 당연히 겉모습만 신사처럼 보일 뿐 진짜 '신사'라고 할 수 없는, 아니 악당에 불과한 존재이다.

그런데 허버트가 전하는 이런 신사다움의 정의는 비록 콤피슨을 설명하는 말로서 제시된 것이었지만, 사실상 핍에게 던져진 지침이기도 하다. 왜냐하면 '신사'에 대한 이 정의를 듣는 그 순간의 핍은 바로 '신사' 교육을 받으러 런던에 막 올라온 처지인바, 앞으로 과연 '신사'로서 어떻게 살 것인가 하는 것을 당면 과제로 안고 있는 청년이기 때문이다. 따라서 허버트의 이 언급은 비디의 말과 마찬가지로, 막 신사가 된 핍에게 이제 앞으로 신사로서 과연 어떤 존재가 될 것인가 하는 문제를 의식하도록 요구하는 한편 이미 속물적 기미를 보이기 시작한 그에게 콤피슨과 같은 '가짜' 신사 또는 '악당-신사'로 떨어질 위험을 지적하는 경고인 셈이다.

하지만 이런 경고에도 불구하고 핍은 속물로 떨어진다. '신사'라는 꿈의 실현에 도취되어 있는 그에게 비디의 지적이나 허버트의 간접적인 경고는 아무런 영향을 끼치지 못한다. 런던에서 그는 신사의 사회적 요건인 매너와 교양을 위해 매쓔 포킷의 지도 아래 신사교육을 받지만 곧 뚜렷한 삶의 지향이나 목표가 없이 그저 사교계나 하릴없이 드나들며 낭비와 사치와 허영심과 무절제 등을 일삼을 뿐이다. 그는 런던에 찾아 온 조(Joe)를 부끄러워하면서 냉대하는 한편, 그 직후 고향에 내려갔을 때도 조의 집에 머물거나 방문하지 않는다. 즉 그는 과거 소년시절의 소박함과 순수함, 그리고 진실성을 상실한 채 물질과 외양만을 중시하는 세련된 속물로 급속하게 전락하고 마는 것이다. 다시 나타난 매그위치에 대해 핍이 품는 강한 혐오감의 한 이유도 바로 사람을 신분과 외모로 판단하는 그의 속물 의식에서 비롯된 바 크다.

신사로서 핍의 이런 속물적 의식과 행태는 작품 속에서 가령 펌블추크나 트랩 같은 사람이 핍에게 보이는 돌연한 태도 변화나 아첨 등을 통해 사회적으로 조장되고 촉진된다. 게다가 콤피슨이나 드러믈(Drummle) 같이 '악당' 또는 악당이나 다름없는 인간들이 신사의 외적 조건을 갖췄다는 것만으로 사회적으로 행세하고 인정받고 이득을 얻는 현실에 비추어 볼 때 핍과 같은 속물적 가치관은 핍 개인의 문제라기보다 사회 전체에 널리 퍼진 도덕적 현상이라고 할 수 있다. 즉 핍이 살고 있는 사회는 신사의 자격이 물질이나 그럴듯한 외양으로 결정되고 따라서 그것만 갖추고 있으면 누구나 언제든지 신사로 인정받고 행세할 수 있는 사회인 것이다. 이런 사회에서 신사는 곧 속물에 다름 아니며 속물이 곧 신사이다. 그리고 핍은 바로 이러한 사회의 가치관에 부합하여 그 자신 속물-신사로 점차 변해가는 것이다. 이런 점에서 『위대한 유산』은 신사라는 개념이 거기에 포함된 긍정적 가치와 요소가 배제된 채 오직 물질과 외양에만 바탕을 둔 편협한 속물적 신분 개념으로 전락하거나 왜곡되어버린 빅토리아 "시대에 대한 도덕적 우화"(moral fable for his time, Stange 74)로서 디킨즈의 통렬한 현실 비판인 셈이다.

하지만 핍의 전락은 속물의 지점까지만 나아가고 콤피슨 같은 악당의 지점까지는 이르지 않는다. 그는 매그위치와의 재회를 계기로 자신의 속물성과 잘못을 깨닫고 그동안의 하강에서 상승으로 방향을 튼다. 그의 이 상승은 도덕적 각성과 성장을 통해 점진적으로 진행되는데, 그가 매그위치의 탈출을 도와주는 과정과 탈출에 실패한 매그위치가 재판을 받고 병으로 사망할 때까지 곁을 지켜주는 모습을 통해 그 과정이 섬세하면서 감동적으로 묘사된다. 이 과정에서 핍은 무엇보다도 자신이 조에게 얼마나 배은망덕하게 행동했던가를 진정으로 깨달을 뿐만 아니라 그동안 혐오스럽게만 여겼던 죄수 매그위치까지도 사실은 속물에 불과한 자신보다 오히려 나은 인간이라는 각성에 이르게 된다. 이 각성은 다음의 고백을 통해 요약된다.

> ...이제 그에 대한 나의 그 모든 혐오감은 완전히 녹아 없어졌으며, 내 손을 꼭 쥐고 있는, 쫓기고 부상당하고 족쇄에 묶인 이 사람에게서 나는 오직, 내 은인이 되고자 했던 사람, 그리고 나에 대한 깊은 애정과 감사와 관대함의 감정을 기나긴 세월 동안 조금도 변함없이 간직해 온, 그런 사람의 모습만을 보았기 때문이다. 그에게서 나는 오직, 조에게 배은망덕하게 행동했던 내 자신보다 훨씬 훌륭한 인간의 모습만을 발견했던 것이다.

> ...my repugnance to him had all melted away, and in the hunted wounded shackled creature who held my hand in his, I only saw a man who had meant to be my benefactor, and who had felt affectionately, gratefully, and generously, towards me with great constancy through a series of years. I only saw in him a much better man than I had been to Joe. (456-7)

핍의 이러한 자기 인식과 타인에 대한 깨달음은 특히 나중에 법정에서 '흉악범'으로 낙인찍힌 매그위치의 손을 잡고 만인이 보는 앞에서 거리낌 없이 서 있는 용기 있는 모습을 통해 그 진정성이 증명된다. 여기서 핍은 비록 피고석 밖이긴 하지만 판사 앞에—그리고 법정 창문으로 비쳐드는 햇빛으로 표상되는 절대자의 심판 앞에—앉아 있지 않고 다른 죄수들과 함께 '서' 있다. 반면 선고 대상인 매그위치는 의자에 앉아 있다(466). 그런데 이렇게 매그위치 대신 판사 앞에 겸손히 '서 있는'—평자들이 흔히 간과하는—핍의 이 자세는 곧, 심판을 받을 대상이 죄수인 매그위치가 아니라 바로 신사인 핍 자신이라는 통렬한 자기 인식의 상징적 형상화이다. 다시 말해 핍은 매그위치 대신 재판정에 서 있는 행위를 통해, 타락한 속물 신사인 그 자신이야말로 콤피슨 같은 악당과 펌블추크 같은 위선자를 신사로 존중해주고 매그위치 같은 불쌍한 하층민은 억압하여 범죄자로 몰아가는 잘못된 사회체제의 공범자로서 그러한 억압과 차별을 강화하고 조장한 죄인이라는 인식, 따라서 오히려 그 자신이야말로 정말 심판을 받아 마땅한 존재라는 깊은 깨달음을 무언의 극적 상징으로 통렬하게 고백하고 있는 것이다.

속물로의 하강을 조장하는 사회적 환경에서 핍이 콤피슨이나 펌블추크 같은 가짜 신사들과 달리 각성과 성장을 향한 상승의 궤적을 그릴 수 있었던 것은 그에게 "도덕적 감수성"(moral sensibility, Leavis 388)이 죽지 않고 살아 있었기 때문이다. 어린 시절 상사와 펌블추크 등이 습지에서 떨고 있는 도망 죄수를 안주 삼아 떠들어대며 즐거워할 때 홀로 그 죄수를 동정했던, 그리고 선량하고 진실한 조에 대해 감사와 존경의 마음을 간직했던 핍의 선한 심성은 신사가 된 뒤 속물로 타락해가는 동안에도 그의 마음 한 구석에 여전히 남아 일종의 도덕적 양심으로 작용한다. 그리고 이 양심은 그가 속물 의식에 빠져들고 잘못된 행위를 할 때마다 마음 한편에 늘 죄의식을 일으키는 한편, 이따금 올바른 분별력이나 의로운 실천을 행하도록 좀 더 적극적으로 작용하기도 한다.

가령, 행운이 찾아온 첫날과 다음 날 저녁에 핍은 이상하게도 기쁘기보다는 오히려 우울한 기분에 사로잡히는데, 이것은 바로 그의 살아 있는 도덕적 감수성 때문이다. 즉 그의 도덕성은 그로 하여금 자신의 이 행운이 자신의 정당한 노력의 대가가 아니라 거저 주어진 것이라는 찜찜함과, 자신의 진정한 은인인 조를 그렇게 기꺼이 떠나고자 했던 것에 대한 죄의식, 그리고 자신도 모르게 이미 보이기 시작한 자신의 속물적 인간성에 대한 무의식적인 불만 등을 마음 한 구석에 분명히 느끼게끔 만들고, 이것이 바로 우울한 기분으로 이어지게 되었던 것이다. 특히 조에 대한 핍의 죄의식은 그가 런던으로 간 뒤 점점 짙게 표출되는 그의 속물성과 항상 대조적으로 맞물려 나타나면서 그의 도덕적 감수성의 존재를 소극적이지만 지속적으로 상기시킨다.

물론 핍의 도덕적 감수성이 가장 적극적으로 발현된 것은 허버트가 사업을 시작할 수 있도록 몰래 도와준 행위일 것이다. 하지만 이외에도 포킷 부인이나 드러믈 같은 속물적인 인간들의 정체를 간파하는 동시에 매슈 포킷이나 웨믹(Wemmick) 같은 사람들의 신사다움과 선한 심성을 알아보는 분별력, 자기 자신과 에스텔러가 결혼하도록 미리 예정되어 있다는 생각 때문에 오히려 에스텔러에게 자신의 사랑을 강요하지 않고 고통스럽게 기다리는 진실성, 그리고 그를 복수의 도구로 삼아 기만하고 이용한 해비셤을 용서해주는 겸손과 관용 등을 통해서 핍의 도덕적 감수성의 존재는 분명하게 증거되고 있다. 아마 바로 이러한 도덕적 감수성이 없었다면 핍은 필경 매그위치에 대한 극도의 혐오감을 누르지 못한 채 그의 첫 충동대로 매그위치를 버리고 어디론가 도망쳐버리고 말았을 것이다.

도덕적 감수성이 핍의 인간적인 구원을 가능하게 해줬지만, 핍의 이 인간적인 구원은 손쉽게 이루어지지는 않는다. 그의 깨달음과 정신적 성장은 세 차례나 죽을 고비를 넘기는 고통스러운 시련과 뼈저린 각성 과정을 거치고 난 뒤에야 비로소 얻어진다. 그는 먼저 올릭(Orlick)에게 사로잡혀 죽음의 문턱까지 가서 자신의 모든 과거의 잘못을 하나하나 돌이켜보며 뉘우치는 순간을 경험한다. 그런 다음 매그위치와 함께 강물에 빠져 다시 한번 죽을 고비를 겪으면서 더러운 죄를 씻고 새롭게 태어나는 재생의 상징적 의례를 거친다. 그리고 마지막으로 매그위치가 사망한 다음 열병에 걸려 사경을 헤매다가 오염된 심신의 불순물과 찌꺼기를 모두 소진한 뒤 마침내 정화된 육체와 정신으로 다시 깨어나는 극한적인 단련의 과정을 거친다. 게다가 자신의 진정한 사랑과 존경을 바칠 대상으로 마침내 깨닫고 구혼하려 달려갔던 비디에게 구혼의 말은커녕 오히려 조와의 결혼을 축복해주고 떠나와야만 하기까지 한다.

이러한 일련의 시련과 고통의 과정을 통해 핍은 인간다움의 진정한 가치를 깨닫는 한편 과거의 잘못과 타락에 대한 용서를 받는다. 그리고 성실과 근면을 통해 빚을 다 갚은 뒤 마침내 계급적으로 '신사'의 신분을 다시 회복하기에 이른다. 그런데 "좋은 평판"(a good name, 489)을 지닌 무역회사 중역인 핍이 신사로서 보여주는 이 마지막 모습은 물질과 외양 같은 계급적 조건만을 갖춘 신분적 존재가 아니라 도덕적 인격적 자격까지 갖춘 온전한 의미의 신사상에 가깝다. 그는 이제 더 이상 속물 의식, 계급적 가식과 허영, 그리고 자기기만이나 부질없는 욕망 등에 사로잡혀 있지 않으며, 겸손과 의로움, 솔직함, 관용과 분별, 그리고 성실과 근면의 미덕을 실천해 나가는 인물이다. 즉 그는 비디가 제기했던 신사의 자격과 매쓔 포킷이 정의했던 진정한 신사의 요건을 모두 충족한 바람직한 인물상에 해당된다고 할 만하다. 그리고 이처럼 한 개인으로서 바람직한 인격과 품성을 갖춘 존경스러운 인간형으로서 핍의 신사상은 스마일즈(Samuel Smiles)가 『자조』(*Self-Help*)에서 내린 진정한 신사의 정의(Smiles 326-333)에 상당히 근접하는 것이기도 하다.

3

위에서 언급했듯이 작품 말미에 이르러 핍이 이른바 '진정한 신사'의 경지에 어느 정도 이르렀다고 말할 수 있는 것은 사실이다. 하지만 여기서 우리가 주의해야 할 사항이 있다. 그것은 바로 『위대한 유산』에서 '신사' 주제의 궁극적 의미는 핍이 '진정한 신사'가 되었다는 사실 그 자체에 있는 것이 아니라는 점이다. 다시 말해, 이 작품에서 주인공 핍의 이야기를 통해 작가가 최종적으로 전달하고자 하는 것은 핍이 신사가 되었느냐 아니냐, 또는 그가 신사로서 도달한 최종적인 경지가 무엇이냐 하는 문제가 아니라, 바로 한 인간으로서 그가 이른바 진정한 신사로 성숙해나가는 과정에서 깨달은 것이 무엇인가 하는 데 있다는 것이다. 왜냐하면 이 작품 속에서 핍은 '신사'라는 어떤 모범적이고 이상적인 인간형의 구현자로서가 아니라 우리가 궁극적으로 지향해야 할 어떤 소중한 가치의 전달자로서 주인공의 역할을 하고 있기 때문이다.

이것은 작품의 해석과 관련하여 상당히 중요한 사항이다. 왜냐하면 신사의 주제와 관련하여 작품을 논할 때 평자들은 종종 주인공 핍의 신사로서의 최종적 성취나 성격에 너무 지나친 관심을 기울인 결과 작가의 의도와 작품의 의미를 진정한 신사의 자격을 정의하는 문제로 한정해버리는 오류에 빠지곤 하기 때문이다. 그리고 이 오류는 다시 핍의 신사로서의 계급적 성격과 한계를 따지면서 그가 과연 얼마나 진정한 신사에 해당되는가를 파고든다든가, 핍을 이상적 인간형으로 제시하는 작가의 계급적 한계를 지적한다든가 하는 불필요하고 빗나간 논의[4]로 이어지곤 한다.

앞에서 보았듯이 신사가 되고 싶다고 선언한 주인공 핍은 속물 신사로 전락했다가 도덕적인 각성을 거쳐 인간적인 성장을 획득한다. 그리고 그 과정에서 핍은 신사로의 계급적 상승을 하는 순간 인격적인 하강을 겪고, 다시 신사에서 무일푼으로 계급적인 전락을 하는 순간 인격적으로 상승하는 모습을 보인다. 성장소설로서 『위대한 유산』이 지니는 도덕적 주제의 요체는 바로 이것이다. 즉 신사가 되고자 했던 주인공 핍의 이야기에서 핵심이

4) 가령 J. M. Brown 138-141.

되는 것은 그가 궁극적으로 신사가 되었느냐 안 되었느냐, 또는 어떤 신사가 되었느냐가 아니라 바로 그의 성장 과정에서 일어나는 인간성의 상실과 회복의 문제인 것이다. 말하자면 신사의 주제는 인간성의 문제를 드러내기 위한 하나의 수단이지 '신사다움'의 정의 자체가 작품의 목적이 아닌 것이다. 물론 핍은 종국에 가서 인격적 성숙 외에도 계급적 상승까지 성취한다. 하지만 그가 다시 '신사'가 된 것은 인간성 회복과 정신적 성장 후 근면하고 성실하게 산 결과로 '다행히' 얻어진 것일 뿐, 그 이상의 깊은 의미는 없다. 그가 조와 비디를 만난 후 영국을 떠나 사업가로서 성공하는 내용이 작품 말미에서 일종의 후일담처럼 아주 짧게 겨우 한 문단으로 요약되어 있을 뿐이라는 사실은 이 점을 분명히 말해준다. 따라서 '신사'라는 핍의 최종적 지위를 '신사다움'에 대한 디킨즈의 정의이자 작품의 궁극적 결론으로 간주하는 것은 꼬리를 몸통으로 보는 잘못된 오해에 지나지 않는다.

신사가 됨으로써 오히려 인간성을 상실하고, 반면에 신사의 지위를 잃음으로써 거꾸로 인간성을 회복하는 핍의 역설적인 이야기는 곧 신사에 대한 동경과 신사라는 지위 자체가 타락한 현실 세계에서는 악당 내지는 속물을 양산할 뿐이고 따라서 그것은 결국 한 인간에게 오히려 해로움밖에 끼치지 않는다는 인식과 통한다. 핍이 열병에서 회복한 후 신사로서의 자신의 과거를 완전히 청산하고 비디와 결혼하여 대장장이로 살고자 결심하는 것은 바로 이런 인식의 소산이다. 물론 그렇다고 핍이 대장장이의 삶 자체를 곧 신사의 삶보다 우월하게 보고 동경하는 것은 아닐 것이다. 하지만 적어도 이 순간 핍에게는 신사에 대한 미련이 조금도 없는 상태로, 신사를 향한 그의 이상과 동경 즉 "돈과 점잖음을 향한 갈망"은 폐기처분을 받은 셈이다. 그가 이제 진정으로 중요하게 생각하는 것은 바로 한 인간으로서 진실한 인간성을 지니느냐 하는 것으로, 이런 진정한 인간성을 회복하고 인간다움을 유지하며 살 수 있는 한 대장장이로 사느냐 혹은 신사로 사느냐 하는 것은 중요하지 않은 문제이다. 이것은 곧 '신사' 개념의 무의미성 또는 무가치성에 대한 인식이자 '신사' 이상의 거부이며 나아가 '신사' 개념의 파기 선언이라고 할 수 있다. 이런 점에서 『위대한 유산』에서 '신사'의 주제는 바로 '신사' 이상과 개념의 거부와 파기라는 역설적인 결론을 제시하고 있다고 할 수 있는데, 핍의 도덕적 재생의 절정에 해당되는 장면, 즉 열병에서 깨어난 그가 조를 알아보고 이야기하는 다음의 장면은 바로 그러한 결론을 극적으로 증언해준다.

> "오, 조, 매부는 제 가슴을 찢어지게 하는군요! 제발 화난 얼굴로 저를 봐주세요, 조. 저를 때려주세요, 조. 제 배은망덕함을 꾸짖어주세요. 제발 저를 이렇게 잘 대해주지 말아주세요!"
>
> 조는 실제로, 내가 자기를 알아보았다는 기쁨에, 베개를 베고 내 옆에 누워 팔로 내 목을 감싸며 나를 꼭 안아줬던 것이다.
>
> …
>
> 그런 뒤 조는 창가로 걸어갔다. 그리곤 나에게 등을 돌린 채 눈물을 닦으며 서 있었다. 몸이 극도로 허약한 상태였으므로 침대에서 일어나 그에게로 갈 수 없었던 나는 그 자리에 그대로 누운 채 참회의 목소리로 속삭이듯 말했다. "오 하느님, 그를 축복하소서! 오 하느님, 참 그리스도인다운 이 고결한 사람을 축복하소서!"

> "O Joe, you break my heart! Look angry at me, Joe. Strike me, Joe. Tell me of my ingratitude. Don't be so good to me!"
>
> For, Joe had actually laid his head down on the pillow at my side and put his arm round my neck, in his joy that I knew him.
>
> …
>
> After which, Joe withdrew to the window, and stood with

his back towards me, wiping his eyes. And as my extreme weakness prevented me from getting up and going to him, I lay there, penitently whispering, "O God bless him! O God bless this gentle Christian man!" (472)

핍은 배은망덕했던 자신을 간호해준 조에 대해 "참 그리스도인다운 고결한 인간"(gentle Christian man)이라고 칭하면서 하느님의 축복을 빌고 있다. 조에 대한 이 호칭에서 우리가 주목해야 할 것은 바로 축복과 감사와 존경이 담긴 이 호칭이 '신사'(gentleman)라는 단어를 구성하는 'gentle'과 'man'을 의도적으로 서로 떨어뜨려 놓고 있다는 사실이다. '신사'라는 단어를 "무계급적인 구성 요소"(its classless elements, Gilmour 143)로 쪼개고 해체한 핍의 이 호칭은 무엇을 의미하는가? 결론부터 먼저 말하자면 그것은 바로 '신사' 이상의 파기와 '고결한 인간'의 이상의 수용에 대한 극적인 선언이라고 할 수 있다.

조는 매쓔 포킷이 말한 "마음에 있어서의 진정한 신사"에 부합하는 인물로 이 작품에서 스마일즈나 디킨즈적인 이상에 부합하는 '진정한 신사'의 호칭을 부여하기에 누구보다도 자격을 갖춘 사람이다. 하지만 핍은—그리고 디킨즈는—여기서 조를 진정한 '신사'라고 부르지 않고 그리스도의 가르침을 실천한 '고결한 인간'이라는 어원적 호칭을 사용하고 있다. 핍의 어조에 담긴 강렬한 찬사와 감격의 감정을 생각할 때 '신사' 명칭의 이 형태적 해체는 새드린의 해석과는 달리 조가 물질과 외양의 사회적 기준에서 '신사' 계급이 아니기 때문에 어쩔 수 없이 택한 소극적인 분리가 결코 아니다(Sadrin 95). 그것은 바로 삶에서 가장 중요한 것은 '신사'나 '신사다움'이 아니라 '고결한' 인간성 즉 '인간다움'의 문제라는 근원적인 성찰과 가치관의 확고한 표현과 주장이다. 그리고 이것은 의도적이고 적극적인 해체이자 본질적 요소로의 회귀이다. 즉 핍은 여기서 무한한 존경과 찬사를 담은—

'신사'를 해체하고 근원으로 돌아간—새로운 호칭을 통해 바로 조처럼 진실한 마음을 지니고 인간적 사랑을 실천하는 '고결한 인간'(gentle man)이야말로 바로 우리가 진정한 인간상으로 추구하고 열망해야 할 대상이라는 것을, 그리고 이를 위해서는 '신사'(gentleman)라는 헛된 이상과 오염된 개념은 깨지고 해체되고 파기되어야 한다는 것을 절묘한 함축과 극적인 감동으로 선언하고 있는 것이다.[5)]

신사를 포기하고 고결한 인간에의 지향을 선언하는 핍의 이 표현은 결국 『위대한 유산』에서 디킨즈가 전달하고자 하는 궁극적인 인간관을 압축하고 있는 말이기도 하다. 왜냐하면 조에 대한 핍의 존경 어린 호칭은 "진정으로 디킨즈적인 찬탄"(truly Dickensian admiration, Sadrin 95)을 담고 있는데, 이것은 곧 이 작품에서 가장 이상적인 인간상으로 우리에게 제시되고 있는 인물이 바로 조라는 것을 의미하기 때문이다. 많은 지식인 평자들이 그저 '선량하지만 무식한 시골 호인' 정도로만 그 가치를 인정하고 있으나,[6)] 사실 이 작품에서 가장 성공적인 삶을 살고 있는, 따라서 우리의 존경과 찬사를 받기에 가장 합당한 인물은 바로 조라고 할 수 있다. 비록 핍이 작품의 주인공이지만, 그리고 그가 인간적인 성장을 통해 이른바 진정한 신사라고 할 만한 경지에 이르긴 하지만, 핍은 소설 속에서 우리가 진정 존경하고 본받을 만한 인물로 다가오지는 않는다. 핍의 서술이 지닌 체념적이고 쓸쓸한 회고조도 암시하듯이, 그는 인생의 성공자보다는 오히려 실패자에 더 가까우며 기껏해야 "인생에 대한 무덤덤한 만족감만 지닐 뿐 아무런 큰

---

5) 이와 관련해 Newey도 "Indeed, in driving a wedge between the two elements in the summarizing phrase 'gentle Christian man' he[Dickens] unpacks the whole concepts of the gentleman, and the presuppositions about hierarchies of birth and wealth that cling to it."(211)라고 말하고는 있지만, 그는 길모어와 마찬가지로 이런 언급에서 그칠 뿐 신사 개념의 파기라는 결론까지는 논의를 진행시키지 못하고 있다.

6) 가령 Leavis 421-423, Vewey 209, Garis 219.

행복"(no great happiness, only a neutral contentment with life, Newton 187)도 느끼지 못하는 중년의 외로운 남자이다. 다만 그는 '만인'(Everyman), 즉 성장이라는 삶의 보편적인 문제를 대변하고 구현하는 보통의 인간(Ghent 133)이기 때문에, 우리의 공감과 관심과 존중을 받는 주인공의 역할을 적절히 수행하고 있는 것이다.

반면 조는 대장장이로서 이 작품에서 가장 낮은 하층계급에 속한 인물이고 또 주연이 아닌 조연이지만, 도덕적으로 그리고 인간적으로 볼 때 작품의 등장인물들 가운데 가장 바람직하고 이상적인 품성과 행동을 보여주는 인물이다. 그는 "상냥하고 정직하며 성실한 인간"(amiable honest-hearted duty-doing man, 135)으로서 작품 곳곳에서 "소박한 믿음과 명료한 생활의 지혜"(simple faith and clear home-wisdom, 486)을 창조적으로 실천하는 모습을 보여준다. 따라서 그는 희극적 외피에도 불구하고 작품에서 가장 존경할만한 인간적 위엄을 지닌 존재인데, 이런 모습을 통해 그는 비디와 함께 작품 속에서 도덕성과 인간성의 이상적인 구현자로서 핍의 모든 행동에 대한 윤리적 판단과 평가의 최종적 기준점이자 인생의 "인도자"(guiding spirit, 486) 역할을 수행한다. 그런데 인물로서 조—그리고 비디—가 지니는 이러한 계급적 위치와 인간적 우월성은 바로 어떤 사람의 계급이 하층민이든 신사든 부자든 귀족이든 상관없이 조와 비디처럼 고결한 마음을 지닌 인간이 되는 것이 가장 중요하다는 작가의 인식에서 나온 것이다. 그리고 이것은 다시 궁극적으로 바로 조와 비디 같은 고결한 인간이 사실상 신사나 부자나 귀족, 심지어 왕보다도 더 우월한 존재라는 디킨즈의 민중적인 인간관을 증거하는 것이다. 신사다움의 핵심적 가치로 인격의 덕목을 강조했지만 여전히 신사의 중산계급적 이상을 지향했던 스마일즈 같은 당대의 지식인보다 디킨즈가 더 근원적이고 급진적인 작가가 될 수 있는 것은 바로 계급과 상관없이, 아니 계급보다 우월한 진정한 가치로서 고결한 심성과 인간다움을 강조하는 그의 이러한 세계관 덕분이라고 할 수 있을 것이다.

인용 문헌

김현숙. 『디킨즈 소설의 대중성과 예술성』. 서울: 한신문화사. 1996.

백낙청. 「디킨즈 소설속의 빅토리아조 신사」. 『세계의 문학』 19 (1981, 봄): 32-55.

성은애. 「찰스 디킨즈」. 『영미문학의 길잡이 1』. 영미문학연구회 편. 서울: 창작과비평사, 2001. 333-349.

장남수. 「디킨즈의 『막대한 유산』」, 『안과밖』 16: 232-252.

Brown, James M. *Dickens: Novelist in the Market-Place.* London: Macmillan, 1982.

Dickens, Charles. *Great Expectations.* Harmondsworth: Penguin, 1981.

Garis, Robert. *The Dickens Theater.* Oxford: Clarendon, 1965.

Ghent, Dorothy Van. *The English Novel: Form and Function.* New York: Harper & Row: 1953.

Gilmour, Robin. *The Idea of the Gentleman in the Victorian Novel.* London: George Allen & Unwin, 1981.

House, Humphry. *The Dickens World.* Oxford: Oxford UP, 1942.

Leavis, F. R. and Q. D. *Dickens the Novelist.* Harmondsworth: Penguin, 1983.

Morris, Pam. *Dickens's Class Consciousness.* Macmillan: London, 1991.

Newey, Vincent. *The Scriptures of Charles Dickens: Novels of Ideology, Novels of the Self.* Aldershot: Ashgate, 2004.

Newton, K. M. In *Defence of Literary Interpretation: Theory and Practice.* London: Macmillan, 1986.

Paroissien, David. *The Companion to Great Expectations.* Westport: Greenwood, 2000.

Sadrin, Anny. *Great Expectations.* London: Unwin Hyman, 1988.

Smiles, Samuel. *Self-Help.* Oxford: Oxford UP, 2002.

Stange, G. Robert. "Expectations Well Lost: Dickens's Moral Fable for His Time." *Assessing Great Expectations.* Ed. Richard Lettis and William E. Morris. San Francisco: Chandler, 1960: 74-86.

2. 『위대한 유산』의 결말 해석

1

디킨즈(Charles Dickens)가 쓴 『위대한 유산』(*Great Expectations*)의 원래 결말은 오늘날 우리가 알고 있는 결말과 다르다. 1861년 6월 당시, 이 소설을 연재하던 주간잡지 『일 년 내내』(*All the Year Round*)에 마지막 연재분으로 디킨즈가 애초에 써서 넘겼던 작품의 결말에는 그해 8월 실제로 출판되어 오늘날까지 전해져 오는 작품의 마지막 장인 59장이 따로 없다. 그 대신 핍(Pip)이 외국에서 돌아와 조(Joe)의 집을 방문하는 장면이 58장의 뒷부분에 계속 이어지는데, 이 장면은 비디(Biddy)와 대화를 나누는 대목까지 우리가 알고 있는 것과 똑같이 서술된다. 그러다가 핍은 에스텔러(Estella)에 대한 부질없는 환상 같은 것은 모두 사라졌다고 비디에게 대답하고 난 뒤 바로 이어서, 2년 후 런던의 피카딜리(Picadilly) 거리에서 에스텔러와 우연히 만났다가 헤어졌다는 사실을 짤막하게 덧붙이듯 언급하면서 자신의 기나긴 자서전 서술을 마감한다.

『위대한 유산』에 이처럼 다른 내용을 지닌 본래의 결말이 존재한다는 사실은 디킨즈의 친구였던 존 포스터(John Forster)에 의해 세상에 처음 알려졌는데, 포스터는 1874년에 출간한 디킨즈의 전기에서 우리가 아는 『위대한 유산』의 결말은 디킨즈가 동료 소설가 불워 리튼(Bulwer Lytton)의 충고를 받고 새로 쓴 것이라는 사실을 밝힌다. 그러면서 그는 디킨즈가 쓴 원래의 결말 전문을 주석에다 따로 적어 놓는 한편, "결말 변경으로 인해 작품이 더욱 만족스러워질 것으로 확신한다"는 디킨즈의 말에도 불구하고 "첫 번째 쓴 결말이 이야기의 자연스러운 귀결은 물론이고 그 취지와도 일치하는 것처럼 보인다"는 불평을 덧붙인다(Forster Vol. 2 288-89).

포스터의 이 기록은 비록 『위대한 유산』의 창작과 관련된 새로운 사실을 밝히는 것이었지만 당시의 일반 독자들에게는 별 영향을 주는 것이 아니었다. 그의 폭로 이후에도 『위대한 유산』은 디킨즈가 바꿔 쓴 마지막 결말만을 지닌 채 계속 출판되었고, 그 결과 독자들은 주어진 이 결말을 자연스럽고 당연한 결말로 의심 없이 받아들였기 때문이다. 사실 포스터의 발언 자체도, 디킨즈의 전(全) 생애에 대한 방대한 전기적 서술 가운데 극히 미미한 일부 내용인 데다 간단히 지나가듯 언급된 것이기 때문에, 그 당시로서는 흥미로운 사실의 일회적인 폭로 이상으로 어떤 쟁점적 의미를 갖거나 주목을 끄는 것이 전혀 아니었다.

하지만 세월이 흐르면서 전문적인 디킨즈의 독자들 사이에서는 포스터의 기록에 주목하고 또 그의 불평에 동의하는 사람들이 생겨나기 시작한다. 초기 디킨즈 비평가 중의 하나인 조지 기씽(George Gissing)은 바로 그 대표적인 예이다. 기씽은 1903년에 나온 저서에서 "디킨즈가 행복한 결말을 원하는 동료 소설가의 바람에 설득되어 작품을 망치고 말았다"면서 이것만 없었다면 『위대한 유산』은 거의 완벽한 작품이었을 것이라고 못내 아쉬워한다(Gissing 66). 두 번째 결말에 대한 기씽의 이런 부정적 입장은 1930년대에 와서 T. A. 잭슨(T. A. Jackson)과 버너드 쇼(Bernard Shaw) 같은 비평가들에 의해 한층 구체화되어 나타나는데, 특히 쇼의 경우 적극적이고 과감한 방식으로 자신의 입장을 표명한다. 그는 1937년에 자신이 편집해 간행한 『위대한 유산』의 한 판본에서, 그때까지의 출판 관행을 깨고 디킨즈가 쓴 최초의 결말을 합당한 결말로 본문 텍스트의 끝에 제시한다. 그리곤 종래의 두 번째 결말은 "모든 이야기가 결혼식 제단 앞에서 끝나는 것을 여전히 좋아하는 감상적인 독자들"이나 읽으라며 후기로 옮겨 놓아 그 지위를 형편없이 깎아내린다(Sadrin 167 재인용).

『위대한 유산』의 두 결말 사이에 일종의 하극상을 일으킨 쇼의 이 선언과 실행은 그 갑작스럽고 도발적인 성격으로 인해, 그리고 쇼의 작가적 권위에 힘입어, 『위대한 유산』의 결말 문제를 비중 있는 비평적 관심 대상으로 올려놓는 결정적인 역할을 한다. 특히 쇼가 두 개의 결말을 함께 수록한 이후로 『위대한 유산』의 출판 관행이--비록 쇼의 주장과는 달리 수정된 결말을 본문에 싣고 원래의 결말을 후기에 덧붙이는 형식이긴 하지만 어쨌든--두 결말을 함께 수록하는 것으로 굳어지면서, 평자들은 이 작품을 논의할 때 자연스럽게 결말 문제를 거론하지 않고 넘어가기가 힘들어지게 된다(Rosenberg 505-6). 그 결과 1940년대 이후로 에드거 존슨(Edgar Johnson), 험프리 하우스(Humphry House), Q. D. 리비스(Q. D. Leavis), 힐리스 밀러(Hillis Miller) 등을 비롯한 유력한 디킨즈 평자들이 나름대로의 근거를 대며 결말에 대한 대립적인 입장을 각기 표명했고, 이런 과정을 거쳐 『위대한 유산』의 결말 문제는 20세기 후반의 디킨즈 비평에서 단골 쟁점의 하나로 자리를 잡게 된다.

2

포스터가 촉발하고 쇼가 쟁점화한 『위대한 유산』의 결말 논의는 디킨즈가 쓴 두 개의 결말 가운데 과연 어느 것을 더 나은 결말로 볼 것이냐 하는 것이 그 핵심 사안이다. 따라서 평자들의 입장은 기본적으로 포스터나 쇼처럼 원래의 결말이 제대로 된 결말이며 디킨즈가 결말을 바꿔 쓴 것은 잘못이라고 보는 쪽(Jackson, Johnson, House, Lucas, Brown 등)과 이에 맞서 디킨즈가 다시 쓴 결말이 더 훌륭하고 바람직한 결말이라고 주장하는 쪽(Leavis, Miller, Grant, Thomas, Meckier 등)으로 나뉜다. 물론 명확한 선택을 보류하거나(Sadrin, Rosenberg) 디킨즈의 두 결말 모두 바람직한 결말이 아니라며 에스텔러를 만나는 부분이 없이 작품을 끝냈어야 하든지 아니면 다른 방식으로 결말을 썼어야 하는 식으로 제3의 대안을 제시하는 경우(Brooks-Davies, Millhouser)도 없지 않다. 하지만 대체적으로 볼 때, 20세기 초반에 쇼와 같이 원래의 결말을 지지하는 평자들의 목소리가 우세했다가, 후반으로 넘어가면서 반대로 최종 결말을 옹호하는 평자들이 이런저런 근거를 제시하며 전면에 나서는 식으로 그 대립 양상이 뚜렷하게 그려진다(Sadrin 256-7).

두 결말을 둘러싼 대립의 실제 내용을 들여다보면, 비록 그 관점과 접근 방식이 다르고 또 주장하는 바도 조금씩 차이가 나지만, 평자들이 역점을 두고 자주 다루는 쟁점은 크게 보아 다음과 같이 네 가지로 요약될 수 있다. 첫째, 두 개의 결말 중 어느 것이 작품의 전체적인 주제와 방향에 더 잘 부합하는가? 둘째, 디킨즈가 리튼의 충고를 받고 결말을 변경할 때 과연 그 변경 과정과 사유는 정확히 어떤 것이었나? 셋째, 변경된 결말에서 핍과 에스텔러의 마지막 만남과 퇴장은 과연 행복한 결합을 의미하는가 아니면 이별이나 어떤 다른 것을 암시하는가? 그리고 마지막으로, 변경된 결말이 최종적으로 확립되기까지 '그림자(shadow)'라는 단어를 포함한 마지막 문장의 표현이 몇 차례 조금씩 바뀌는데 이것을 어떻게 볼 것인가?[7)]

7) 바꿔 쓴 결말의 최초 원고에서 디킨즈는 "I saw the shadow of no parting from her, but one."이라고 썼다. 이것을 디킨즈는 마지막 연재본 인쇄를 위한 교정 과정에서 "I saw the shadow of no parting from her."로 바꾼다. 그러다 그는 다시 이것을 그

물론 위의 네 가지 중에서 가장 핵심적인 쟁점 사항은 첫 번째 것이다. 나머지 것들은 모두 첫 번째 것을 논증하는 과정에서 추가로 삽입되거나 거론되는 이차적인 문제들이다. 특히 두 번째, 동료 작가의 충고를 따른 디킨즈의 행위와 관련된 문제는 첫 번째 쟁점에 대한 평자의 입장에 따라 그 설명이 긍정과 부정으로 나뉘는 사안인데, 평자들의 공들인 관심과 노력에도 불구하고 대부분의 주장이 허구적 상상이나 추측에 의지하는 탓에 그 어느 쪽 입장이든 설득력이 결여되는바, 결국 쟁점으로서의 문제성이 떨어진다.[8)] 그리고 세 번째와 네 번째 문제는 주로 변경된 결말을 옹호하는 입장에서 구체적으로 거론하는 사항들인데, 세 번째 문제는 궁극적으로 첫 번째 쟁점과 연결지어 논의될 수밖에 없는 문제이고, '그림자'와 관련된 네 번째, 교정상의 문제는 대개 세 번째 것과 관련하여 평자의 주장을 좀 더 뒷받침하기 위해 도입되는 지엽적인 쟁점의 성격을 띤다. 따라서 『위대한 유산』의 결말 논의에서 가장 결정적인 쟁점은 결국 첫 번째 사안, 즉 두 개의 결말 가운데 어느 것을 작품의 전체적인 주제와 방향에 제대로 부합하는 나은 결말로 볼 것인가 하는 문제라고 할 수 있다. 그리고 이것은 곧, 만약 어느 한 쪽 입장에서 이 문제에 대해 좀 더 설득력 있는 근거를 제시한다면 그만큼 논쟁의 저울을 한쪽으로 깊숙이 기울어지게 할 수 있음을 의미하는 것이기도 하다.

그렇다면 첫 번째 쟁점에 대한 각각의 입장은 구체적으로 어떻게 대립되고 있는가? 원래의 결말을 선호하는 평자들은 바뀐 결말을 "관습적인 결혼

이듬해 단행본으로 출판하면서 "I saw no shadow of another parting from her."로 수정한다. 그리고 그 이후의 출판본에서는 더 이상 바꾸지 않는다. Rosenberg 500-2 참조.

8) 가령 메키어는 디킨즈가 리튼과 상의하기 전에 이미 결말을 바꿀 생각을 하고 있었다고 추정(Meckier 37-41)하는 한편, 로젠버그는 디킨즈가 리튼의 말을 듣고 고친 것은 "피로감의 산물"일 가능성이 크다고 상상한다(Rosenberg 510-16).

식 종소리"로 끝나는 상투적인 행복한 결말(Jackson 194)로 규정하면서 이것이 『위대한 유산』의 핍의 자서전적 일인칭 서술 전체를 관통하는 쓸쓸한 분위기와 우울한 어조에 대한 "유린"(an outrage, Shaw 638)이라고 역설한다. 그들은 특히 해비셤(Havisham)에 의해 평생 동안 심장이 없는 모진 여자가 되도록 교육받은 에스텔러가 부드러운 여자로 변하는 것은 "기적적으로"(Johnson 992) 행해진, 따라서 이성적으로 수긍할 수 없는 일로서, 인간 행동의 돌이킬 수 없는 결과를 보여주는 작품의 우울한 주제 의식을 무화시키는 "분명한 오류"(Lucas 314)라고 주장한다. 그러면서 디킨즈가 리튼의 충고를 따라 다시 쓴 결말은 행복한 결말을 좋아하는 독자의 취향에 영합하려는 상업적인 고려의 산물로서 "이 원숙한 작품의 가장 실패한 부분"(Brown 142)이자 대작가답지 못한 패착이라고 비판한다.

이에 대해 바뀐 결말을 지지하는 평자들은 마지막에 핍과 에스텔러가 함께 손잡고 걸어 나오는 장면을 도덕적 각성과 자기 인식으로 나아가는 주인공의 정신적 여정의 "성공적인 종결에 대한 진정한 상징"(Leavis 427)으로 본다. 그러면서 작품의 "진정한 방향에 훨씬 충실한"(Miller 278) 이 결말이야말로 소설의 주제와 의미를 완벽하게 완성하는 것이라고 반박한다. 그들은 또한 "고통과 슬픔을 통한 에스텔러의 변화"(Meckier 32)도 충분히 개연성이 있는 것일 뿐만 아니라 각성과 화해와 보상의 주제를 온전히 구현하는 유기적인 요소라고 주장한다. 따라서 그들이 보기에, 디킨즈가 결말을 다시 쓴 것은 주인공 핍에게 미래에 대한 "차분하고 절제된, 하지만 받아들일 만한 희망의 여지"를 허용함으로써 "빅토리아조 중기의 대작"인 이 소설의 전체적인 성격에 완벽하게 부합하는(Thomas 58) 성공적인 행위이다.

위에서 나타나듯이 두 입장은 극단적인 대척점에 서 있다. 각각의 입장이 디킨즈의 변경된 결말이라는 동일한 대상을 놓고 완전히 정반대의 판정을 내리고 있는 것이다. 문제는 이 대립이 어떤 객관적 사실관계의 증명 문제가 아니라 순전히 주관적인 해석과 관점의 차이에서 비롯된 것이기 때문에 타협과 양보의 여지가 없다는 점이다. 이럴 경우 논쟁은 생산적으로 발전하거나 어떤 최종적인 결론에 도달할 수 없다. 각각의 입장이 좀 더 세련된 논리나 근거를 들어 자신의 주장을 새롭게 펼칠 수는 있겠지만, 결국은 각기 자신의 주장을 독백처럼 되풀이하는 것에 불과할 뿐 상대방을 설득한다거나 굴복시키는 것이 불가능한 것이다. 왜냐하면 리비스의 경우처럼 상대방의 주장은 "이해할 수 없는" 것이기 때문이다(Leavis 425). 결국 논쟁은 계속될 수 있지만 평행선만 계속 그어질 뿐 쟁점의 해결은 일어날 수 없다. 다시 말해, "『위대한 유산』이 ... 좋은 분석 대상 텍스트로 남아 있는 한, 비평가들은 이 문제에 대해 대립하기로 계속해서 의견의 일치를 보일 것"(Sadrin 168)이고 쟁점은 그대로 남아 있을 뿐인 것이다.

하지만 쟁점의 종결 불가능성이 논쟁의 저울이 치우침 없이 언제나 수평을 유지한다는 것을 의미하진 않는다. 비록 주관적인 해석과 관점의 차이에서 비롯된 대립이기에 저울의 치우침이 곧 논쟁의 종결로 이어지진 않는다 할지라도, 어쨌든 주장의 논리성이나 근거의 설득력에 따라 각각의 입장이 지니는 무게는 분명 차이가 생길 수 있기 때문이다. 그런데 이런 측면에서 살펴볼 때, 우리는 아무래도 바뀐 결말을 지지하는 입장 쪽으로 저울의 기울기가 상당히 기울어져 있다는 판단을 하지 않을 수 없다. 그 이유는 다음과 같다.

먼저 두 입장은 각각의 세력이 형성된 역사적 순서에 의해 이미 어느 정도 세력 균형이 깨진 상태에 있다. 20세기 초기에 원래의 결말을 선호하는 입장이 먼저 목소리를 높인 뒤 20세기 후반에 오면서 바뀐 결말을 옹호하는 입장이 적극적인 공세를 펼치는 시간적 순서는 아무래도 후자에게 유리한 상황으로 작용하기 때문이다. 특히 원래의 결말을 지지하는 입장은 바뀐 결말을 부정하는 논리에 기대는 반면, 반대 입장은 바뀐 결말을 긍정하는 논리 위에서 주장을 펼치므로, 입지와 운신의 폭에 있어서 후자의 입장은 한층 더 유리할 수밖에 없다.

하지만 바뀐 결말을 옹호하는 입장의 무게를 처음부터 더 무겁게 만드는 결정적인 요인은 바로 이 입장이 결말을 쓴 작가 자신의 승인과 지지를 등에 업고 있다는 사실이다. 디킨즈가 스스로 결말을 바꿔 쓰고 이것을 출판했다는 사실, 그리고 이후 두 번에 걸쳐 단행본 출판을 위한 교정을 할 때도 그가 마지막 자구 수정 외에는 전혀 고치지 않았다는 사실은, 결말을 바꾼 이유가 무엇이고 그 과정이 어떤 것이든, 디킨즈가 이 새 결말의 적절성과 타당성을 조금도 의심하지 않았다는 사실을 증명한다. 디킨즈의 이 확신은 작품에 대한 일반 독자의 반응에 의해서도 충분히 뒷받침된다고 하겠는데, 원래의 결말을 전혀 모르는 상태에서 이 작품을 읽은 독자 가운데 결말을 모순되고 부당한 것으로 받아들인 사람이 과연 있을까 하는 질문에 그렇다고 대답할 평자는 아마 아무도 없을 것이기 때문이다. 따라서 바뀐 결말을 비판하고 원래의 결말을 지지하는 입장은 객관적 사실로 존재하는 작가의 판단과 선택을 주관적으로 거부하고 뒤집는다는 점에서 그 논리적 토대가 다른 쪽보다 불안할 수밖에 없다.

다음으로, 핍과 에스텔러가 손잡고 걸어나가는 마지막 장면에 대한 해석에서, 바뀐 결말을 지지하는 입장이 반대편 입장보다 더 큰 설득력과 근거를 갖는다고 할 수 있다. 수정된 결말을 비판하는 쪽의 핵심 주장은 이 장면이 "관습적인 행복한 결말"로서 상실과 회한을 주조로 하는 플롯의 방향에 논리적으로 어긋난다는 것이다. 하지만 메키어를 비롯해 많은 옹호자들이 타당하게 지적하듯이, 이 장면은 "관습적인 행복한 결말"과는 분명 다르다. 핍과 에스텔러의 결합 가능성이 이 장면에서 암시되어 있긴 하지만, 어디까지나 암시에 그칠 뿐 두 사람의 결혼이 『데이빗 코퍼필드』(*David Copperfield*)나 『리틀 도릿』(*Little Dorrit*)의 마지막 장면처럼 직접적으로 행복하게 묘사되어 있는 것은 결코 아닌 것이다. 달빛이 비치고 저녁 안개가 걷히는 가운데 폐허가 된 새티스 하우스의 정원을 나서는 두 사람의 모습은 희망적이면서도 불확실한 미래를 향해 조심스레 발걸음을 내딛는 차분한 모습이다. 다시 말해, 그들은 '행복하게 잘 살았다'는 말로 간단히 요약되는 관습적인 결말의 주인공들이 아니라, 낙원을 나서는 밀튼(Milton)의 아담과 이브처럼 과거의 잘못에 대한 회한과 상실의 기억과 미래에 대한 두려움을 새로운 희망과 함께 가슴에 품고 있는 '진지한' 현실의 주인공들인 것이다. 따라서 보기에 따라 "쓸쓸하고 체념적"(김현숙 263)이기까지 한 두 사람의 마지막 출발은 결코 상실과 회한의 플롯과 배치되는 것이라고 단정할 수 없다. 마지막 문장 "나는 그녀와의 또 다른 이별의 그림자를 전혀 보지 못했다"(I saw no shadow of another parting from her, 493)가 지니는 '애매성'(ambiguity)을 핍이 에스텔러와 나중에 결국 헤어지지만 그것을 그 순간에는 미처 알아차리지 못했다는 의미로 해석하는 평자까지(Calder 496) 있다는 것 또한, 그 타당성 여부를 떠나서, 이 결말 장면이 '행복하게 결혼하여 잘 살았다'는 관습적 결말과 얼마나 거리가 먼지를 뒷받침하는 한 증거일 것이다.

에스텔러의 변화에 대한 해석에 있어서도 우리는 수정된 결말을 지지하는 입장 쪽으로 기울어지게 된다. 그것은 작품 속에 제시된 에스텔러의 성격 전체에 견주어 이 문제를 따져볼 때, "그녀의 변화는 그녀의 과거 성격의 한 측면과 연속성을 갖는다"(Newey 226)고 할 수 있기 때문이다. 에스텔러는 자신이 해비셤의 복수심에 찬 교육의 소산으로서 심장이 없는 여자라는 것을 냉철하게 자각하는 절망적 자기 인식의 소유자이지만, 동시에 자신을 사랑하는 핍에게 거짓으로 다정히 구는 배반적 행위와 위선을 거부하는 행위에서 단적으로 나타나듯이 인간적 배려와 연민과 진실성을 지닌, 즉 따뜻한 '심장'이 아직 한 구석에 살아 숨 쉬고 있는 인물이다. 말하자면, 그녀의 심장은 해비셤에 의해 완전히 말살되었다기보다는, 핍의 말대로 "말없이 잠들어 있는"(mute and sleeping, 265) 심장으로 언젠가는 잠에서 깨어날 수 있는, 그리고 실제로 깨어나는 심장인 것이다.

물론 작품 속에서 그녀의 이 잠든 심장은 핍의 사랑과 헌신에 의해서는 조금도 깨어나지 못한다. 하지만 작품의 마지막에서, 비열하고 심성 고약한 드러믈(Drummle)의 아내로 불행하게 살았던 결혼 기간을 포함해 11여 년이란 긴 고난의 시기를 보낸 그녀가 시련을 통해 자신이 "좀 더 나은 모양으로... 휘어지고 부서졌다"(bent and broken... into a better shape, 493)고 말할 때, 우리는 그녀 말의 진실성을 의심하지 않을 뿐만 아니라 그녀의 심장의 깨어남을 충분히 개연성 있는 것으로 문제없이 받아들이게 된다. 물론 우리는 코널리(Connolly)처럼 "그녀의 인간화 과정"이 구체적으로 묘사되지 않은 것에 대한 아쉬움을 토로할 수는 있다(Connolly 105). 하지만 그녀의 변화의 현실적 가능성이 작품 앞부분에 묘사된 그녀의 성격 속에 이미 내재되어 있다는 점에서 그녀의 변화 자체는 개연성을 부인하기가 어려운 것이다.

에스텔러의 이 변화는 특히 그것이 핍이 작품에서 성취하는 도덕적 각성과 자기 인식과 비슷한 종류의 정신적 성장이라는 점에서 그 진정한 의미가 있다. 저녁 안개가 걷히고 달빛이 환히 비치는 시적인 분위기 속에서 새티스 하우스의 정원을 손잡고 걸어 나가는 두 사람의 모습이 쓸쓸하면서도, 두 사람의 결합 가능성에 대한 어떤 희망적 암시를 강하게 전달하는 것은 바로 시련과 성장의 경험을 공유한 두 사람의 이러한 동질성에서 비롯되기 때문이다. 그리고 이런 점에 바탕해 우리는, 수정된 결말을 당대 독자 대중의 취향에 영합하는 상투적인 행복한 결말로 보는 입장보다는, 오히려 시적인 상징과 복합적 함의를 통해 작품의 주제를 감동적으로 구현한 훌륭한 예술적 성취로 보는 입장에 훨씬 적극적으로 동의할 수 있는 것이다.

3

이제까지 『위대한 유산』의 결말 논쟁에서 두 번째 결말을 지지하는 입장이 원래의 결말을 지지하는 입장보다 설득력과 근거가 더 있는 부분들을 짚어보았다. 그런데 이상에서 열거한 것들은 기왕의 긴 논쟁 과정에서 바뀐 결말의 옹호자들이 이미 제시한 것의 범위를 크게 벗어나지 않는다. 물론 이것들 자체만으로도 바뀐 결말을 지지하는 입장의 우세한 기울기는 이미 충분히 증명되었다고 할 수 있다. 하지만 이 논쟁을 굳이 재론하는 입장이라면 이 시점에서 최소한 뭔가 새롭게 덧붙이는 것이 있어야 할 것이다. 따라서 여기에서는 디킨즈가 쓴 최종 결말의 타당성을 더욱 강화할 수 있는 새로운 이유를 두 가지 추가로 제시하고자 한다.

먼저, 핍과 에스텔러의 결합 가능성을 암시하는 바뀐 결말은 에스텔러의 출신 비밀과 관련하여 생각할 때, 두 사람이 우연히 만났다가 헤어지는 원래의 결말보다 작품 속에서 전개된 주인공 핍의 정신적 성장의 주제와 유기적이고 필연적인 부합을 보인다. 에스텔러의 출신에 대한 비밀은 작품에서 비교적 일찍부터 다뤄진다. 상속 예정자가 되어 신사교육을 받기 위해 런던에 올라갔던 핍은 29장에서 해비셤의 편지를 받고 귀향하여 에스텔러를 처음으로 재회한다. 이때 그는 에스텔러의 얼굴을 보고 스치듯 떠오르는 뭔지 모를 연상에 "그게 뭐지?"(What was it? 259) 하고 묻는데, 이 질문은 이후로 에스텔러를 만날 때마다 반복되곤 한다. 그러다가 48장에 와서 핍은 드디어 이것이 그녀와 재거스(Jaggers)의 가정부인 몰리(Molly)와의 닮은 점에서 비롯된 것이라는 것을 깨닫고 에스텔러가 바로 몰리의 딸이라고 확신한다. 그러면서 동시에 몰리가 살인을 저지른 여자였지만 재거스의 교묘한 변론으로 무죄 석방된 사람이라는 사실을 웨믹(Wemmick)을 통해 알게 된다. 그리고 얼마 되지 않아 그는 허버트(Herbert)를 통해 매그위치(Magwitch)가 들려준 과거의 이야기를 듣고 에스텔러의 아버지가 바로 매그위치라는 사실까지 발견하게 된다.

이런 과정을 거쳐 밝혀진 에스텔러의 태생 비밀은 핍에게 충격적인 사실인 동시에, 신분 상승을 향한 그의 욕망과 노력의 측면에 견주어 하나의 통렬한 아이러니로 다가온다. 대장장이라는 자신의 비천한 출신을 부끄러워하며 신사계급으로의 상승을 위해 모든 노력을 경주했던 핍의 가장 큰 동기는 바로 부유한 상류계급인 해비셤의 양녀이자 아름다운 소녀인 에스텔러에 대한 동경이다. 에스텔러라는 이름이 의미하듯이 그녀는 핍에게 높이 떠있는 '별'과 같은 존재이다. 신사가 된 뒤까지도 그는 자신과 에스텔러 사이에 존재하는 그 신분적 거리감이 좁혀지기보다는 오히려 커지는 느낌만을 받는다. 바로 그런 에스텔러가 다름 아닌 살인자와 종신 유형수 사이에 태어난 딸이라는 충격적인 사실은 핍의 모든 '커다란 기대'와 욕망의 허황됨과 착오성을 마지막으로 완성하는 결정적 아이러니일 수밖에 없는 것이다.

그러나 에스텔러의 비천한 혈통이 밝혀진 뒤 핍은 그것에 대한 어떠한 혐오감이나 환멸도 느끼지 않는다. 물론 이것은 "그녀를 오랫동안 둘러싸고 있던 어떤 낭만적 관심의 후광"(some rays of the romantic interest that had so long surrounded her, 420)에서 그가 벗어나지 못한 탓이기도 하다, 하지만 그보다는 그가 매그위치와의 관계를 통해 자신의 속물성과 타락성을 점차 깨달아가면서 도덕적 성장을 어느 정도 성취한 상태에 이르러 있기 때문인 점이 더 크다. 그가 "분별없고 은혜를 모르는 인생"(a blind and thankless [life])을 살았던 자신이 오히려 "용서와 지도가 훨씬 많이 필요한"(I want forgiveness and direction far too much) 사람이라며 해비셤을 진심으로 용서하는 장면(410)이 바로 몰리가 에스텔러의 어머니라는 사실이 밝혀진 다음 장에 나오는 것은 이런 점에서 우연이 아니다.

핍의 도덕적 자기 인식과 각성은 탈출이 실패로 돌아간 뒤 부상당해 누워 있는 매그위치 곁에서 그가 "나는 그에게서 ... 나 자신보다 훨씬 훌륭한 인간의 모습만을 발견했다"(I only saw in him a much better man than I had been...., 457)고 진술하는 것을 통해 분명하게 선언된다. 그리고 이 선언의 진실성은 나중에 매그위치가 재판을 받을 때 만인이 보는 앞에서 매그위치의 손을 잡고 그를 대신하여 판사 앞에 서 있는 행위를 통해 실천적으로 증명된다. 따라서 이런 핍에게 살인자와 죄수의 딸이라는 에스텔러의 비천한 출생 신분은 더 이상 치욕스럽거나 혐오스러운 것이 되지 않는다. 오히려 그는 임종하는 매그위치에게 에스텔러의 존재를 알리며 그녀를 사랑한다고 고백하기까지 한다. 이런 점에서, 그의 이 고백은 죽어가는 사람을 위한 마지막 위로의 말보다는 인간적 진실성과 가치에 대한 도덕적 성찰에 이른 한 인간이 출신과 계급과 사회적 평판 따위를 초월하여 한 사람을 진정으로 사랑할 수 있다는 '급진적인' 선언이자 다짐으로서 의미를 갖는다.

핍의 도덕적 각성이 이처럼 에스텔러의 비천한 출생까지 망설임 없이 수용하는 데까지 나아간다는 것임을 염두에 두고 디킨즈의 원래 결말과 수정된 결말을 비교해 보자. 두 사람이 런던 거리에서 우연히 만났다가 남남으로 다시 헤어지는 원래 결말은 메키어도 지적하듯이(Meckier 30) 핍이 매그위치에게 전하는 이 마지막 사랑 고백을 그야말로 죽어가는 사람에게 마지막으로 던지는 달콤한 위로의 말 외에 아무것도 아닌 것으로 만들어버린다. 즉 핍의 이 고백은 에스텔러가 이미 드러믈의 아내가 되고 난 뒤의 시점에서 일어나는데, 두 사람이 다시 연결될 가능성이 전혀 없이 끝나는 원래의 결말은 핍의 이 마지막 고백을 한낱 충동적으로 던진 위로의 인사말로, 그리하여 어떤 진정성이나 여운이 없는 맥없는 빈말로 허공 속에 떠돌도록 만들 뿐인 것이다.

반면에 두 사람이 폐허가 된 새티스 하우스의 황량한 마당에서 다시 만난 뒤 함께 손을 잡고 걸어 나가는 수정된 결말은 두 사람의 결합 가능성을 강하게 암시함으로써 핍의 이 마지막 사랑 고백이 공허한 빈말이 아니라 진정성과 여운을 지닌 의미심장한 다짐이자 선언임을 확증한다. 에스텔러의 출생 비밀을 생각할 때 핍이 에스텔러를 아내로 맞는다는 것은 사회적으로 볼 때 '급진적'이고 파격적인 성격을 띤다. 왜냐하면 핍은 곧 사형선고를 받은 죄수와 살인자 사이에 태어난 딸과 결혼하는 셈이기 때문이다. 따라서 핍이 에스텔러를 받아들인다면 그것은 사회적으로나 개인적으로나 범상치 않은 결단과 용기가 필요한 행위라고 할 수 있다. 게다가 현실적으로 핍은 그녀의 출생 비밀을 죽을 때까지 가슴에 안고 살아야 하는 어려움까지 견뎌내야 한다. 그런데 이 모든 것에도 불구하고 핍은 에스텔러를 거부하지 않고 받아들이며, 그럼으로써 핍 자신이 작품 속에서 시련과 경험을 통해 도달한 도덕적 각성과 성찰, 즉 '신사'(gentleman)의 속물적 계급적 이상을 버리고 '고결한 인간'(gentle man)이라는 초계급적 이상을 추구하는 '급진적' 인생관을 최종적으로 실천하고 완성한다. 디킨즈가 다시 쓴 결말에 내재된 핍과 에스텔러의 결합 가능성이 갖는 의미는 바로 여기에 있으며, 이런 점에서 디킨즈의 새 결말은 작품의 전체 주제와 관련하여 유기적인 정합성과 필연성을 지니는 결말로서 그 타당성과 적절성을 더욱 확보한다고 하겠다.

한편 디킨즈의 두 번째 결말의 우월성을 뒷받침하는 또 다른 근거는 핍과 비디의 관계에서도 찾을 수 있다. 매그위치가 사망한 뒤 열병에 걸려 죽음의 문턱까지 갔다가 건강을 회복한 핍은 58장에서 런던에서의 잘못된 삶을 청산하고 비디와 결혼하여 새로운 삶을 시작하겠다는 희망찬 결심으로 고향에 돌아간다. 하지만 고향에 도착했을 때 그를 기다리고 있는 것은 조와 비디가 바로 그날 결혼식을 올렸다는 소식이다. 그는 깊은 실망을 감춘 채 조와 비디를 축복한 뒤 곧바로 고향을 떠난다. 그리고 11년이 지난 후에야 조와 비디의 집을 방문한다.

여기서 우리는 비디에게 청혼하고자 귀향할 당시 핍의 결의와 희망이 지니는 진정성에 주목할 필요가 있다. 열병에 걸려 사경을 헤매는 그를 극진한 간호로 살려낸 진정한 친구이자 은인인 조에게서 그는 '고결한 인간'의 전형을 발견하고 이를 선언한다. 조의 진정한 인간적 가치에 대한 핍의 이 깨달음과 선언은 그가 매그위치를 통해 얻었던 자기반성과 성찰의 최종적 완결이다. 따라서 이러한 깊은 도덕적 각성에 이른 뒤에 그가 귀향을 결심했을 때, 그것은 결코 충동적이거나 임시방편적인 도피책이 아니라 그야말로 깊은 숙고와 깨달음에서 나온 진지한 결단이다. 다시 말해 핍은 마침내 물질과 신분에 대한 그간의 모든 속물적 욕망과 집착을 벗어던지고 조와 비디처럼 근면과 성실함을 바탕으로 "소박한 믿음과 명료한 생활의 지혜"(simple faith and clear home-wisdom, 486)를 실천하는 진실하고 '고결한 인간'이 되겠다는 삶의 결정적인 선택을 내린 것이다. 그리고 이 선택의 핵심에는 바로 비디의 진정한 인간적 가치와 그녀에 대한 사랑의 깨달음이 있는 것이다.

핍이 비디에 대해 단순한 친구 이상의 이성적 감정을 느낀다는 사실은 작품 앞부분에서 산발적이지만 분명히 암시되어 있다. 가령 비디가 올릭(Orlick)이 자신을 좋아하며 따라다닌다는 말을 했을 때 핍이 격렬하게 흥분하며 반응하는 장면(159)은 그의 마음속에 이미 존재하는 그녀에 대한 강렬한 감정을 잘 드러내주는 한 좋은 예이다. 다만 에스텔러에 대한 맹목적인 숭배로 인해 그는 비디에 대한 자신의 특별한 감정을 전혀 알아차리지 못할 뿐만 아니라 비디의 진정한 인간적 가치조차도 보지 못한 채 오히려 그녀를 비난하기까지 하는 것이다. 그런데 이제 그 모든 방황과 착각에서 깨어나 자신의 잘못과 조가 대변하는 삶의 도덕적 가치를 확실히 깨닫게 된 지금, 핍은 마침내 비디야말로 자신이 진정으로 사랑할 만한 사람이며 또 자신의 가슴속에 이미 그녀에 대한 깊은 사랑이 간직되어 있다는 사실을 함께 깨닫게 된 것이다.

하지만 핍의 이 깨달음은 너무 늦게 찾아온 것으로 판명된다. 핍의 타락과 속물성을 안타깝게 지켜보던 비디는 일찌감치 그에 대한 이성적 관심을 상실한 데다, 존경할 만한 인격과 심성과 덕성을 지닌 조에게서 진정한 사랑의 대상을 발견한 것이다. 따라서 이 사실을 전혀 모른 채 귀향했던 핍이 비디와 조의 결혼 사실을 알았을 때, 그가 받았을 충격적인 실망과 아픔은 바로 직전까지의 희망과 기대가 컸던 만큼 아주 크고 깊은 것이었음에 틀림없다. 물론 핍의 이 커다란 충격과 실망은 그의 서술에서 직접적으로 묘사되지 않는다. 하지만 결혼 사실을 전하는 비디의 말 바로 뒤의 핍의 서술에 삽입된 침묵의 빈 공간, 즉 그가 잠시 의식을 잃기까지 했다는 것을 나타내는 빈 공간은 그의 충격과 실망이 얼마나 큰 것이었는지를 충분히 효과적으로 표현해준다. 바로 뒤에 이어지는 서술에서도 핍은, 조와 비디가 그것을 기쁨의 충격으로 오해하는 모습과 자신이 조에게 비디에 대한 감정을 미리 말하지 않았던 것에 대한 다행스러운 마음을 짐짓 묘사함으로써 자신의 진짜 실망감을 숨긴 채 지나가려 하지만, 그것은 오히려 그가 겪었을 실망과 충격의 크기가 얼마나 큰지를 역설적으로 보여주는 반어적인 증거일 뿐이다.

요컨대 핍은 인생의 새로운 출발을 기대하는 순간, 에스텔러에 대한 첫사랑의 고통스러운 좌절에 이어 또다시 뼈아픈 사랑의 좌절을 겪는다. 비디에 대한 이 사랑의 좌절은 특히, 그것이 통렬한 자기반성과 도덕적 성장을 통해 발견한 진정한 사랑의 좌절이라는 점에서, 에스텔러에 대한 빗나간 사랑의 경우보다 훨씬 더 크고 견디기 힘든 것이었음에 틀림없다. 그리고 이 뒤늦은 깨달음과 연속적인 상실의 아픔은 그가 앞으로 살아가는 동안 가슴속의 깊은 상처로 오랜 기간 지워지지 않고 남아 있을 수밖에 없다. 그가 서둘러 조와 비디를 떠나 외국으로 나가고, 또 그 뒤 계속 독신으로 살면서 11년이라는 긴 세월이 지난 뒤에야 영국을 다시 찾게 된다는 사실은 바로 그의 내면에 감춰진 이러한 깊은 아픔과 상처에 대한 강력한 증거이다.

그렇다면 핍이 가슴속에 간직되어 있을 이 좌절된 사랑의 기억을 그의 마지막 귀향과 연결지으며 디킨즈의 두 결말을 비교해보자. 실망과 좌절감 속에 고향을 떠난 핍은 11년 만에 조와 비디를 다시 방문한다. 그동안 비디에 대한 그의 옛 연정과 상실감이 얼마나 극복되었는지는 알 수 없지만, 11년이라는 짧지 않은 세월을 생각할 때 일단 회한과 같은 감정은 그의 마음속에서 어느 정도 정리가 되었을—또는 그렇게 그가 믿었을—가능성이 크다. 하지만 그렇다고 해도 비디에 대한 상실의 기억 자체가 그의 마음속에서 지워졌을 가능성은 없다. "일찍이 내 인생에서 중요한 자리를 차지했던 것을 나는 그 어떤 것도 잊지 않았다"(I have forgotten nothing in my life that ever had a foremost place there, 490)라는 핍 자신의 말이 이를 증명하고 있다.

이런 상태에서 핍은 고향을 방문한 다음 날 비디와 대화하는 시간을 갖는다. 여기서 비디는 핍에게 결혼을 해야 한다는 권고를 하는데, 이에 대해 핍은 "결혼 같은 건 가능성이 전혀 없어. 난 이미 다 늙은 노총각이야"(it's not at all likely. I am already quite a old bachelor. 490)라고 대답한다. 핍의 특별했던 감정을 모르는 비디는 곧 핍의 이 대답을 아직 남아 있는 에스텔러에 대한 그의 미련 때문인 것으로 추측한다. 하지만 진실을 아는 우리들 독자는 핍의 진짜 이유가 바로 비디라는 사실을 즉시 알아차린다. 게다가 바로 뒤에 핍은 다음과 같은 미묘한 진술을 덧붙인다. "비디는 어린 딸을 내려다보았다. 그러고는 아이의 자그만 손을 자신의 입술에 갖다 댔다. 그런 다음 아이의 손을 잡았던 그 선하고 부인다운 손으로 내 손을 잡아주었다. 비디의 그 동작에는, 그리고 내 손바닥을 살짝 누르는 그녀의 결혼반지의 느낌에는 뭔가 뜻깊은 웅변이 가득 담겨 있는 듯했다(Biddy looked down at her child, and put its little hand to her lips, and then put the good matronly hand with which she had touched it, into mine. There was something in the action and in the light pressure of Biddy's wedding-ring, that had a very pretty eloquence in it. 490).”

비디의 입장에서 이 동작의 의미는 물론 핍이 결혼을 통해 가정의 행복을 이루기를 바라는 순수한 바람의 웅변적 표현이다. 하지만 그녀를 향한 이루어지지 못한 사랑의 기억을 지닌 핍에게 비디의 이 순수한 동작은 전혀 다른, 예사롭지 않은 의미를 지닐 수밖에 없다. 비디의 동작과 표정 하나하나는 그 순간 핍으로 하여금 어쩌면 그가 남편으로서 함께 나누고 누릴 수도 있었을, 하지만 이제 영원히 불가능해진 그 상실한 행복에의 회한을 더욱더 절실하게 느끼도록 했을 것이기 때문이다. 다시 말해, 잠든 어린 딸의 손에 입 맞추는 비디를 바라보는 핍의 시선과 비디의 반지 낀 손을 잡는 핍의 손길은 바로 그 딸이 핍 자신의 딸일 수도 있었다는 사무치는 아쉬움과 그녀에 대해 이루지 못한 사랑의 아픈 기억을 한편에 짙은 암시로 드러내고 있는 것이다.

이렇게 볼 때, 핍의 마음속에 감춰진 비디에 대한 이 이루지 못한 사랑의 감정은 작품의 결말에서 하나의 중대한 도덕적 문제를 야기한다. 왜냐하면 비디에 대한 핍의 감정이 해소되지 않으면 소설 속의 이상적인 인물들인 조와 비디와 그들을 존경하는 주인공 핍 사이의 관계가 결국은 불편한 애정의 삼각관계로 애매하게 남겨지고 말기 때문이다. 이런 문제는 가령 『두 도시 이야기』(*A Tale of Two Cities*)의 시드니 카튼(Sidney Carton)과 그가 흠모하는 루시 마네트(Lucie Manette), 그리고 그녀의 남편 찰스 다네이(Charles Danay) 사이의 관계에서도 이미 발생했던 것인데, 이 작품의 경우 시드니가 고결한 희생정신을 발휘해 루시의 남편 다네이 대신 단두대의 이슬로 사라짐으로써 깨끗하게 해결된다. 따라서 그와 비슷한 삼각관계를 『위대한 유산』에서 다시 형성해놓은 디킨즈가 이를 어떤 식으로든 해결하고 넘어갔으리라는 것은 충분히 예상할 수 있는 일이다.

그런데 디킨즈가 쓴 원래의 결말대로 『위대한 유산』이 끝나는 경우, 바로 이 문제는 미해결로 남겨지는 것이 되고 만다. 이 첫 결말에서 핍은 에스텔러를 길거리에서 한 번 만났다가 그대로 작별함으로써 영원히 쓸쓸한 독신으로 남게 된다. 이것은 곧 그가 비디에 대한 감춰진 사랑의 기억과 상실의 아픔을 영원한 비밀로 마음에 간직한 채 살아간다는 것을 의미하는데, 그런 그가 조와 비디의 집을 친구로서 계속 방문한다고 가정할 때 그 행위는 19세기 소설의 결말에서 주인공에게 허용되는 도덕적 관습의 기율을 위반하는 것이 된다. 이는 에스텔러가 핍과 재회하여 대화하는 장면에서, 자신이 핍의 사랑의 가치를 진작 깨달았지만 그에 대한 생각을 남편 드러믈이 죽고 난 뒤, 즉 "자신의 처지가 그 기억을 마음속에 들여놓는 것과 도덕적으로 더 이상 충돌하지 않게 된"(my duty has not been incompatible with the admission of that remembrance, 492) 이후에야 비로소 할 수 있었다고 말하는 것과[9] 견주어볼 때도 분명해진다.

반면 디킨즈가 바꿔 쓴 최종 결말은 핍이 에스텔러와 결합할 가능성을 암시한다. 비록 비디 만큼 이상적인 존재는 아니지만 에스텔러는 어쨌든 오랫동안 핍의 온 존재를 사로잡은 옛 첫사랑의 대상이었고, 이제 혼자 된 과부의 몸인데다가 무엇보다 시련을 통해 "슬픈 듯 부드러워진"(saddened softened, 491) 여자로 변해 있다. 따라서 비디와 조만큼 순수한 행복의 경지에는 도달하지 못하겠지만, 과거의 잘못과 실패를 통해 비슷한 정신적 성장을 경험한 두 사람은 서로에 대한 공감과 유대를 바탕으로, 자신들에게 주어진 현실의 조건 위에서 나름대로의 행복을 추구해나갈 자격이 충분히 있는 어울리는 한 쌍이다. 그들의 이러한 제한된 행복의 가능성은 마지막

---

9) 에스텔러의 이 진술은 결말부에서 그녀와 핍의 결합 가능성을 읽을 수 있는 중요한 한 근거로서 의미가 있다. 이 대목에서 에스텔러가 하는 말의 의미는, 드러믈과 결혼한 후 뒤늦게 핍의 사랑의 소중한 가치를 깨달았지만 남편 있는 여자의 도덕적 의무로서 핍에 대한 생각을 멀리 떨친 채 오랫동안 힘들게 살았는데, 이제 남편이 죽고 과부로 혼자 남은 처지이므로 핍을 마음에 기억하는 일이 도덕적으로 용납될 수 있게 되었다는 것이다. 말하자면, 핍이 들었던 소문과는 달리 에스텔러가 남편 드러믈 사망 후 재혼하지 않고 혼자 살고 있다는 사실을 에스텔러의 말은 간접적으로 드러내주고 있는 것이다.

재회와 새로운 출발 장면을 통해 시적 상징이 어우러진 차분한 분위기 속에서 감동적으로 묘사되는데, 바로 이를 통해 디킨즈는 조와 비디와 핍 사이에 형성될 수 있는 불편한 관계를 아주 자연스럽게 해결해놓고 있는 것이다. 포스터에게 보낸 편지에서 디킨즈가 언급한 결말 변경의 "합당한 이유들"(Forster 289)—리튼이 먼저 제안한 것이든 디킨즈가 스스로 알아차린 것이든—가운데 하나로 우리가 꼭 언급해야 할 것이 있다면 바로 이것일 것이며, 이로써 바뀐 결말의 적절성과 우월성은 다시 한번 확인되고 있다고 하겠다.

4

앞에서 논의한 『위대한 유산』의 두 결말은, 비록 첨예한 쟁점 대상이긴 하지만, 플롯의 측면에서 볼 때는 작품의 정확한 결말부에 해당한다고 하기 어렵다. 왜냐하면 작품의 주제를 구현하는 인과적 사건의 유기적 구성으로서 플롯을 생각할 때, 주인공의 도덕적 각성을 주제로 하는 성장소설로서 『위대한 유산』의 플롯은, 비디에게 청혼할 결심으로 귀향했던 핍이 조와 비디의 결혼 사실을 알고 실망감을 감춘 채 다시 고향을 떠나는 58장에서 사실상 종결된다고 할 수 있기 때문이다. 핍 스스로도 57장 끝에서 "앞으로 남은 이야기는 오직 그 일[비디에게 청혼하러 귀향하는 일]이 어떻게 되어갔는가 하는 것밖에 없다"(and how I sped in it, is all I have left to tell. 482)고 말하고 있는데, 실제로 58장에서 핍은 귀향 결심과 실천을 통해 자신이 성취한 도덕적 각성의 최종 단계와 그 실천적 진정성을 증명해 보인다. 그리고 이와 더불어 사랑과 기대의 좌절을 통해, 지난 과오에 대해 고통스러운 대가를 치르지 않으면 안 된다는 엄연한 현실의 인과적 귀결의 마지막 실례를 극적인 반전으로 보여준다.

따라서 이 뒤의 이야기, 즉 핍이 11년 만에 고향을 방문하고 에스텔러를 만나는 마지막 부분은, 그게 원래의 결말이든 나중 결말이든, 작품 주제의 구현에 필수적인 주요 사건 및 갈등과 위기가 모두 종결된 뒤에 여분으로 덧붙여진 일종의 후일담(postscript) 내지는 끝말(epilogue)에 해당된다 (Sadrin 169). 다시 말해, 이 부분은 플롯에 필요한 진짜 '남은 이야기'를 모두 마친 작가가 그야말로 작품의 물리적인 마감을 위한 마지막 절차로 수행하는 뒤처리로서, 각 주요 인물의 근황에 대해 추가 정보를 제공하는 일종의 업데이트 서비스인 셈이다.

이것은 곧 기왕의 『위대한 유산』의 결말 논쟁이 "비평적 단골 소재"(a critical topos, Malik 494)라는 그 지위에도 불구하고 작품 전체의 주제와 관련해서는 사실상 그렇게 큰 중요성을 지니지 못한다는 것을 의미한다. 작품이 어느 쪽 결말로 끝나든 그것은 플롯의 유기적 전개와 상관없는 후일담의 문제로서, 작품 전체를 통해 추구되는 정신적 성장의 주제를 해석하는 데는 별 심각한 영향을 끼치지 못하기 때문이다.

그런데 이 말을 다시 뒤집으면 그것은 곧, 두 개의 다른 결말 외에 플롯상의 결말, 즉 핍의 귀향 실천과 그 좌절 부분이 쟁점으로 추가되면 『위대한 유산』의 결말 논쟁은 작품의 주제 해석과 관련하여 좀 더 중요한 가치와 의미를 갖는다는 말이 된다. 실제로 핍의 귀향과 좌절을 다룬 58장의 내용은 비평가들의 대체적인 의견 일치에도 불구하고 다시금 짚어 논쟁할 필요가 많은 부분이다. 특히 이 부분은 작품에서 제시된 작가의 주제 의식과 인생관을 결론적으로 요약하고 있는 부분으로, 이에 대한 해석의 차이는 작품의 의미에 대한 최종적 해석의 결정적 차이를 뜻하기 때문에 쟁점으로서 가치가 크다.

핍의 귀향에 대한 평자들의 의견은 거의 예외 없이 부정적이다. 그들이 보기에 핍의 귀향은 "조가 구현하는 복고적 전근대적 이상의 부적합성"(McBartney 533)을 보지 못한 채 소박한 시골 삶에 대한 "감상적으로 목가적인 결심"(Hartog 138)에서 내려진 "지킬 수 없는 환상"(untenable illusion, Conor 143)이다. 그들은 조와 비디가 대변하는 시골의 삶이 비록 정직, 근면, 진실 등의 도덕적 가치가 살아 있는 소박하고 인간적인 삶이지만 궁극적으로 볼 때 되돌아갈 수 없는 전근대적 농촌 사회의 삶에 불과하다고 주장한다. 그것은 "강력한 향수"(Trotter xvii)를 불러일으키긴 하지만 핍과 같은 교육받은 인물이 결코 소속되어 살아갈 수 없는 시대착오적인 "폐쇄적 사회"(Brown 138)의 부적절한 삶인 것이다.

따라서 런던에서의 타락한 삶을 청산하고 조와 비디가 살고 있는 시골에 내려가 새로운 출발을 하겠다는 핍의 결심과 그 실천은 애초부터 실현이 가능하지 않고 또 실현되어서도 안 되는 잘못된 선택이다. 그리고 이런 입장에서는 핍의 귀향의 좌절, 즉 핍이 조와 비디의 결혼 사실을 알고 고향을 떠나게 되는 것은 필연적이고도 올바른 귀결이 된다. 말하자면 조와 비디가 결혼함으로써 핍은 비디와 결혼하여 시골에 정착하겠다는 잘못된 선택과 기대에서 다행스럽게도 다시 한번 구원받는 것이며, 이 귀향의 부적절성과 불가능성을 보여주는 것이 바로 디킨즈가 이 부분에서 의도한 바라는 것이다.[10)]

그러나 핍의 귀향을 부정적으로 보는 이러한 입장은 몇 가지 점에서 문제점을 안고 있다. 먼저, 핍의 귀향은 거의 죽음에 이를 만큼 지난한 시련과 뼈저린 각성을 통해 마침내 도덕적으로 재생한 주인공 핍이 작품의 결말부에 이르러 어렵게 도달하는 마지막 선택이자 결단이다. 다시 말해 핍의 귀향은 작품 속에서, 진정한 인간성에 대한 깨달음을 통해 도달한 그의 정신

10) 이런 입장의 대표적인 예가 리비스인데, 국내 평자들 가운데 백낙청, 장남수, 성은애 등도 대체로 리비스와 비슷한 입장이다.

적 성장의 최종적 단계를 보여주는 실천으로 제시되어 있고, 바로 이런 점에서 그 선택의 진정성과 올바름은 플롯의 전개상 당연한 것으로 전제되어 있는 것이다.

핍은 그동안 자신의 삶을 사로잡았던 물질적 욕망과 계급적 허위의식과 위선과 자기기만 등 자본주의 사회의 타락한 일체의 가치를 버리고 조가 대변하는 근면과 진실과 사랑과 인내와 자족과 자기인식 같은 진정한 인간적 가치를 추구하며 살겠다는 결단으로 귀향을 감행한 것이다. 그것은 전원에 대한 복고적 향수에서 나온 낭만적 귀거래의 결정이 아니고 현실 문제를 회피하려는 일시적 충동에서 나온 결정도 더더욱 아니며, 조와 비디에 대한 과거의 배신을 속죄하기 위해 희생정신으로 "마음먹고 계획한 보상"(premeditated recompense, Leavis 421) 행위와도 전혀 거리가 멀다. 그것은 실로, 타락한 삶과 기생적 신분과 잘못된 욕망을 청산하고 진실한 삶과 정직한 노동과 빈 마음에 온전히 귀의하겠다는 일생일대의 결심으로, '근원적인' 깨달음에서 나온 '급진적인' 실천이다. 따라서 핍의 이러한 최종적 결심을 잘못된 것으로 본다면, 그것은 곧 모든 갈등과 위기가 해소된 마지막 시점의 핍을 아직도 뭐가 올바른지 제대로 깨닫지 못한 정신적 미숙아로 보는 것이 되며, 그것은 결국 그가 앞에서 깨달은 모든 도덕적 각성 자체의 타당성을 부정하는 것이 되고 마는 셈이다.

이런 점에서 핍의 귀향의 좌절은 그에게 전혀 다행스러운 것이 될 수 없다. 오히려 그것은 진정한 인생을 새롭게 출발하려는 그의 희망과 기대의 좌절로서, 그에게는 진실로 뼈아픈 고통이자 엄청난 실망의 경험이다. 이 좌절은 그에게 내려진 무거운 징벌로서 그가 과거에 범한 잘못에 대해 마지막으로 치러야 하는 고통스러운 대가이지, 지나친 속죄 의식에서 비롯된 그릇된 판단 착오로 자칫 시골 촌놈으로 전락할 뻔했던 위험으로부터의 다행한 탈출이 전혀 아니다. 이 점은 바로 뒤의 결말부에서 서술되는 핍의 모습이, 자신의 귀향 결정의 슬픈 좌절과 비디에 대한 상실감을 가슴에 안고 이를 감내하며 외국에서 홀로 살아가는 쓸쓸한 중년 남성의 이미지이지, 분별없는 결단의 오류를 다시금 깨닫고 정말 자기에게 맞는 삶을 올바로 개척한 성공한 주인공의 이미지와는 거리가 멀다는 사실에서도 분명히 증명되고 있다. 다시 말해, 핍의 기대대로 그가 비디와 결혼하여 행복한 삶을 시작하는 것으로 작품이 끝나지 않은 것은 그러한 결혼과 삶이 핍에게는 어울리지 않는 잘못된 해결이라는 작가의 판단이 아니라, 그렇게 될 때 핍에게 너무 손쉬운 보상과 해결이 주어진다는 작가의 현실적 인식, 즉 엄연한 인과적 현실 원리를 위반하는 '관습적인 해피 엔딩'에 대한 작가의 리얼리즘적 거부감의 소산으로 보아야 하는 것이다.

핍의 귀향에 대한 평자들의 부정적 해석은 근본적으로 "작품의 도덕적 시금석"(Sadrin 136)인 조에 대한 극히 소극적인 해석에서 비롯된다. 조는, 비록 조연의 역할에다 희극적 외피까지 입혀져 있지만, 작품 속에서 우리의 존경과 찬사를 받기에 가장 합당한 인물로 묘사되고 있다. "상냥하고 정직하며 성실한 인간"(amiable honest-hearted duty-doing man, 135)인 그는 "소박한 믿음과 명료한 생활의 지혜"를 창조적으로 실천하는 인물이다. 그리고 이를 통해 "도덕성과 인간성의 이상적인 구현자로서 핍의 모든 행동에 대한 윤리적 판단과 평가의 최종적 기준점"(이인규, 「'신사' 주제 재론」 137) 역할을 수행한다. 작품 후반부에서 점진적으로 쌓여가는 핍의 도덕적 각성이, 조의 '고결한 인간성'에 대한 핍의 깨달음과 그 선언, 즉 "오 하느님, 참 그리스도인다운 이 고결한 사람을 축복하소서!"(O God bless this gentle Christian man! 472)라는 "진정으로 디킨즈적인 찬탄"(Sadrin 95)을 담은 선언으로 최종 완결되고 있는 것은 바로 이 점을 잘 보여준다. 조에게 부여된 이러한 도덕적 가치는, 시골 대장장이라는 그의 하층계급 신분과 결합하여, 디킨즈의 민중적이고 급진적인 인간관을 증거하는 것이다. 교육을 못 받고 재산이 없는 하층계급에 속한 사람일지라도 그가 고결한 마음을 지닌 인간이라면, 신사나 귀족, 또는 왕보다도 더 우월하고 존경스러운 존재일 수 있다는 것이 조를 통해 전달되는 디킨즈의 핵심적 인간관이기 때문이다.

그런데 이러한 조를 대부분의 평자들은 선량하지만 무식하고 바보스러운 시골 호인 정도로 인식하면서 그가 현실적으로 부적합한 존재임을 강조한다. 그들은 조가 정직하고 성실하며 선량하고 따뜻한 마음씨를 지닌 인간이라는 점을 부정하지는 않지만, 그럼에도 불구하고 그가 궁극적으로는 어리석고 무식하고 촌스럽고 무기력하고 무능한 존재에 불과하다고 주장한다(Leavis 392, 421-3). 하지만 이것은 핍의 서술 전반에 걸쳐서 암암리에 드러나는 조의 성격의 깊이를 정확히 파악하지 못한 데서 나온, 지나치게 소극적이고 부정적인 평가이다.

물론 조는 작품 초반부에서 어린 핍의 관점으로 묘사되면서 착하지만 희극적이고 바보스러운 인물인 것처럼 묘사된다. 하지만 작품이 진행되면서 그는 숨겨진 창조적 지혜와 본능적 생명력과 타고난 통찰력과 섬세한 감성을 조금씩 드러냄으로써 '무능하고 무식하고 무기력한' 존재와는 거리가 먼 사람임을 보여준다. 가령 그는 일찌감치, 아내인 핍의 누나에게 쩔쩔매는 것이 바보같이 무기력해서가 아니라 남편에게 학대만 당한 자기 어머니의 여성으로서의 불행한 삶에 대한 깊은 페미니즘적 연민과 이해에서 우러나온 자발적 선택임을 분명히 밝힌다. 그리고 술주정뱅이에 가정 폭력을 휘둘렀던 아버지를 위해 "한 방에"(in a single blow, 77) 지어낸 비문을 통해 그의 너그러운 인간관과 함께 숨겨진 시적 창조성을 보여준다.

한편 해비셤을 방문했을 때 그녀를 상대하지 않는 이상한 행동은 핍이 생각하듯이 그가 상류계급 앞에서 바보처럼 주눅들은 때문이 아니라, 삶의 모든 건강한 충동을 차단한 채 죽은 존재나 다름없이 살아가는 해비셤의 반생명성에 대한 직관적 통찰에서 나온 본능적 거부감의 표현이다. 또한 도제생활을 하다가 해비셤을 다시 방문하고 싶어 하는 핍에게 그가 고집스럽게 선물 거리의 어려움을 이야기하는 것도 그 이면에는 그 방문의 불필요성과 부당성에 대한 정확하고 예리한 통찰이 담겨져 있다. 이밖에, 해비셤을 방문한 뒤 펌블추크의 집에 와서 적절한 말로, 초대받지 못한 조 부인의 분노를 가라앉히는 모습은 그가 얼마나 본능적인 지혜의 소유자인가를 여실히 보여준다.

런던의 핍을 방문했을 때 모자를 잡느라 우스꽝스러운 모습을 보이는 것도 사실은 핍이 감추고 있는 계급적 우월감과 거리감에 대한 본능적 직관에서 나온 거부감의 표현이다. 특히 그가 이때 핍과 헤어지면서 하는 이별사는 그의 희극적 외피에 감춰진 시적 통찰력과 인간적 위엄을 잘 드러내준다. 한편 작품 뒷부분에서 열병에서 깨어난 핍이 그간의 몰락한 운명을 언급하려 할 때도 조는 섬세한 배려와 창조적 지혜를 다시 한번 여실히 드러내는데, 그는 자신이 핍을 위해 누나의 구타를 오히려 적극적으로 막지 않았다는 옛날의 사정을 이야기하며 핍의 과거의 행동을 이해해주는 동시에 설명과 사죄를 해야 하는 궁색한 처지에서 핍을 자연스럽게 구해준다.

요컨대, 이 모든 것들을 통해 조는 "끔찍이도 우둔하다"(most awful dull, 137)는 그 자신의 말과는 정반대로 자신이 '몹시도 지혜로운' 존재임을 증명한다. 즉 그는 겉으로 무기력하고 무능하고 무식하며 우스꽝스러운 바보처럼 보이지만 사실은 깊은 통찰력과 지혜와 현실적 대응력을 갖춘 유능한 사람임이 작품 속에서 분명히 드러나고 있는 것이다. 그리고 그 결과 작품 후반부에서의 그의 모습은 바보 같은 선량한 사람이 아니라 "고결한 인간"으로서 인간적 위엄을 지닌 존경스러운 인물로 바뀐다. 핍이 작품 초반에서는 조를 "어리석은, 사랑하는 친구"(foolish, dear fellow, 40)라고 우월감 깃든 태도와 어조로 부르지만 마지막 부분에 가면 "선하고 고결한, 사랑하는 조!"(dear, good, noble Joe! 488)라고 진정한 존경과 찬사를 담은 어조로 달리 부르는 이유는 바로 여기에 있다.

물론 이 말은 조가 "완전히 만족스러운 현실적 인물"(Leavis 422)로 사회적으로 완벽한 존재라거나 이상적인 신사에 해당된다는 뜻은 결코 아니다. 그가 교육을 받지 못해 글을 읽거나 쓰지 못하고, 말투와 옷차림도 거칠고 촌스러우며, 세련된 교양이나 매너와는 거리가 먼 사람이라는 것은 틀림없는 사실이다. 하지만 그의 이런 한계는 개인적인 인격과 성품과 자질 같은 본질적인 문제가 아니라 환경과 계급 같은 사회적, 외적 조건의 문제와 관련된 것이다. 즉 그의 한계는 사회적 신분 개념으로서 '신사'에 요구되는 "세련된 외양과 매너와 광택"(varnish, manner and polish, Brown 139)의 결핍에 불과한 것으로, 이것을 근거로 그에게 "무엇인가 중요한 것"이 결여되었다든가(성은애 344) "심각하게 결핍된 무엇인가"가 있다든가(장남수 246) 하면서 그를 "어쩔 수 없이 한정된 인간"(백낙청 47)으로 본다면 그것은 너무 계급적 관점에 치우친 인색한 평가일 수밖에 없다. 그보다는 오히려, '신사'의 이상을 파기하고 '고결한 인간'이 되는 것을 진정한 가치로 제시하는 작품의 주제에 비추어 조야말로 '고결한 인간'에게 필요한 가장 '중요하고 심각한' 본질적 요소와 덕목을 온전히 갖춘 인물이라고 적극적인 평가를 하는 것이 타당할 것이다.

조가 대변하는 삶으로 귀의하겠다는 핍의 결심은 '고결한 인간' 조가 구현하는 인간적 가치, 즉 정직, 성실, 근면, 이타심, 소박함, 안분지족, 빈 마음 같은 것들을 삶의 진정한 가치로 추구하겠다는 결심이다. 그것은 조가 지니고 있는 사회적 한계, 즉 교양 없음과 거친 말투와 촌스러운 매너 등까지 그대로 따르겠다는 것이 결코 아니다. 사실 핍은 그간의 교육을 통해 이미 그런 한계는 넘어서 있는 상태다. 다시 말해, 핍의 귀향은 전근대적 삶으로의 귀환이 아니라 인간의 본질적 덕성과 건강한 영혼을 실천하는 보편적 자연인의 삶으로의 귀환인 것이다. 이것은 돌아갈 수 없는 과거에 대한 부질없는 향수의 제스처가 아니라 삶의 가장 바람직한 보편적 가치를 향한 결연한 선택의 행위이다. 비록 이 결단의 구체적 실천 기회는 작품 속에서 그의 지난 과오에 대한 인과적 징벌의 차원에서 그에게 허용되지 않고 있지만, 핍이 내린 결단과 귀향 행위 자체만큼은 힘겹게 도달한 도덕적 각성에서 나온 진정한 결단이고 실천 행위이다.

사실 핍의 귀향은 오늘날 후기 자본주의 사회의 경쟁적 도시 문명의 삶에 환멸을 느끼는 많은 현대인들이 가슴속에 꿈꾸면서도 이런저런 이유를 대며 실천을 망설이는 이상과 본질적으로 다르지 않다. 이런 점에서, 조와 같은 인물을 현실에 부적합한 전근대적 인물로 규정하면서 핍의 귀향을 잘못된 결정으로 보고 그 실패를 다행한 것으로 보는 것은, 핍처럼 모든 것을 청산하고 귀향의 결단을 내리지 못하는 우리 자신을 변명하고 합리화하고 싶은 은밀한 욕망과 통하는 것일 수도 있다. 그것은 또한 '세련된 외양과 매너와 광택'을 인간성의 본질적 가치 못지않게 중요하게 생각하며 그것을 '바람직한 삶'에 반드시 필요한 것으로 강조하고 싶은 도시 지식인의 계급적 집착과도 관계되는 것일 수 있다.『위대한 유산』 결말부의 핍의 귀향에 대한 해석이 현재적 의미를 띠는 도전적 쟁점이 될 수 있는 것은 바로 이 때문일 것이다.

인용문헌

김현숙.『디킨즈 소설의 대중성과 예술성』. 서울: 한신문화사. 1996.

백낙청.「디킨즈 소설속의 빅토리아조 신사」.『세계의 문학』 19 1981, 봄): 32-55.

성은애.「찰스 디킨즈」.『영미문학의 길잡이 1』. 영미문학연구회 편. 서울: 창작과비평사,2001. 333-349.

이인규.「『위대한 유산』인가『막대한 유산』인가?」.『안과 밖』 31 (2011 하반기): 314-38.

______.「『위대한 유산』의 '신사' 주제 재론」.『19세기 영어권 문학』 15.1

(2011): 115-40.

장남수. 「디킨즈의 『막대한 유산』」, 『안과밖』 16 (2004 상반기): 232-52.

Brooks-Davies, Douglas. *Great Expectations.* London: Penguin, 1989.

Brown, James M. *Dickens: Novelist in the Market-Place.* London: Macmillan, 1982.

Calder, Angus. "Appendix A." *Great Expectations.* Ed. Angus Calder. Harmondsworth: Penguin, 1981. 494-496.

Connolly, Thomas E. "Technique in *Great Expectations.*" *Assessing Great Expectations.* Ed. Richard Lettis and William E. Morris. San Francisco: Chandler, 1960. 99-108.

Connor, Steven. *Charles Dickens.* Oxford: Basil Blackwell, 1985.

Dickens, Charles. *Great Expectations.* Ed. Angus Calder. Harmondsworth: Penguin, 1981.

Forster, John. *The Life of Charles Dickens.* 2 vols. 1927; London: J. M. Dent & Sons, 1969.

Gissing, George. *Dickens: A Critical Study.* London: The Gresham Publishing Company, 1903.

Grant, Alan. *A Preface to Dickens.* London: Longman, 1984.

Hartog, Dirk den. *Dickens and Romantic Psychology.* London: Macmillan, 1987.

House, Humphry. *The Dickens World.* Oxford: Oxford UP, 1942.

Jackson, T. A. *Charles Dickens: The Progress of a Radical.* London: Lawrence and Wishart, 1937.

Johnson, Edgar. *Charles Dickens: His Tragedy and Triumph.* New York: Simon and Shuster, 1952.

Leavis, F. R. and Q. D. *Dickens the Novelist.* Harmondsworth: Penguin, 1983.

Lucas, John. *The Melancholy Man: A Study of Dickens's Novels.* London: Methuen, 1970.

Malik, Rachel. "Stories Many, Fast and Slow: *Great Expectations* and the Mid-Victorian Horizon of the Publishable." *ELH* 79.2 (2012): 477-500.

McBratney, John. "Reluctant Cosmopolitanism in Dickens's *Great Expectations.*" *Victorian Literature and Culture* 38 (2010): 529-46.

Meckier, Jerome. "Charles Dickens's *Great Expectations:* A Defense of the Second Ending." *Studies in the Novel* 25.1 (1993): 28-58.

Miller, J. Hillis. *Charles Dickens: The World of His Novels.* Cambridge: Harvard Univ. Press, 1959.

Millhouser, Milton. "*Great Expectations:* The Three Endings." *Dickens Studies Annual* 2 (1972): 267-77.

Newey, Vincent. *The Scriptures of Charles Dickens: Novels of Ideology, Novels of the Self.* Aldershot: Ashgate, 2004.

Rosenberg, Edgar. "Putting an End to *Great Expectations.*" *A Norton Critical Edition of Great Expectations.* Ed. Edgar Rosenberg. New York: Norton, 1999. 491-527.

Sadrin, Anny. *Great Expectations.* London: Unwin Hyman, 1988.

Shaw, Bernard. "Introduction to *Great Expectations.*" *A Norton Critical Edition of Great Expectations.* Ed. Edgar Rosenberg. New York: Norton, 1999.

Thomas, George R. *Great Expectations.* London: Edward Arnold, 1964.

Trotter, David. "Introduction" to *Great Expectations,* Ed. Charlotte Mitchell. Harmondsworth: Penguin, 1996.

3. 『위대한 유산』인가 『막대한 유산』인가?
— 제목 'Great Expectations'의 의미와 번역

1

상당히 개인적인 내용이지만 이 글을 쓰게 된 애초의 동기를 솔직히 밝히는 일로 이야기를 시작해보자. 필자는 2009년에 'Great Expectations'라는 원제(原題)의 디킨즈(Charles Dickens) 소설을 번역하여 출판했다. 필자가 출판사와 처음 번역계약을 할 당시 계약서상의 제목은 기존의 번역판과 같은 '위대한 유산'이었다. 그러나 번역을 시작했을 무렵, 필자는 근래 국내 디킨즈 학자들처럼 '막대한 유산'이 '위대한 유산'보다 올바른 번역 제목이라고 생각했고, 그래서 완성된 번역원고를 '막대한 유산'이라는 제목으로 바꾸어 출판사에 보냈다. 출판사는 이를 받아들였고, 그렇게 하여 마지막 교정지가 오갈 때까지 번역판의 제목은 '막대한 유산'으로 정해져 있었다.

그런데 마지막 교정이 거의 끝나갈 무렵 필자에게 한 가지 질문이 떠올랐다. 그것은 '막대한 유산'이 과연 정확한 번역 제목인가, 다시 말해 '위대한 유산'은 '틀린' 번역이고 '막대한 유산'은 이를 바로잡은 '올바른' 번역이라고 할 수 있는가 하는 것이었다. 이어진 얼마간의 숙고 끝에 내린 결론은 아무래도 '아니다'라는 것이었다. 그리하여 필자는 다시 출판사에 필자의 '변절'을 전달했고, 그 결과 약간의 곡절을 거쳐 '위대한 유산'이라는 기존의 '부정확한' 제목으로 새로운 번역판이 나오게 되었다.

물론 이 사정을 번역 후기에 변명처럼 간단히 적어놓긴 했지만, 어쨌든 새 번역을 내면서 '정확한 번역 제목'을 달지 못했다는 자의식 때문인지 변명의 불충분함에 대한 염려 때문인지 찜찜한 기분을 내내 떨칠 수 없었다. 이러던 중 최근 번역과 관련된 글을 뒤적이다가 이 문제를 다시금 좀 더 구체적으로 되짚어보게 되었는데, 이런저런 도모 끝에 이 문제가 번역 비평의 핵심 쟁점과 연결될 수 있겠다는 제법 '근사한' 구실을 찾게 되었다. 게다가 '위대한 유산'과 '막대한 유산'을 오락가락한 필자의 개인적인 방황이 우리나라 번역계의 특수한 역사적 현실을 드러내는 한 단서가 될 수도 있겠다는 '그럴듯한' 착안까지 하기에 이르렀다. 이 글은 바로 그런 궁리가 구체적으로 발전한 결과이다.

2

디킨즈 소설에 대한 이야기를 하기 전에 다른 이야기를 하나 해보자. 잘 알려진 일본 작가 무라카미 하루키(村上春樹)의 출세작으로 『상실의 시대』가 있다. 이 소설의 일본어 원제목은 'ノルウェイの森'로, 그것을 우리말로 그대로 옮기면 '노르웨이의 숲'이 된다. 그런데 1989년 국내에서 이 작품이 번역되어 나왔을 때 우리말 제목은 '노르웨이의 숲'이 아니라 '상실의 시대'였다. 비록 큰 우리말 제목 밑에 조그맣게 "노르웨이의 숲"이라는 원제가 붙어 있긴 하지만, 하루키의 이 소설은 국내 독자에게 원제와는 전혀 다른

'상실의 시대'라는 제목으로 알려지게 되었다. 한편 하루키의 이 소설의 원제인 '노르웨이의 숲'은 작가 하루키가 좋아하는, 그리고 작품 속에서 인용되는 비틀즈(Beatles)의 노래 〈Norwegian Wood〉에서 따온 것이다. 그런데 재미있는 사실은 하루키가 제목으로 차용한 비틀즈의 노래에서 'Norwegian wood'의 의미는 '노르웨이의 숲'이 아니라 노래에 나오는 여자의 방 내부를 치장한 '노르웨이산 목재 또는 원목'이라는 점이다.[11] 말하자면 작가 하루키는 어이없게도 비틀즈의 노래를 오역하여 자기 소설의 제목으로 가져다 붙인 것이고 그것이 세계적으로 유명한 작품이 된 셈이다.

하루키 소설의 제목을 둘러싼 이 묘한 상황을 놓고 우리는 번역논의와 관련하여 몇 가지 흥미로운 질문을 해볼 수 있다. 먼저 이 소설의 원제와는 완전히 다른 우리말 번역본의 제목 '상실의 시대'를 우리는 어떻게 평가해야 할 것인가? 번역자 혹은 출판사가 독자적으로 붙인 이 번역 제목을 원제에 대한 잘못된 번역 제목으로, 혹은 원제를 무시한 부당한 작명으로 비판할 것인가? 그래서 '노르웨이의 숲'이라는 제목으로 정정해야 마땅하다고 말할 것인가?[12] 아니면 책의 판매와 독자의 취향 등을 비롯한 한국 출판계의 현실을 고려하여 번역자 혹은 출판사가 그 나름대로 결정한 창의적인 번역행위로 인정해줄 것인가?

다음으로 우리는 원작자인 하루키의 비틀즈 오역을 번역서의 독자 또는 평가자의 입장에서 어떻게 받아들일 것인가 하는 질문을 던질 수 있다. 즉 하루키의 소설 제목이 작가 자신의 오역에서 붙여진 것이 분명하므로, 하루키 소설 제목의 원천인 비틀즈 노래의 원래 뜻에 일치하도록 번역 제목을, 예컨대 '노르웨이산 원목' 같은 것으로 바로잡아야 한다고 말할 것인가? 그

11) 이와 관련해서는 http://en.wikipedia.org/wiki/Norwegian_Wood를 참고할 것.

12) 실제로 이 작품은 1993년에 동하(이미라 옮김)에서 그리고 2008년에 문사미디어(임홍빈 옮김)에서 '노르웨이의 숲'이라는 제목으로 다시 번역되어 나왔다.

래서 원작자가 범한 오류까지도 바로잡는 번역자의 능동적이고 성실한 번역행위를 권장할 것인가? 아니면 어처구니없는 오류이긴 하지만 원작자의 실수이고 또 어쨌든 이미 그렇게 정해져서 널리 알려진 제목이니, 번역하는 입장에서는 특히나 어쩔 수 없는 것 아니겠냐고 우물쭈물(혹은 가볍게) 넘길 것인가? 아니면 오히려 한 걸음 더 나아가 하루키의 번역 즉 '노르웨이의 숲'은 오역이 아니라 보기에 따라서는 비틀즈의 노래 제목에 대한 하나의 가능한 독창적 해석이라고 할 수 있으며, 그런 점에서 큰 문젯거리가 되지 않을뿐더러 오히려 새로운 의미의 창조로 보아야 한다고 적극적으로 강변할 것인가?

얼핏 하나의 해프닝을 둘러싼 인터넷상의 흥미로운 잡담거리처럼 치부될 수도 있는 것이지만, 하루키의 소설이 야기하는 이 질문들은 사실 번역논의에 있어서 가장 기본적이고 핵심적인 쟁점을 건드리는 질문들이다. 일본어 원제와 전혀 다른 '상실의 시대'라는 번역 제목을 어떻게 평가할 것인가 하는 문제는 곧 번역과 번역논의에서 제일 먼저 부딪히는 문제, 즉 원문과의 관계를 어떻게 규정할 것인가 하는 문제에 해당된다. 이것은 다시 말해 번역자가 어느 정도로 원문을 존중하여 번역할 것인가, 그리고 번역자의 재량은 어느 정도로 인정될 수 있는가 하는 문제로, 직역과 의역, 나아가 번역자의 번역관 및 번역 방법론에 대한 문제와 직결되는 것이다. 그리고 궁극적으로는 어떤 번역을 좋은 번역으로 볼 것인가 하는 가치 평가의 문제로 이어진다.

한편 하루키의 비틀즈 오역에 관해 던진 질문 역시 바로 번역논의에서 빠질 수 없는 또 하나의 쟁점인 오역의 문제를 정면으로 건드리는 것이다. 번역이 이질적인 두 언어 사이의 변환인 한 본질적으로 오역은 불가피한 것인데, 이 문제의 핵심은 오역이 어떻게 해서 발생하는가, 또 이 오역을 어떻게 최소화할 수 있는가, 그리고 무엇보다도 과연 어디까지를 오역으로 볼 것인가, 즉 오역을 어떻게 정의할 것인가 하는 것 등이다. 이것은 다시 번역 비평에 있어서 오역에 대한 용인의 정도 문제와 오역 지적의 타당성 및 실용성 등과 같은 가치 평가의 문제와 직결된다. 하루키의 오역을 어떻게 받아들일 것인가 하는 질문에 대답하는 일은 바로 이러한 근본적인 문제들과 씨름하는 일과 다르지 않다.

하지만 이 글에서 필자의 관심은 하루키의 소설 제목에 대한 위의 질문들에 대해 답을 하려는 데 있지 않다. 필자가 하루키를 거론한 이유는 디킨즈의 소설 『위대한 유산』의 번역 제목에 대한 고민이 우연찮게도 하루키의 소설 제목이 제기하는 것과 매우 유사한 질문들로 이어진다는 사실에 있다. 즉 '위대한 유산'이냐 '막대한 유산'이냐 하는, 얼핏 뻔하고 사소한 것처럼 보일 수도 있는 문제를 짐짓 안으로 파고 들어갈 때 우리는 궁극적으로 하루키의 경우와 마찬가지로 번역논의의 핵심 쟁점들과 마주치게 된다는 것이다. 물론 이 질문과 쟁점들은 역사적으로 번역이 시작된 이래 언제나 쟁점이 되어온 것들로 어떤 절대적인 모범 답을 내릴 수 있는 문제들이 아니다. 하지만 구체적인 개별 사안에 따라 어떤 일정한 입장이나 타협점을 모색하고 선택하여, 그것을 상대적이지만 현실적으로 가능한 하나의 답으로 제시하려는 시도는 그 자체로 충분히 가능하며, 또 필요하고 의미 있는 일이다. 『위대한 유산』의 제목을 둘러싼 몇 가지 사연을 추적해 나가는 다음 장의 내용은 바로 그와 같은 상대적인 모색과 선택을 위한 하나의 시도이다.

3

먼저 *Great Expectations*[13)]에 대한 우리말 번역 제목의 혼란이 공적인 영역에서 어떻게 존재하는지 그 현황을 살펴보자. 크게 보아서, *Great Expectations*는 현재 일반 대중을 대상으로 하는 출판계에서는 대체로 '위대한 유산'으로 알려져 있는 반면 영문학 전공 학계에서는 대개 '막대한 유산'으로 지칭된다. 시중에 이 소설의 번역본이 여러 종류 나와 있는데, 작품 전체를 완역한 김태희, 이순주, 그리고 이인규 등의 번역본은 모두 '위대한 유산'이라는 번역 제목을 달고 있다.[14] 이 밖에 축약본이나 영어 공부용 교재 등의 경우에도, 웅진과 다락원에서만 '막대한 유산'으로 출판했고 나머지는 모두 '위대한 유산'으로 나와 있다. 그리고 이 작품을 기초로 하여 제작된 영화 가운데 국내에 소개된 데이빗 린(David Lean)과 알폰소 쿠아론(Alfonso Cuarón) 감독의 작품들도 모두 '위대한 유산'이라는 제목으로 알려져 있다.

이에 반해 영문학계의 경우, 필자가 파악하기로 2001년 이래 약 10년 동안 주요 학회지에 실린 이 작품에 대한 우리말 논문들은 거의 대부분 '막대한 유산'이라는 제목으로 이 작품을 표기하고 있다. 가령, 2001년 〈영어영문학〉에 실린 박상기의 논문과 2011년 〈19세기 영어권 문학〉에 실린 필자의 글을 빼고는, 〈19세기 영어권 문학〉, 〈근대영미소설〉, 〈안과밖〉, 〈영미문학연구〉 등과 같은 주요 학회지에 실린 근래의 논문들에서 이 작품은 모두 '막대한 유산'으로 불리고 있다.[15] 사실 이 작품을 다루는 논문 자체

---

13) 앞으로 이어질 논의의 성격상 혼동을 피하기 위해 일단 우리말 번역 없이 영어 원제만 표기하기로 한다.

14) 이밖에 최옥영, 김재천, 그리고 박성철의 번역도 있는데 이들은 현재 모두 절판된 상태이다.

15) 박상기 「타자의 역사성: 『위대한 유산』에 나타난 계급, 성, 인종의 담론」『영어영문학』제47권 2호(2001) 549면; 이인규 「『위대한 유산』의 '신사' 주제 재론」『19세기영어권문학』제15권 1호(2011) 115면; 이선주 「『데이비드 커퍼필드』와 『막대한 유산』을 통해 본 성장소설과 신분의식의 관계」『영미문학연구』제3호(2002) 57면; 성은애 「도시적 감수성의 문학적 형상화: 『막대한 유산』을 중심으로」『근대영미소설』제9집 2호(2002) 23면과 「매그위치의 귀환: 『막대한 유산』과 『잭 맥스』」『안과밖』제16호(2004) 65면;김현숙 「침

가 그리 많은 편은 아닌데, 그나마 디킨즈 전공 학자들을 중심으로 발표된 글들에서 필자들은 하나같이, 대중적으로 널리 알려진 '위대한 유산'이라는 명칭을 버리고 '막대한 유산'이라는 제목을 다분히 '의식적으로' 사용하고 있는 것이다.

그렇다면 어째서 '위대한 유산'과 '막대한 유산' 사이의 이러한 대립 내지는 혼란이 존재하는가? 사실 두 제목 사이에 얼핏 그리 큰 차이가 없는 것처럼 보이기도 하는데, 어째서 일반 대중 영역과 학계 사이에 그 사용이 뚜렷하게 갈리는가? 이에 대한 답을 하기 위해서는 *Great Expectations*에 대한 우리말 번역 제목의 역사를 더듬어볼 필요가 있다. *Great Expectations*는 최옥영에 의해 1975년 국내에 처음으로 번역되어 나왔다. 그리고 이때 제목이 '위대한 유산'이었다. 하지만 최초로 완역된 것이 1975년이라는 말이지, 이 작품이 다른 방식으로 그 이전에 이미 국내에 알려졌으리라는 것은 쉽게 추측할 수 있다. 가령 다른 디킨즈 작품 번역이나 영문학 서적 등을 통해 이 작품이 1975년 이전에 이미 거론되거나 언급되었을 가능성이 큰데, 실제로 1959년에 고석구가 번역한 아이퍼 에반스(Ifor Evans)의 『영문학사』에서 이 작품은 '위대한 유산'이라고 번역되어 지칭된다.[16]

그런데 고석구의 1959년 번역 제목과 최옥영의 1975년 번역 제목이 일치함에도 불구하고, 그사이에 사용된 이 작품의 번역 제목을 조사해보면 '위대한 유산'이 실제로는 통일된 번역 제목이 아직 아니었음을 알 수 있다. 고석구의 언급 바로 다음 해인 1960년에 권명수는 『크리스마스 캐럴』(*A*

묵시키기/저항하기: 『막대한 유산』에 나타난 여성의 목소리」 『19세기영어권문학』제7권 2호(2003) 5면; 강석진 「감시와 강요된 대화: 『막대한 유산』」 『근대영미소설』제10집 2호(2003) 5면; 장남수 「디킨즈의 『막대한 유산』」 『안과밖』제16호(2004) 232면 각각 참조.

16) 아이퍼 에반스 지음, 고석구 옮김 『영문학사』(양문사 1959) 204면.

Christmas Carol) 번역판 서두의 작가소개에서 이 작품을 '대유산'이라고 소개하고 있다. 그리고 1963년 한국영어영문학회에서 간행한 『영미작가론』의 디킨즈 편에서 구중회는 '큰 유산'이라는 명칭을 사용한다. 한편 이기석은 1965년에 『두 도시 이야기』(*A Tale of Two Cities*) 번역판 뒤의 디킨즈 연보에서 '위대한 유산의 기대'라고 이 작품을 표기하고 있으며, 1973년에 엘리저베쓰 드루(Elizabeth Drew)의 『영국소설의 이해와 분석』을 공역한 이명섭은 이 작품을 '유산상속의 큰 기대'라고 일컫는다. 고석구 이후 1975년까지 '위대한 유산'이라고 이 작품 제목을 번역한 경우는 1974년에 『두 도시 이야기』와 『크리스마스 캐럴』을 번역한 이가형뿐이다.[17]

요컨대 1974년까지 *Great Expectations*의 제목은 이를 거론하는 필자에 따라 '위대한 유산'을 비롯해 여러 가지 명칭으로 각기 다르게 번역되었고, 그러다가 1975년에 최옥영이 국내 최초로 이 작품을 번역하여 출판하면서 '위대한 유산'이라는 명칭을 사용한 것이다. 최옥영이 어떤 이유로 그 이전의 여러 번역 제목 중 '위대한 유산'을 선택하게 되었는지는 그의 번역판 어디에도 밝혀져 있지 않다. 따라서 이에 대해서는 추측만이 가능한데, 이것은 일단 뒤로 미루기로 하자. 다만 확실한 것은 최옥영의 번역판이 나옴으로써 '위대한 유산'은 마침내 여러 명칭 가운데 *Great Expectations*의 번역 제목으로 그 권위를 부여받게 되었다는 점이다. 그리고 그 권위에 힘입어 이 작품은 이후로 '위대한 유산'이라는 제목으로 통용되어 일컬어졌고, 그것이 오랫동안 이어지게 된 것이다.

이렇게 확립된 '위대한 유산'의 권위에 학계에서 최초로 문제 제기를 한

---

17) 디킨즈 지음, 권명수 옮김 『크리스마스 캐럴』(양문사 1960) 6면; 한국영어영문학회 편 『영미작가론』(신구문화사 1963) 223면; 디킨즈 지음, 이기석 옮김 『이도비화/크리스머스 캐럴』(정음사 1965) 454면; 엘리저베쓰 드루 지음, 이경식 이재호 이명섭 옮김 『영국소설의 이해와 분석』(탐구당 1973) 261면;디킨즈 지음, 이가형 옮김 『두 도시 이야기/크리스마스 캐럴』 (휘문출판사 1974) 518면 각각 참조.

것은 1981년 백낙청의 글이다. "디킨즈 소설 속의 빅토리아조 신사"라는 제목의 이 글에서 백낙청은 '위대한 유산'이라는 번역 제목을 그대로 사용하면서 다음과 같은 각주를 첨부한다. "국내에서 이렇게 번역되어 책도 나오고 영화도 상영된 일이 있으나 엄격히 말해 〈expectations〉는 유산 자체보다도 유산에의 기대이며 당시 물질적으로 번영하던 사회에 두루 퍼져 있던 기대감을 암시하기도 한다. 〈커다란 기대〉가 좀 더 정확한 번역일 것이다."[18] 백낙청의 이 지적은 사실 필자가 보기에 최초의 문제 제기이자 정확한 대안 제목의 제시라는 점에서 그 의미가 크다. 하지만 백낙청 자신이 이 글에서 각주 이상으로 나가지 않고 '위대한 유산'이란 기존 제목을 그대로 사용하는 데서도 짐작할 수 있듯이, '위대한 유산'이 지닌 학계에서의 권위는 여전히 오랫동안 확고하게 유지된다.[19]

그러나 1975년 이래 지속된 '위대한 유산'의 권위와 독주는 1990년대 초반에 이르면 학계에서 상당히 실질적인 도전을 받기 시작한다. 왜냐하면 이때부터 디킨즈 연구로 석사나 박사 학위를 취득한 본격적인 디킨즈 전공자들이 국내에 다수 등장하기 시작하는데, 이들을 중심으로 '위대한 유산'의 번역 제목으로서의 정확성에 대한 의심이 사적인 자리에서 공공연하게 제기되곤 했기 때문이다. 이런 잠재된 문제 제기는 시간이 지나면서 결국 '위대한 유산'이 아닌 다른 명칭을 학술 논문에서 사용하는 방식으로 공식화된다. 가령 필자의 경우 1995년의 한 논문에서 *Great Expectations*를 언급하며 그 제목을 "큰 유산상속의 기대"라고 옮겼으며, 윤혜준의 경우는 디킨즈를 특집으로 다룬 1999년 『안과밖』 7호의 논문에서 이 작품의 제목을 '막대한 유산'이라고 새롭게 일컬었다.[20]

---

18) 백낙청 「디킨즈 소설 속의 빅토리아조 신사」 『세계의 문학』19(1981 봄) 45면.

19) 가령 1989년에 디킨즈 전공자 장남수가 번역한 『어려운 시절』(푸른산) 뒤의 작가 연보에서, 그리고 1996년에 간행된 김현숙의 저서 『디킨즈 소설의 대중성과 예술성』(한신문화사) 등에서 여전히 '위대한 유산'이 사용되고 있음을 볼 수 있다.

물론 디킨즈 전공자들만이 '위대한 유산'의 권위에 도전한 것은 아니다. 사실 디킨즈를 전공하지 않았더라도 영문학 전공자라면 대개 이 작품의 원제의 뜻을 웬만큼 알고 있다. 따라서 그들이 이 작품을 우리말로 거론하게 되는 경우 '위대한 유산'은 아무래도 거부감을 일으키는 번역 제목이기 십상이다. 그 결과 가령 김용철의 경우 1994년의 저서에서 '거대한 유산'이라는 제목을 독자적으로 사용하며, 김성곤 역시 2002년의 저서에서 '거대한 유산'이라는 제목으로 이 작품을 지칭한다. 김성곤은 그러면서 다음과 같이 제목 번역의 문제성을 언급하기도 한다. "이 작품의 원제인 'great expectations'는 예전에 '위대한 유산'이라고 번역되었지만, 실은 '거대한 유산' 또는 '막대한 유산'이라고 옮기는 것이 보다 정확한 번역이 될 것이다. 그러나 생각하기에 따라서는 '위대한 유산'이라는 의미도 들어 있다고 볼 수 있다." 한편 이재호의 경우는 더욱더 적극적으로 입장을 표명하는데, 그는 오역의 사례를 집중적으로 규명하는 2005년의 저서에서 원작의 "영혼을 놓친" 타개되어야 할 "오역된 제목들"의 첫 번째 예로 '위대한 유산'을 들며 올바른 번역으로 '막대한 유산' 또는 '대유산'을 제시한다.[21)]

이처럼 '위대한 유산'에 대한 문제 제기와 함께 이런저런 대안 제목들이 쌓여가게 되는데, 이는 사실 1975년 '위대한 유산'으로 통합되기 전의 상황과도 매우 흡사하다. 따라서 '위대한 유산'이 그랬듯이, 어느 시점을 계기로 이들 여러 대안 가운데 하나가 새롭게 권위를 부여받아 평정을 이루리라는 것 역시 예상할 수 있는 일이다. 실제로 이번 경우는, 우연찮게도 2002년에서 2004년 사이에 이 작품을 다루는 논문들이 집중적으로 주요 학회지에

20) 이인규 「돔비 부인의 항거: 디킨즈의 빅토리아조 가부장제 이데올로기 비판」『영어영문학』제41권 3호(1995) 674면과 694면, 윤혜준 「두 서기 이야기: '돔비부자'와 '막대한 유산'」『안과밖』제7호(1999) 81면.

21) 김용철 『영국소설 250년』(한신문화사 1994) 111면, 김성곤 『김성곤의 영화기행』(효형출판 2002) 273면, 이재호 『문화의 오역』(동인 2005) 64~66면 각각 참조.

발표됨으로써(각주 5 참조) 자연스러운 결말을 맞는다. 왜냐하면 이 논문들이 약속이나 한 듯이 모두 '막대한 유산'이라는 제목을 일관되게 사용하고 있기 때문이다. 즉 이들 논문들은 통일된 명칭 사용을 통해 '막대한 유산'이야말로 '위대한 유산'을 대체할 올바른 우리말 제목이라는 것을 암묵적으로 선언해준 셈이다.[22] 이런 상황에서 2005년 영미문학연구회 번역평가사업단(이하 '영미연 평가단'으로 약칭함)이 『영미명작, 좋은 번역을 찾아서』에서 이 작품 번역 평가의 서언으로 던진 다음의 진술은 '막대한 유산'의 위와 같은 학계 평정과 '위대한 유산'의 용도 폐기에 대한 일종의 공식 확인이나 다름없다. "찰스 디킨즈의 Great Expectations의 번역본은 하나같이 제목을 '위대한 유산'으로 옮기고 있다. 그러나 주인공 핍이 받는 유산이 결코 '위대'한 것은 아니며, 소설에서 'great expectations'라는 표현은 엄청나게 많은 유산을 가리키므로 '위대한 유산'이라는 번역은 적절하지 않다. 따라서 이 평가보고서에서는 '막대한 유산'으로 부르기로 한다."[23]

자, 그렇다면 이제 필자가 번역판을 내면서 부닥쳤던 질문을 다시 물을 차례이다. 즉, '위대한 유산'은 과연 잘못된 번역이고 '막대한 유산'이 올바른 또는 적절한 번역인가? 어떤 근거로 그렇게 말할 수 있는가? 이재호와 영미연 평가단의 경우 'great expectations'라는 표현의 의미를 살펴보는 등 간단하지만 그 나름의 근거를 제시하고 있긴 하다. 하지만 과연 타당한 근거이며 주장인가? 'great expectations'의 사전적 의미부터 시작해서 한번 차분히 짚어보자.

'great expectations'라는 표현의 첫 단어인 'great'는 물론 기본적으로 '크다'라는 뜻을 지닌 쉬운 형용사로 의미의 혼란을 일으킬 소지가 거의 없는 단어이다. 다만 뒤에 붙는 말에 따라 물리적 또는 양적인 크기를 지칭하

---

22) 필자 역시 2004년의 한 논문에서는 '막대한 유산'을 사용했다. 이인규 「디킨즈의 하인 묘사에 나타난 계급적 복합성」 『어문학논총』제23집 (2004) 241면 참조.

23) 영미문학연구회 번역평가사업단 『영미명작, 좋은 번역을 찾아서』(창비 2005) 317면.

기도 하고 추상적, 정신적인 크기를 가리키기도 하므로, 번역상의 표현이 경우에 따라 완전히 달라지면서 여러 가지 변이 형태를 낳을 수 있다. 가령 물리적 또는 양적인 크기를 의미하는 '커다란', '거대한', '막대한' 등으로 옮겨질 수 있는가 하면, 추상적, 정신적 크기를 지칭하는 '위대한', '훌륭한', '대단한' 등과 같은 말로 다양하게 번역될 수 있는 것이다.

한편 'expectations'는 '기대하다'라는 의미를 지닌 동사 'expect'에서 나온 명사 'expectation'의 복수형으로, 일단 '기대'라는 의미를 첫 번째로 지니고 있는 단어이다. 하지만 복수형으로서 이 단어에는 한 가지 좀 특별한 의미가 따로 추가되는데, 이재호도 인용하듯이 『옥스포드 영어대사전』(*Oxford English Dictionary*)은 이것을 "prospects of inheritance or of profiting by testament"라고 설명해놓았다.[24] 우리말로 옮기면 '유산상속의 가능성(또는 전망), 또는 유언에 의해 금전적 이익이 생길 가능성(또는 전망)' 쯤이 될 것이다. 좀 더 풀어 말하면 '상속이나 유언 등을 통해 뭔가 재산이 생길 가능성'이라는 뜻인데, 다만 영어로 한 단어인 이 말에 일대일로 대응하는 우리말 단어가 없기 때문에 번역상의 적지 않은 어려움을 초래한다.

어쨌든 이상에서 살펴본 두 단어의 기본적 의미를 염두에 두는 한편 『옥스포드 영어대사전』의 권위를 존중하여 'great expectations'의 사전적 의미를 우리말로 풀어 옮긴다면, 그것은 '큰 재산을 상속받을 (또는 큰 재산이 생길) 가능성이나 그것에 대한 기대' 또는 '재산을 상속받을 (또는 재산이 생길) 큰 가능성이나 그것에 대한 큰 기대' 정도가 될 것이다. 이를 다시 번역 제목으로서의 용도를 염두에 두고 최대한 짧게 압축한다면 '큰 유산상속의 가능성(또는 기대)' 내지는 '유산상속의 큰 가능성(또는 기대)'가 될 것이

---

24) 『옥스퍼드 영어대사전』은 그러면서 바로 디킨즈의 이 소설 제목을 그 용례의 하나로 제시해놓고 있다.

다. 사전적 의미를 해치지 않는 한 아마 이 이상으로는 줄이기 힘들 것이다.

하지만 그래도 굳이 더욱 짧게 줄이기 위해 이를 다시 반으로 잘라내야 한다고 가정하자. 그러면 '큰 유산상속'과 '큰 가능성(또는 기대)' 중 어느 것을 버릴 것인가? 즉, 어느 것을 남겨야 그나마 'great expectations'라는 본래 표현의 의미를 조금이라도 더 담는 것이 될까? 'expectations'라는 단어를 기억하는 한, '큰 유산상속'보다는 '큰 가능성(기대)'를 남기는 것이 아무래도 마땅하지 않을까? 그리고 이는 곧 'great expectations'란 표현에서 마지막까지 버려서는 안 되는 핵심 어의는 바로 '큰 가능성(기대)'라는 말이 되지 않을까? 따라서 이런 표현을 이재호나 영미연 평가단처럼 '유산'을 가리킨다고 말하는 것은 세밀한 확인과 검토의 부족에서 비롯된 '뜻밖의' 착각 내지는 오역이 아닐까?

아무튼 이제 'great expectations'의 위와 같은 사전적 의미와 번역 가능성을 염두에 두고 이를 '위대한 유산'과 '막대한 유산'에 대응시켜 보자. 그리고 그들이 각각 얼마나 합치하는지 보자. 먼저 '위대한 유산'의 경우, 객관적으로 볼 때 그것은 'great expectations'의 뜻과 의미와 거리가 아주 멀다는 것이 너무나 자명하여 사실상 더 이상의 언급이 필요 없을 것이다. 그러면 '막대한 유산'은 어떤가? 영미연 평가단의 지적대로 작품 주인공 핍(Pip)이 거액의 '유산'을 받기로 되어 있다는 사실에 비추어 '막대한'이 어법상 '위대한'보다는 더 합당한 표현이라는 점에서 좀 더 나은 번역이라고 말할 수 있을지는 모른다.

하지만 '위대한 유산'과의 그런 비교를 머릿속에서 지우고, '막대한 유산' 그 자체만을 'great expectations'와 대면시켜 보라. '위대한 유산'보다 과연 얼마나 더 'great expectations'와 가깝다고 말할 수 있는가? '위대한'을 '막대한'으로 대체했을 뿐, 그것은 여전히 '유산'을 지칭하고 있고, 그 점에서 '위대한 유산'이나 별 차이 없이, '큰 가능성(기대)'라는 의미를 핵으로 지니고 있는 'great expectations'의 본뜻과는 거리가 한참 먼 것이다. 다시 말해 '막대한 유산' 역시 '막대한 유산 상속 가능성'처럼 좀 더 길게 풀어 쓰지 않는 한 그 자체로는 결국 '위대한 유산'이나 마찬가지로 원제의 자구적 의미를 정확히 옮기지 못한 또 하나의 부적절한 번역에 불과한 것이다.

요컨대 'great expectations'의 사전적 의미를 놓고 엄밀히 검토할 때, 우리는 '위대한 유산'이나 '막대한 유산'이나 모두 부정확한 번역이라는 판정을 내리지 않을 수 없다. 이재호나 영미연 평가단이 '위대한 유산'의 부당성의 근거로 제시한 것이 오히려 그들의 대안 제목인 '막대한 유산' 자체까지 함께 부적절한 것으로 증명해버린 셈이다. 그렇다면 우리는 여기서 두 가지 질문을 새로 던질 수 있다. *Great Expectations*가 국내에 소개된 지 반세기가 넘었는데 어찌하여 우리는 아직껏 '부정확한' 번역 제목 사이를 오가고 있는 것일까, 어떻게 이런 '뜻밖의' 시행착오가 반복되어 일어날 수 있었는가? 그리고 'great expectations'에 대한 좀 더 정확하고 적절한 번역이 있다면 그것은 무엇인가? 두 번째 질문부터 먼저 대답해보기로 하자. 그 한 가지 이유는 정확하고 적절한 번역 제목을 탐구하는 과정에서 '위대한 유산'과 '막대한 유산'이 왜 부정확하고 부적절한지 그 이유가 좀 더 분명하게 느껴질 것이기 때문이다.

사전적 의미만을 놓고 볼 때 *Great Expectations*에 대한 정확하고 적절한 번역 제목은 위에서 보았듯이 '큰 유산상속의 가능성(또는 기대)' 내지는 '유산상속의 큰 가능성(또는 기대)'와 비슷한 그 어떤 것이 될 것이다. 실제로 작품 속에서 'great expectations'라는 표현이 여러 차례 등장하는데, 전부 이런 의미로 사용되고 있다. 다만 좀 더 엄밀히 구분할 때 '기대'보다는 '가능성'이 좀 더 적절한 번역이라고 말할 수 있다. 가령 핍이 거액의 재산을 물려받을 것이라는 소식을 처음 전하며 변호사 재거스(Jaggers)가 "he has great expectations"라고 말할 때와, 나중에 핍이 이를 회고하며 "I was first apprised of my great expectations"라고 진술하는 부분에서, 'expectations'를 '기대'로 옮길 경우 앞뒤 문맥상 그 의미가 어색해지는 반면 '가능성'으로 번역하면 자연스럽게 연결된다.[25] 그리고 또 한 가지 덧붙이면, 여기서 말하는 '가능성'이 꼭 큰 유산상속의 가능성만을 의미하지는 않는다는 점이다. 작품에서 핍은 무역사업으로 큰돈을 벌겠다는 야망을 피력하는 친구 허버트(Herbert)에 대해 "here were greater expectations than my own"이라고 말하는데,[26] 이 경우 'great expectations'는 유산상속보다는 그냥 일반적으로 큰돈을 벌어 부자가 될 가능성이라는 의미를 지닌다. 따라서 이런 점까지 고려할 때 'great expectations'에 대한 정확한 번역으로 일단 떠오를 수 있는 것은 '큰 부자가 될 가능성' 정도가 될 것이다.

하지만 사전적 혹은 문맥상의 의미를 넘어서, 이 작품 제목의 문학적 배경과 주제적 함의를 살펴보면 이와는 좀 다른 선택이 가능해진다. 디킨즈 연구자들에 의해 밝혀진바,[27] *Great Expectations*의 주요 문학적 배경이 되는 작품으로 시드니(Philip Sidney)의 시 『애스트로필과 스텔러』(*Astrophil and Stella*)와 밀튼(John Milton)의 『실낙원』(*Paradise Lost*)이 있다. 시드니의 시는 스텔러(별이라는 뜻)라는 여인을 향한 애스트로필(별을 사랑하는 사람이라는 뜻)의 사랑을 소재로 하는 작품인데, 디킨즈의 소설에서 주인공 핍이 역시 별을 의미하는 여인 에스텔러(Estella)를 사랑하는 청년, 즉 또 다른 '애스트로필'이라는 점에서 이 작품의 문학적 원천으로 작용하고 있다. 그리고 밀튼의 경우는, 핍이 고향을 떠나 대도시 런던으로 향하는 1부의 끝 장면과 에스텔러와 재회 후 그녀와 함께 폐허가 된 새

---

25) Charles Dickens, *Great Expectations* (Harmondsworth: Penguin, 1987) 165면과 427면.

26) 같은 책, 207면.

27) 이하 제목의 원천에 대한 내용은 David Paroissen, *The Companion to Great Expectations* (Wesport: Greenwood, 2000) 21~22면, Jerome Meckier, "Great Expectations, 'A Good Name?'" *Dickens Quarterly* Vol. 26, Iss. 4 (Dec 2009) 248~58면 등 참조.

티스 하우스(Satis House)를 떠나는 작품 마지막 장면이 비슷한 표현과 분위기로 인해 아담과 이브가 에덴동산을 떠나는 『실낙원』의 마지막 부분을 강력하게 연상시킨다.

그런데 이렇게 디킨즈 소설의 주요 문학적 배경이 되는 시드니와 밀튼의 작품 모두에서 우연찮게도 바로 'great expectation'이라는 표현이 주인공들에 의해 사용되는데, 그 사용된 의미는 바로 '커다란 기대'이다.[28] 특히 밀튼의 경우, 신사가 되기 위해 런던이라는 새로운 미지의 세상을 향해 나아가는 핍의 기대와 폐허가 된 새티스 하우스의 정원을 뒤로 하고 에스텔러와 함께 새로운 희망을 품고 떠나가는 핍의 기대가, 낙원에서 추방되어 두렵게 세상으로 나아가야 하는 순간 약속된 미래의 구원에 대한 희망을 '커다란 기대'로 언급하는 아담의 경우와 상당히 직접적이고 분명하게 겹쳐진다. 요컨대 디킨즈의 'great expectations'라는 제목은 시드니와 밀튼의 작품과 표현이 직접적인 원천이 되어 지어진 것인데, 원천이 되는 이 두 작품에서 사용된 의미가 '커다란 기대'라는 점에서 디킨즈의 제목 역시 '유산 상속의 큰 가능성'이나 '부자가 될 큰 가능성'보다는 '커다란 기대'라는 본래의 기본 뜻을 그 핵심으로 담고 있는 것이다.

실제로 작품의 내용과 관련하여 'great expectations'라는 제목이 지니는 주제적 의미와 그 함축성을 보면 '커다란 기대'라고 제목을 번역하는 것이 가장 적절하고 타당하게 보인다. *Great Expectations*는 한마디로 '기대'에 대한 소설이다. 시골의 하층계급 소년인 주인공 핍이 어떻게 부의 획득과 신분 상승에 대한 '큰 기대'를 갖게 되는지, 그 '큰 기대'가 그에게 어떤 영향을 끼치는지, 그리고 그 '기대'가 마침내 어떻게 무너지고 그 결과는 무엇인지 하는 것이 이 소설 내용의 골자이다. 그리고 부와 성공에 대한 '기대'의 상승이 주인공의 인간적 타락을 가져오고 '기대'의 좌절이 주인공의

28) 『애스트로필과 스텔러』21편 7~8행과 『실낙원』12권 376~80행 참조.

도덕적 성장을 가져오는 아이러니의 구조를 통해서 작품의 주제가 구현된다. 따라서 작품의 이런 내용과 주제 그리고 아이러니의 구조를 함축하는 제목[29]이라는 점을 염두에 둘 때 'great expectations'는 그 무엇보다도 '커다란 기대'라는 말로 옮기는 게 가장 합당하게 보인다.

'great expectations'를 '커다란 기대'로 새겨야 적절하다는 것은 이 제목이 압축하고 있는 주제적 의미가 주인공 핍 외의 다른 인물들까지 포괄한다는 사실을 통해서도 다시금 확인된다. 소설에서 '기대'의 아이러니와 주제는 해비섐(Havisham)과 매그위치(Magwitch)를 통해서 동일한 구조로 재현된다. 해비셤은 남성에 대한 복수의 욕망을 에스텔러를 통해 실현하리라는 '큰 기대'에 사로잡히지만 이 왜곡된 '기대'는 독이 되어 그녀의 본성을 갉아 먹을 뿐, 결국 이 '기대'가 무산되고 나서야 비로소 뒤늦은 깨달음을 얻고 사망한다. 매그위치 역시 핍을 신사로 만듦으로써 사회에 대한 복수심을 만족시킬 수 있다는 '큰 기대'를 품지만, 핍의 혐오감만을 일으킬 뿐, 결국 그 기대가 좌절되고 죽음을 맞이하고 나서야 비로소 핍의 이해와 존경을 받는다. 사실 개인적인 야망과 기대에 사로잡혀 이를 추구하려다 몰락의 길을 걷는다는 점에서 웝슬(Wopsle)과 심지어 올릭(Orlick)까지도 작품 제목이 함축하는 이 '기대'의 주제에 상당 부분 해당한다고 할 수 있다.

요컨대 'great expectations'는 유산상속을 통해 부자가 될 가능성이 주어진 주인공 핍의 개인적인 상황만을 표현하기 위해서가 아니라 작품의 주요 문제적 인물들이 지닌 여러 가지 욕망에 대한 일종의 포괄적 표현으로 사용된 제목이며, 그 의미는 '커다란 기대'인 것이다. 물론 이 '커다란 기대'의 가장 큰 핵심을 차지하는 것은 핍의 경우처럼 물질적 성공에 대한 야망과 기대이다. 이 작품이 식민지 정복을 통해 유래 없는 팽창과 번영을 구가

29) 리비스(Q. D. Leavis)는 이와 관련해 "플롯의 처음부터 끝까지 관통하고 있는 복합적인 아이러니"가 "제목에 내재되어 있다"고 진술하고 있다. F. R. and Q. D. Leavis, *Dickens the Novelist* (Harmondsworth: Penguin, 1983) 375면 참조.

하던 19세기 빅토리아조 영국사회에 일종의 "국가적 정신병"(a national psychosis)[30]처럼 퍼져 있는 물질적 성공에의 '커다란 기대'와 그 병폐에 대한 디킨즈의 작가적 비판으로 읽힐 수 있는 근거는 바로 여기에 있다. 바로 이러한 점 때문에라도 'great expectations'라는 작품 제목은 '유산상속의 큰 기대'나 '부자가 될 큰 가능성'처럼 주인공 개인에게만 한정되는 명칭보다, '커다란 기대'라는 포괄적 상징성을 띠는 명칭으로 번역되는 것이 바람직하다고 하겠다.

4

'great expectations'에 대한 가장 정확하고 바람직한 번역 제목이 '커다란 기대'라고 한다면 이것은 결국 1981년에 '위대한 유산'에 대해 최초로 문제 제기를 한 백낙청의 제안과 똑같은 것이다. 그렇다. "〈expectations〉는 유산 자체보다도 유산에의 기대이며 당시 물질적으로 번영하던 사회에 두루 퍼져 있던 기대감을 암시"한다는 백낙청의 지적은 이미 일찌감치 'great expectations'의 의미의 핵심을 요약해놓고 있는 것이다. 그러면 이렇게 일찌감치 제시된 바람직한 제목을 두고 어찌하여 '막대한 유산'이라는 또 다른 문제적 제목이 붙여진 것인가? 그 답은 '유산'이라는 말에서 찾을 수 있다.

'막대한 유산'은 '위대한 유산'을 부정하는 제목이지만 동시에 '유산'을 벗어나지 못한 점에서 그것에 사로잡혀 있는 제목이기도 하다. 따라서 '막대한 유산'의 착오를 설명하기 위해서는 자연스레 '위대한 유산'의 착

30) Meckier 앞의 글, 252면.

오를 설명하는 일로 거슬러 올라갈 수밖에 없다. 앞에서 보았듯이 *Great Expectations*의 첫 번역자 최옥영은 이미 존재하던 여러 개의 우리말 제목들, 즉 '위대한 유산', '대 유산', '큰 유산', '위대한 유산의 기대', 그리고 '유산상속의 큰 기대' 중에서 '위대한 유산'을 선택함으로써 이것을 권위 있는 제목으로 확립시켰다. 최옥영의 이 선택 이유로는 일단 양적으로 볼 때 '유산'으로 끝나는 제목이 다수인 데다 '위대한 유산'이란 표현이 다수에 의해 사용되었다는 사실을 들 수 있다. 실제로 최옥영의 번역이 나온 1975년에 『크리스마스 캐럴』을 번역 출판한 조운제 역시 작가소개 난에 '위대한 유산'을 사용하고 있는데,[31] 이 사실로 봐서도 '위대한 유산'은 당시 이미 상당히 우세한 제목이었음에 틀림없다. 이런 점에서 최옥영이 '위대한 유산'을 자신의 번역판 제목으로 수용한 것은 거의 필연적인 결과처럼 보인다.

그런데 최옥영 이전에 '위대한 유산'을 사용했던 역자들은 과연 어떻게 해서 이 제목을 일찍부터 공동으로 사용하게 되었을까? 물론 이들이 우연히도 모두 독자적으로 'great expectations'를 '위대한 유산'이라는 의미로 해석하고 번역했을 수도 있다. 하지만 '위대한 유산'이 'great expectations'라는 원제의 의미와는 상당히 거리가 멀다는 점을 생각할 때, '큰 유산'이나 '대유산'이라면 혹시 몰라도 '위대한 유산'이라는 번역은 아무래도 몹시 난데없게 느껴진다. 여기에서 설명의 단서로 개입하는 것은 바로 우리의 근대 서양 문학 번역에 끼친 일본 번역의 깊은 영향이다. 주지하다시피 개화기 이래 1970년대까지 우리의 서양 문학 번역은 일본어 번역판을 크게 참조했다. 그것은 일제의 식민지 지배를 거친 우리 역사의 부정할 수 없는 현실이다. *Great Expectations*의 경우, 이 작품에 대한 일본어 번역판은 1948년에 처음 나왔는데, 이때 일본어 제목이 '大いなる 遺産'이다. 여기서 '大いなる'는 보통 '크다'라는 뜻보다는[32] '위대하다'는 의미로

31) 맨스필드 외 지음, 고석구 외 옮김 『세계단편문학선 I』(삼성출판사 1975) 14면 참조.

더 많이 사용되는 수식어이다. 따라서 1948년 이래 현재까지 변함없이 사용되고 있는 이 일본어 번역판 제목을 우리말로 옮기면 '위대한 유산'이 된다. 일본어 번역자가 어떻게 해서 '大いなる 遺産'이라고 번역 제목을 붙였는지는 모르겠지만, 일제 시대 교육을 받았던 우리의 초기 번역자들이 이 일본어 번역 제목을 참고한 것만은 분명해 보인다.[33] 말하자면 'great expectations'를 소개하는 우리의 초기 번역자들은 이 제목의 의미를 독립적으로 해석하여 번역하기보다는 제법 그럴듯해 보이는 일본어 번역 제목을 그대로 우리말로 번역해 받아들인 것이며, 이것을 다시 최옥영이, 역시 독자적인 번역행위나 비평적 검토 없이 단순한 선택과 수용에 의해, 우리말 번역판 제목으로 선택한 것이다.

그런데 '위대한 유산'의 등장과 통용이 이처럼 일본에 의존한 서구의 수용이라는 식민지 시대 경험의 한 '유산'임을 확인하는 순간, 그 대안으로 등장한 '막대한 유산' 역시 동일한 '식민지 유산'에 그 착오의 뿌리가 닿아 있음을 깨닫게 된다. '위대한 유산'의 부정확성에 대한 '막대한 유산'의 사용자들의 문제의식은 분명히 타당하다. 하지만 이 문제의식은 백낙청의 경우처럼 작품의 원제에 대한 엄밀한 해석과 검토에 바탕한 독립된 새 제목의 제시로 귀결되지 않고, 묘하게도 부정확한 심작과 안이한 확신에 의거한, 그래서 그저 '위대한'만을 '막대한'으로 바꾼 부정확성의 재생산으로 빠지고 말았다. 이 묘한 짐작과 확신이란 앞에서 보았듯이 '큰 유산상속의 기대나 가능성'이나 '커다란 기대'라는 원제의 의미를 별 생각 없이 그저 '엄청나게 많은 유산'을 지칭하는 것으로 어설프게 뒤바꿔 단정해버린 착각을 말

32) '크다'라는 의미의 수식어로는 보통 '大きい'가 쓰인다.

33) 1952년에 일본어로 번역된 한 영문학사 책에서는, '위대한'이라는 뜻이 한층 분명한 '偉大なる 遺産'이라는 제목으로 이 소설이 언급되어 있다. 이 책이 국내 도서관에 소장되어 있다는 사실은 필자의 논지와 관련하여 우연찮은 의미를 지닌다. ルネ ラル-, 吉田健一 譯 『英文學史』(白水社 1952) 99면 참조.

한다. 그런데 이 착각은 바로 '위대한 유산'의 '유산'이라는 어휘에 우리가 무심하게 사로잡혀 있었던 데서 비롯된 것이다. 말하자면 우리는 아이러니컬하게도 부정하려는 대상인 '위대한 유산'에 우리 자신도 모르게 무의식적으로 갇혀, 그 결과 독립된 번역 제목을 모색하는 데로 나아가지 못한 채 오히려 거기에 의존한 문제적인 번역을 새롭게 되풀이하게 된 것이다. 그리고 이 무의식적 사로잡힘과 의존은 그 근원을 더듬어 가면 결국 '위대한 유산'을 처음 사용한 우리 초기 번역자들의 일본에 대한 의존과 이어지는 것인바, 이런 점에서 '막대한 유산'은 '위대한 유산'과 마찬가지로 우리에게 여전히 남아 있는 식민지 시대의 또 다른 유산인 셈이다.

5

이제까지의 논의 요지는 '위대한 유산'이나 '막대한 유산'이나 모두 부정확한 번역 제목이며 이를 바로잡을 정확한 제목이 있다면 그것은 '커다란 기대'라는 것이다. 따라서 필연적으로 이어지는 마지막 질문은 '그러면 어떻게 할 것인가?'이다. 이에 대한 제일 명료한 대답은 이제부터 '커다란 기대'로 모두 바꾸어 쓰기로 합의하는 것일 것이다. 하지만 이것은 그 이론적 타당성에도 불구하고 현실성이 별로 없는 이상론에 불과하다. 학계에서야 이에 대한 암묵적인 동의가 앞으로 혹시 이루어질지 모르지만, 출판계의 경우 이미 나온 번역판들의 제목을 '커다란 기대'로 바꾸는 것이 사실상 어려운 일일 것이며, 설령 그렇게 바꾼다고 해도 일반 독자에게 퍼진 '위대한 유산'의 지명도를 생각할 때 공연히 불필요한 혼란만 발생할 가능성이 크기 때문이다.

그렇다면 두 번째 방법은 학계에서만이라도 앞으로 '커다란 기대'를 새롭게 통일된 제목으로 사용하는 일이 될 것이다. 이는 좀 더 현실적이고 가능한 방안이다. 사실 학계에서 만약 '위대한 유산'을 잘못된 제목으로 계속 규정하여 뭔가 다른 올바른 제목을 사용하는 것이 학문적으로 마땅하다고 여긴다면, 정확성에서 별로 나을 것 없는 '막대한 유산' 대신 '커다란 기대'로 바꿔서 사용하는 게 합당한 일일 것이다.

하지만 굳이 꼭 그렇게 할 필요가 있을까? 그리고 '위대한 유산'은 정말로 바꿔야 할 잘못된 제목일까? 만약 이 두 가지 의문을 뒷받침하는 뭔가 그럴듯한 근거가 제시될 수 있다면 어떻게 될까? 그러면 번거롭게 또다시 바꿔 쓸 필요 없이 '위대한 유산'을 그냥 모두 함께 사용하는 것이 비록 최선은 아니지만 현실적으로 가장 바람직한 방법이 될 수도 있지 않을까? 이에 대한 답이 이 글의 결론이 될 터인데, 이를 위해 서두에서 제기한 하루키 소설에 관한 질문들로 잠시 돌아가 보자.

하루키 소설의 번역판 제목 '상실의 시대'는 원제를 무시하고 번역자가 자의적으로 붙인 부당한 제목이므로 올바르고 정확한 제목으로 고쳐야 하는가? 이에 대해서는 우선 모든 것을 차치하고 현실적으로 볼 때, 다른 제목으로 고치는 것이 그다지 큰 의미나 가치 있는 일처럼 보이지 않는다고 말할 수 있다. 사실 '상실의 시대'라는 제목으로 이미 널리 알려져 있는 상황에서 '노르웨이의 숲'이나 '노르웨이산 원목' 등으로 굳이 바꾸는 것은 오히려 불필요한 혼란만 야기할 가능성이 크다. 만약 그럼에도 불구하고 바꾸려든다면 그것은 상업적 이익을 추구하려는 불순한 동기에서 나온 것일 가능성이 크다.

물론 이 말은 '상실의 시대'가 잘못된 번역 제목이 아니라는 전제 위에서 그 타당성을 갖는다. 원문과 번역문의 엄밀한 일치를 주장하는 입장에서 볼 때 '상실의 시대'는 원제인 '노르웨이의 숲'이나 '노르웨이산 원목'과 거리가 먼 부정확하고 부당한 번역이다. 하지만 원전의 권위를 엄격하게 따르지 않는 번역관에서 보면 '상실의 시대'는 비록 부정확하긴 할지언정 부당하거나 잘못된 번역이 아니다. 아니 번역자의 일정한 해석과 재량이 발휘된 주체적 번역행위의 소산으로서, 오히려 창의적 번역 제목이라는 긍정적인 평가를 할 수도 있다. 실제로 출판 현장에서는 이런 제목 번역이 널리 행해지고 있다. 가령, 체로키 인디언의 후예인 한 소년의 성장을 다룬 포리스트 카터(Forrest Carter)의 작품 *The Education of Little Tree*는 우리말 번역 제목이 '내 영혼이 따뜻했던 날들'이다. 그런데 이를 잘못된 번역 제목으로 비판할 것인가, 아니면 원제를 넘어 독자의 가슴에 한층 더 잘 와닿는 감성적인 번역으로 인정해줄 것인가? 비록 판매 부수를 높이기 위한 상업적 고려에서 나온 것일망정 말이다.

다음으로 하루키의 오역을 어떻게 할 것인가? 이 역시, 원문으로서 비틀즈의 노래를 엄밀히 존중하는 입장에서 본다면 하루키의 오역은 명백한 오역이고 바로잡는 게 맞을 것이다. 하지만 비틀즈의 노래를 독자(또는 번역자)의 독립된 해석이 어느 정도 가능한 텍스트로서 본다면, 하루키의 오역은 하나의 가능한 번역으로 순식간에 그 자리가 바뀔 수 있다. 왜냐하면 비틀즈 노래에서 'Norwegian wood'는 '노르웨이산 원목' 말고도 가령, 여자의 방안에 걸린 그림의 풍경 즉 '노르웨이의 숲'을 가리킨다는 상상적 해석도 충분히 가능하기 때문이다. 그리고 이럴 때 하루키의 번역은 원작자인 비틀즈의 의도와 불일치하는 부정확한 번역이지만 다른 한편으로는 비틀즈 노래의 의미와 해석 가능성을 넓힌, 즉 어느 의미에서는 창의적이고 시적인 번역이 될 수도 있다. 따라서 '노르웨이의 숲'이라는 하루키 소설의 원제는 번역자에게 특별한 시빗거리가 되지 않는 셈이며, 오직 원제를 엄격히 존중한 번역 제목을 붙이느냐 아니면 번역자의 재량으로 독립된 제목을 부여하느냐 하는 것만이 번역관에 따른 선택의 대상으로 남을 뿐이다. 물론 이때 번역자의 선택은 어느 쪽이든 그 나름대로 일단 존중될 가치가 있으며 '오역'이라는 잣대로 함부로 평가되어서는 안 될 것이다.

이제 하루키 소설 제목에 대한 이러한 답변을 디킨즈에게 적용해보자. 먼저 '위대한 유산'이 원제의 의미와 불일치하는 부정확한 제목이라고 해서 꼭 '커다란 기대'로 (혹은 '막대한 유산'으로) 바꿔 사용해야만 하는가? 이미 '위대한 유산'이라고 대중적으로 널리 알려진 제목인데, 혼란과 분열을 감수하면서까지 전공자의 학문적 권위에 의거하여 '커다란 기대'로 (혹은 '막대한 유산'으로) 굳이 바꿔 쓸 필요가 정말 있는가? 그 정확성의 여부를 떠나서 현실적으로 볼 때 제목으로 확고히 뿌리내린 '위대한 유산'인데, 이를 그대로 인정하여 사용해주는 것이 학계의 권위나 자존심을 크게 손상하는 일일까? 하퍼 리(Harper Lee)의 *To Kill a Mockingbird*를 새로 번역하면서, 'mockingbird'가 앵무새와는 전혀 다른 새라는 것을 분명히 알면서도 이미 오랫동안 그렇게 널리 알려진 사정을 고려해 '앵무새 죽이기'라는 제목을 그대로 사용한 번역자 김욱동의 선택을[34] 학자로서 권위를 포기한 것으로 간단히 규정지을 수 있을까?

그러나 이에 앞서, 과연 '위대한 유산'은 정말로 바로잡아야 할 잘못된 번역 제목인가? 'great expectations'의 원뜻을 엄밀하게 존중해줘야 한다고 믿는 입장이라면 물론 '위대한 유산'은 부정확한 오역이고 '커다란 기대'와 같은 것으로 고쳐야 할 대상이 된다. 하지만 원전에 집착하지 않고 좀더 자유로운 번역자의 재량을 수용하는 입장이라면 '위대한 유산'은 '상실의 시대'와 마찬가지로 그릇된 오역이 아니라 오히려 창의적인 번역행위의 소산으로 뒤집어볼 수 있다. 즉 '상실의 시대'라는 독립된 번역 제목이 하루키 소설을 1960년대와 1970년대 일본 젊은이의 방황과 상실을 그린 작품으로 본 번역자의 해석에서 나왔듯이, '위대한 유산'도 원제 'great expectations'에 대한 오역에서 나온 것이 아니라 원작에 대한 하나의 해석에 근거한 일종의 독자적 작명으로 볼 수 있다는 것이다. 가령,

---

34) 하퍼 리 지음, 김욱동 옮김 『앵무새 죽이기』(문예출판사 2001) 10면 참조.

소설의 주인공 핍은 물질적인 유산을 받는 데는 실패하지만 그 대신 도덕적 각성과 인간성의 회복이라는 훌륭한 정신적 '유산'을 얻는다고 말할 수 있는데, 이런 점에서 '위대한 유산'은 작품 해석에 바탕해 주체적으로 붙인 문학적 번역 제목으로 인정해줄 수 있는 것이다. 그리고 한 걸음 더 나아가 '위대한 유산'을 '막대한 유산'은 물론이고 '커다란 기대' 못지않게 원작의 주제와 의미를 잘 압축하여 반영한 창조적인 번역이라고까지 높이 평가해줄 수도 있는 것이며, 그런 제목을 우리가 굳이 내버려야 할 필요는 없는 것이다.

물론 여기에는 한 가지 짚고 넘어야 할 걸림돌이 있다. 그것은 '위대한 유산'이 애초에 일본의 번역을 그대로 본뜬 제목이라는 사실이다. 일본에 대한 우리의 고통스러운 과거 경험에 비추어 이것은 몹시 불쾌하고 찜찜한 사실이다. 하지만 우리의 특수한 경험에서 비롯된 주관적 불쾌감을 제쳐놓고 객관적으로만 본다면 '식민지 유산'으로서 '위대한 유산'의 태생 그 자체는 번역 제목으로 그것을 거부하게 만드는 정당한 결격사유가 되지 못한다. 그것은 일제 시대를 거친 우리의 역사적 현실이 낳은 하나의 불가피한 결과로, 분하고 싫지만 엄연히 존재하는 '한계'일 뿐이다. 다시 말해 그것은 일본을 통해 서양을 받아들인 우리의 근대화 경험이 지닌 특수한 역사적 조건에 대한 하나의 확인인 것이다. 이런 관점에서 '식민지 유산'으로서 '위대한 유산'은 '개인', '사회', '철학' 등의 단어들처럼 일본의 서양 번역을 통해 우리말 어휘로 유입된 일종의 '외래어' 같은 것으로 바라볼 것이지, '조선 총독부 청사'나 일제의 '쇠말뚝'처럼 허물어버리거나 뽑아서 청산해야 할 '잘못된' 식민지 잔재는 아닐 것이다. 결국 문제는 원작인 디킨즈의 소설과 관련하여 그리고 번역 담론의 논리에 근거하여 '위대한 유산'의 번역 제목으로서 자격을 객관적으로 따져볼 때, 그것을 인정해줄 수 있는가 없는가 하는 것인데, 필자는 이 글에서 그 부정확한 한계에도 불구하고 또 그 불쾌한 기원에도 불구하고 '위대한 유산'에 자격이 충분히 있다고 옹호하고 있는 것이다.

사실 'great expectations'는 디킨즈의 여러 소설 제목 가운데 상당히 두드러지는 제목이다. '리틀 도릿'(Little Dorrit)이나 '황량한 집'(Bleak House)처럼 단순히 주인공이나 장소를 지칭하는 대부분의 다른 디킨즈 소설 제목들과는 달리, 'great expectations'는 앞에서 보았듯이 작품 내용 및 주제와 관련하여 그 의미의 함축성과 복합성이 아주 큰 제목이기 때문이다. 이런 점에서 'great expectations'를 디킨즈 소설 중 최고의 제목이라고 칭한 메키어와 "『위대한 유산』의 위대성은 제목에서 시작된다."라고 한 트릴링(Lionel Trilling)의 말은 적절하다.[35] 그런데 여기에, 트릴링의 말 본새를 본 따, 서양 문학의 한 '위대한 유산'인 디킨즈의 이 소설에 '위대한 유산'만큼 어울리는 제목도 없겠다고 덧붙이면 지나친 과장이고 억지일까?

35) Meckier, 앞의 글 250면과 Lionel Trilling, *The Liberal Imagination* (London: Secker and Warburg, 1951) 211면 각각 참조. 트릴링의 원문은 "The greatness of *Great Expectations* begins in its title."이다.

4. 영화로 보는 『위대한 유산』

1

디킨즈의 『위대한 유산』(*Great Expectations*)은 고전적인 작품인 만큼 일찍이 무성영화 시절인 1917년에 그 첫 영화본이 나왔고, 그 이래로 여러 차례 영화로 만들어졌다. 이 중 가장 유명한 것이 1946년에 데이비드 린(David Lean) 감독이 만든 영화 〈위대한 유산〉이다. 〈의사 지바고〉나 〈아라비아의 로렌스〉 그리고 〈인도로 가는 길〉 등을 감독한 데이비드 린의 이 영화는 총 118분 길이의 흑백영화이다. 비교적 원작에 충실하게 내용을 전개하고자 한 작품인데, 특히 첫 장면을 비롯하여 영화의 전반부 내용은 원작의 분위기와 주제를 잘 살려내고 있다. 그리하여 비교적 일찍 만들어진 작품이지만 디킨즈의 원작을 영화로 만든 것 중에서 아직도 가장 높은 평가를 받고 있다. 물론 오늘날의 관점이나 취향으로 볼 때 이 영화는 아무래도 구식이고 고리타분하게 보일 수 있다. 그러나 시대적인 한계를 염두에 두고 볼 때 이 영화는 분명 고전 문학 작품을 영화로 재현하는 작업의 한 훌륭한 본보기가 됨직한 작품임에 틀림없다.

이 영화의 배역은 오늘날의 관점에서 보면 좀 어색한 점이 많이 느껴지곤 하나 대체적으로 볼 때 무난한 편이라고 할 수 있다. 어린 핍(Pip)이나 죄수 매그위치(Magwitch), 조 가저리(Joe Gargery) 부부, 변호사 재거스(Jaggers), 어린 에스텔러(Estella), 괴팍한 노처녀 해비셤 양(Miss Havisham) 등을 연기한 배우들은 비록 만족스럽다고는 못하겠지만 원작의 인물이 주는 인상의 상당 부분을 나름대로 표현해내는 데 성공하고 있다. 다만 해비셤 양의 경우 배우가 좀 억세고 강인한 이미지를 주는데, 원작에서의 기괴한 성격, 즉 강고하고 오만하면서도 실연의 고통을 가슴 깊이 새긴 채 남성에 대한 광적인 증오감에 사로잡혀 있는 심리적 복합성이 제대로 나타나지 않아서 아쉽다. 그리고 재거스의 경우도 외형적인 풍채는 원작과 흡사한 듯하지만 거기에 함께 결합되어 있어야 할 냉정하고 음험한 분위기가 거의 없어 역시 강렬한 인상을 충분히 주지 못한다.

그런데 이 영화의 배역에서 가장 아쉬운 부분을 지적하라면 아마 주인공 핍과 에스텔러의 성인 배역일 것이다. 핍의 경우, 귀여운 얼굴의 아역 배우가 갑자기 어른으로 바뀌어 나타나는데 영화의 특성상 그런 식으로 시간의 급격한 진행과 배역 교체가 불가피하다는 점을 인정해도 성인 배역으로 나타난 인물의 얼굴이 너무 겉늙었다는 생각을 떨쳐버리기가 힘들다. 원작에서의 핍의 모습, 즉 갑자기 바뀐 자신의 운명으로 인해 정신을 못 차리는 한편 에스텔러에 대한 사랑으로 번민을 거듭하는 미숙한 청년으로서의 모습이 아무래도 배우의 외양과 맞지 않는다는 느낌이다. 한편 에스텔러의 경우는 배우가 너무 상투적으로 고전적인 미녀 유형의 배우라서 불만을 일으킨다. 미모를 통해 핍을 비롯한 남성들을 사로잡지만 차갑고 오만하면서 감정이 없는 인물로서 강렬한 인상을 주는 원작에서의 성격을 이 영화에서는 찾아보기가 실로 어렵다. 오히려 이 영화의 에스텔러는 너무 밝고 부드럽게 나와 때로는 경박하고 가볍게 느껴질 정도이다.

내용과 서사의 측면에서 보면 이 영화는 앞에서도 말했듯이 전반부에서는 디킨즈가 쓴 원작을 비교적 충실하게 따르고자 애쓰고 있긴 하다. 특히 핍이 죄수를 만나는 첫 장면이나 그가 누나의 집에서 먹을 것과 줄칼을 훔친 뒤 습지를 지나갈 때 느끼는 죄의식 등을 잘 표현해내고 있다. 그러나 영화로서 시간적 길이의 제약 때문에 원작의 여러 풍부한 내용과 장면을 생략하거나 압축하는 것이 불가피했던바, 올릭(Orlick)과 관련된 부분과 허버트 포킷(Herbert Pockect)의 부모와 관련된 부분이 완전히 빠졌고, 펌블추크(Pumblechook), 조 부인, 비디(Biddy), 웝슬(Wopsle), 웨믹(Wemmick) 등에 대한 흥미로운 부분도 대부분 생략되고 말았다. 말하자면 원작이 지닌 풍성한 다양성이 영화적 효과를 위해 배제되고 핍과 에스텔러 그리고 매그위치 중심의 구도로 작품의 서사가 집중되어 있는 것이다. 하지만 이들 세 주인공과 관련된 부분조차 너무 압축된 부분이 많지 않은가 하는 인상을 줄 때가 있다. 특히 핍이 재산 상속의 전망을 갖게 된 후 보이는 속물적 타락과 인간성 회복의 과정이 너무나 드러나 있지 않고 있다. 그리고 매그위치가 핍 앞에 다시 나타난 이후의 내용이 너무 급격하게 압축되어 처리됨으로써 작품의 후반부가 전반부와 균형을 이루지 못하고 있다는 느낌을 강하게 준다.

그러나 이렇게 생략과 압축이 주가 되던 각색 방식이 영화의 마지막 장면에 오면 특이하게도 과감한 변형과 추가적 창조를 통한 극적 연출로 바뀌게 된다. 카이로에 갔다가 11년 만에 폐허가 된 새티스 하우스(Satis House)의 정원을 방문한 핍이 역시 그곳을 방문한 에스텔러를 우연히 만나 어스름한 달빛이 비쳐오는 가운데 절제된 대화로 재결합의 가능성을 조용히 진술하는 원작과는 달리 이 영화에서는 여전히 음침하게 우뚝 서 있는 어두운 저택 안에서 해비셤 양처럼 스스로를 유폐한 채 살고 있는 에스텔러를 핍이 발견하는 것으로 바꿔 놓는다. 핍은 그런 에스텔러에게 정열적인 호소와 동작으로 커튼과 창문을 열어젖힌 뒤 빛의 세계로 나아가 함께 새 출발을 하자고 외친다. 그러자 망설이며 앉아 있던 에스텔러가 곧 이에 응하고 이어 두 사람은 새로운 삶을 향해 밖으로 달려 나가는 극적인 결말이 연출된다.

이러한 변형은 물론 책과 영화라는 매체의 차이를 생각하면 어렵지 않게 이해할 수 있는 각색이다. 글로 서술된 결말은 비록 조용하더라도 그 상징적 암시와 절제된 묘사를 통해 독자의 상상력을 자극하면서 일정한 감동을 충분히 자아낼 수 있다. 하지만 시각과 청각이라는 직접적인 전달 매체에 의지하는 영화에서는 상징적 암시와 절제를 통한 감동이나 효과를 내기가 쉽지 않다. 따라서 어떤 강렬한 인상을 줄 수 있는 결말로 변형하는 것이 필요할 수밖에 없는데, 그 결과 데이비드 린 감독은 바로 위에서 설명한 것과 같은 극적인 효과를 내는 창조적 변형을 감행했던 것이다. 물론 이때 과장된 극적 장면은 흑과 백만이 있는 제한된 색채 사용조건에서 그 극적 효과의 창출을 위해 어느 정도 불가피한 연출이었을 것이다.

2

다음으로 1974년에 만들어진 조셉 하디(Joseph Hardy) 감독의 영화 〈위대한 유산〉을 살펴보자. 124분 길이의 이 총천연색(color) 영화는 일단 몇 가지 점에서 데이비드 린의 영화의 영향을 적지 않게 받은 작품으로 보인다. 가령 가저리 부인이나 웝슬, 올릭, 비디, 포킷 집안, 웨믹 등이 관련된 부분들의 처리처럼 원작을 각색함에 있어서 생략과 압축하는 방식이 린의 영화와 상당 부분 비슷하게 보인다. 그리고 결말 장면도 린의 영화와 비슷한 방식으로 시작되고 있다. 하지만 이 영화는 데이비드 린의 영화와 비교할 때 원작의 재현 측면에서 상당히 다른 느낌을 주는데, 그 차이가 보기에 따라서 발전적인 경우도 있고 또 때로는 퇴행적인 경우도 있다.

먼저 배역의 경우를 보면, 핍과 에스텔러 역을 하는 배우들은 미남 미녀가 아닌 시골스러운 분위기가 강한 외형을 지니고 있다. 그런데 이들은 주어진 역할에 충분히 어울리는 연기를 해내고 있다고 보기 힘들다. 핍의 아역 배우는 15세 가까운 소년으로 나오는데, 촌스럽고 순박한 모습을 보인다는 점에서는 긍정적으로 볼 수 있으나 매그위치의 협박을 믿고 따르기에는 아무래도 너무 큰 아이로 설정이 되어 있다. 그리고 성장한 핍의 역을 맡은 배우도 대장장이답게 건장하고 시골스러운 인상을 준다는 점에서 상당히 실감을 주는 선택으로 보이지만 동시에 에스텔러에 대한 고통스러운 사랑의 감정을 표현하기에는 아무래도 역부족이 아닌가 싶다.

한편 에스텔러의 경우는 이 영화 배역의 가장 치명적인 결함을 안고 있다. 아역을 따로 쓰지 않고 몸집이 작은 성인 여배우로 하여금 어린 에스텔러와 어른 에스텔러 역을 둘 다 행하게 한 것은 아무리 보아도 영화의 감상을 크게 해치는 배역이다. 게다가 배우의 외형이나 분위기가 원작이 상상케 하는 에스텔러의 성격이나 인상과는 너무나 차이가 많이 난다. 차갑고 오만하게 빛나는 별처럼 고독하면서도 단단한 이미지를 주어야 하는 에스텔러가 여기에서는 얄미운 깍쟁이나 새침떼기 유형에 어울림직한 경박한 인상을 주고 있을 뿐인 것이다. 사실 이 영화에서 성인 여배우의 성격이나 연기는 어린 에스텔러 역을 할 때가 오히려 그나마 어울리는 구석이 조금이라도 있다고 할 정도로 에스텔러의 역에 맞지 않는다.

배역의 이런 실패는 해비셤 양이나 웨믹, 그리고 조와 같은 다른 조연 인물들에게서도 발견된다. 가령 해비셤 양의 경우, 데이비드 린의 영화에서도 해비셤 양을 맡은 배우가 너무 억세고 강인하기만 하여 심리적 깊이와 강렬성을 결여하고 있다고 했는데, 이 영화에서 해비셤 양은 한술 더 떠서 아예 밝고 활기차다고 할 정도의 인상을 준다. 통통한 얼굴에 음식을 맛있게 먹기도 하는 해비셤 양은 기괴하고 강팍하며 광적이기는커녕 우스꽝스럽고 명랑하며 부드러운 면모도 일찌감치 보이는 상당히 정상적인 인물로 보임으로써 역시 원작에서의 이미지를 깬다. 한편 웨믹의 경우는 뚱뚱하고 나이도 많은 데다가 탐욕스럽고 속물적이고 아첨꾼같이 천박한 인상이 너무 강하여 인간적인 면모를 찾아보기가 불가능하다. 그리고 조의 경우는 핍의 선량한 매부 역에 그런대로 무난하게 들어맞는 듯이 보이긴 하지만 너무나 점잖고 고상하여 원작에서의 우직하고 희극적인 모습이 전혀 나타나지 않는다.

그러나 배역이 성공적인 경우도 없지 않다. 그 예가 바로 변호사 재거스와 위선자 펌블추크의 배역이다. 재거스의 경우 비록 몸집과 외형이 원작에서처럼 우람하고 음험한 인상을 강하게 주지는 않지만 이 점을 제외하면 이 영화의 재거스 역은 디킨즈 특유의 극적 분위기에 상당히 잘 어울리는 독특한 연기를 성공적으로 보여주고 있다. 그리고 펌블추크의 경우 아마 이 작품을 영화로 만든 것 가운데 그 어떤 펌블추크 배역보다도 잘 들어맞는 배역이라고 할 것이다. 붕어 같은 입을 하고 비열하고 속물적인 본성을 거침없이 드러내는 위선적인 신사 펌블추크의 이미지를 이 영화의 배우만큼 잘 연출해낸 경우는 없다고 해도 과언이 아닐 것이다. 조연에 불과할지라도 펌블추크의 배역은 이 영화를 그나마 볼 만하게 만드는 한 요소라고 할 수 있다. 비록 상대적으로는 얼마 안 되지만 그래도 다른 영화에 비해 이 작품에서 펌블추크에게 할당된 부분이 훨씬 많다는 사실도 이런 점에서 우연이 아닐 것이다.

한편 내용과 서사의 측면에서 볼 때 이 영화는 데이비드 린의 영화와 크게 달라진 점이 별로 없다. 말하자면 린의 영화와 거의 비슷한 방식으로 원작의 내용을 생략하거나 압축 또는 반영하여 각색하고 있다는 뜻인데, 다만 린의 영화에서는 생략되었던 장면들이 간혹 눈에 띌 때가 있다. 가령 핍이 해비셤 양의 집에 갔다 와서 거짓말하는 장면이나 청년 핍이 대장장이로서 삶에 대해 지닌 불만이나 열등감과 에스텔러에 대한 동경이 표현되는 장면, 그리고 재산 상속의 소식을 들은 이후 핍이 비디에게 드러내 보이는 속물적 태도 등은 린의 영화에서 볼 수 없던 것들로 영화의 진행을 좀 더 의미 있게 만드는 추가적 반영이다. 그러나 조셉 하디의 이 영화가 데이비드 린의 영화와 맺고 있는 영향 관계와 그 차별성을 가장 단적으로 잘 보여주는 부분은 바로 작품의 결말 처리 장면이다.

핍과 에스텔러의 재회를 다루는 이 영화의 결말은 원작에 대한 충실성의 측면에서 일단 린의 영화보다는 좀 더 원작에 가깝게 시작된다. 매그위치가 죽은 뒤 핍은 허버트와 함께 해외로 나갔다가 11년 후 어느 크리스마스 이브 때 조 가저리의 집을 다시 방문한다. 비디와 결혼하여 핍과 비슷한 아들을 둔 행복한 조의 가정에서 만찬을 함께 하던 핍은 곧 새티스 하우스를 방문한다. 이것은 병에서 회복한 핍이 아무 시간적 간격 없이 바로 새티스 하우스를 방문하는 처리와 사뭇 다르다. 그러나 핍이 새티스 하우스에 도착하는 부분부터 얼마 동안 영화는 린의 영화와 매우 흡사하게 전개된다. 새티스 하우스가 아직 허물어지지 않은 채 서 있는 것이나, 뜰을 지나 건물 안으로 들어갈 때 옛날을 회상하는 부분이나, 위층으로 올라가 해비셤 양이 머물던 방으로 들어갔을 때 에스텔러가 안에 있다가 핍을 맞이하는 장면 등은 린의 영화에서 연출되었던 내용과 거의 비슷하다.

하지만 다시 만난 핍과 에스텔러가 펼치는 대화와 행동은 다시 린의 영화의 경우와 달리 전개된다. 창문을 열어젖히며 정열적인 호소를 통해 에스텔러의 닫혔던 마음을 돌려 두 사람이 서로 포옹하고 달려 나가는 린의 영화에서의 극적 처리와는 달리 이 영화에서 두 사람은 조용히 뜰로 걸어 나간다. 그리고 이때 에스텔러는 핍에게 그간의 신상 변화와 말 못했던 사정을 이야기한다. 그런데 린의 영화는 물론 원작과도 달리 여기서 에스텔러는 자신의 비천한 출생 비밀을 이미 오래전부터 알고 있었으며, 그 때문에 핍을 처음부터 사랑했으면서도 핍이 자신을 버릴까 두려워 핍을 일부러 멀리하고 마음에도 없는 드러믈(Drummle)과 결혼했던 것이라고 고백한다. 그리고 그녀의 이 고백이 있은 후 핍과 에스텔러는 서로의 사랑을 확인하면서 영화는 끝난다.

결말의 이러한 처리는 극적인 효과에서 린의 영화보다는 떨어진다고 할 수 있으나 일단 원작의 내용과 분위기를 나름대로 좀 더 가깝게 재현하면서 감독의 재량을 발휘해보고자 하는 노력으로 평가해줄 수 있다. 이런 점에서 볼 때, 펌블추크가 가저리 집의 만찬에 참석하여 새티스 하우스가 새로 주택을 지을 부지로 곧 허물어질 것이라는 이야기를 한다든가 허물어지기 전에 에스텔러가 마지막으로 보러왔다고 말하는 등의 내용은 원작에도 없는 새로 추가된 내용이지만 상당히 자연스럽고 개연성이 있는 부분이다. 그러나 에스텔러가 핍에 대한 사랑을 숨겨왔다고 고백하게 하는 변형은 원작은 물론이고 이 영화가 그 이전까지 펼쳐 보이는 서사의 핵심적인 부분, 즉 남자에 대한 증오심에서 에스텔러를 감정이 없는 매정한 여자로 키운 해비셤의 파괴적 교육행위와는 아무래도 양립할 수 없는 억지이자 안이한 결말 처리라고밖에 할 수 없다. 이 영화의 결말이 린의 흑백영화가 보여주는 과감한 변형을 통한 극적 효과도 내지 못하고 그렇다고 원작의 상징적이고 섬세한 분위기도 내지 못하는 어중간한 결말이 되고 만 것은 바로 이런 사실과 무관하지 않을 것이다.

3

디킨즈의 『위대한 유산』을 영화로 제작한 것 중에 가장 주목할 만한 작품을 든다면 아마 줄리언 재럴드(Julian Jarrold) 감독의 〈위대한 유산〉을 꼽을 수 있을 것이다. 1999년에 영국 BBC와 모빌 명작 극장(Mobil Masterpiece Theatre) 영화사의 합작으로 만들어진 이 영화는 아무래도 나중에 만들어진 것이라서 그런지 길이나 내용 모두에 있어서 앞에서 살펴본 두 영화를 훨씬 능가하는 매우 수준 높은 작품이다. 2부로 구성된 이 영화는 1부와 2부 시작 전에 그리고 영화가 끝난 뒤 짤막한 해설자의 논평이 붙어 있는 것으로 보아 극장에서의 상영이 아니라 TV 방영용으로 제작된 것으로 보이는데, 논평을 뺀 영화 자체의 길이만 약 3시간에 육박한다. 따라서 길이만 봐도 일단 이 영화는 이전 영화들에 비해 디킨즈의 원작에 있는 내용을 가장 많이 그리고 충실하게 영상으로 재현하고 있을 것임을 충분히 짐작할 수 있다. 게다가 이 영화는 배역 선정이나 각색 방식 그리고 영상처리 등에서 상당히 현대적인 감각을 보임으로써, 그리고 그것이 원작에 대한 충실성과 상당한 조화를 이룸으로써, 현대의 관객(또는 독자)에게 깊은 인상을 줄 뿐만 아니라 호의적인 반응까지 얻는 데 성공한 작품이라고 할 수 있다.

이 영화의 배역에 대해 먼저 간단히 살펴보면, 배우들의 이미지나 연기가 전체적으로 디킨즈 원작의 분위기를 상당히 잘 살려내고 있는 편이다. 어린 핍과 에스텔러의 역할을 적절하게 아역 배우로 표현하고 있는 것을 비롯하여 성장한 핍과 에스텔러, 해비셤, 조와 조 부인, 매그위치, 비디, 재거스와 웨믹 그리고 올릭과 허버트 등까지 주요 인물들의 배역이 거의 큰 흠을 잡을 수 없을 만큼 자연스럽고 조화롭게 설정되어 있어서 원작을 읽은 독자의 상상력과 별로 큰 충돌을 일으키지 않는다. 물론 재거스나 조 부인 또는 펌블추크의 경우처럼 외면적으로 원작의 묘사와 많이 다른 배역도 있다. 그러나 이들도 성격과 행동이 비교적 실감 나게 나타나고 있어서 외면상 처음에 느끼는 약간의 이질감은 영화가 진행되면 곧 사라진다. 미스 해비셤의 경우도 비록 복수심에 사로잡힌 광적인 성격이 좀 부족하다 하겠지만 나름대로 불안하고 신경질적이면서 도도한 이미지가 그런 부족함을 상쇄할 만큼 충분히 강력한 인상을 심어준다. 그리고 올릭과 매그위치의 경우도 상상과는 좀 다를 수 있겠지만 전혀 부자연스럽다는 느낌을 주지 않는데, 이처럼 거의 모든 배역이 기대에 별로 어긋나지 않는다고 할 수 있다.

다만 한 가지 아쉬운 것은 디킨즈의 이 작품이 비록 좀 어둡고 진지한 성격을 띠고는 있지만 동시에 디킨즈 특유의 해학성과 풍자적 희극성도 적지 않게 지니고 있다는 것을 생각할 때, 이 영화는 좀 너무 음울하고 심각한 분위기로 치우쳤다는 인상을 지울 수 없다. 즉 전체적으로 배역들의 이미지와 연기가 너무 무겁고 심각하게 보이는 것이다. 가령 조의 경우 그의 선량함과 어리석음이 자아내는 우스꽝스러운 이미지나 허버트와 웨믹 같은 인물들의 희극적 성격이 전혀 나타나지 않는 것은 아니지만 너무나 미약하게 처리되고 있다(조가 런던에 있는 핍을 방문하는 장면을 생략한 것은 그 대표적인 예일 것이다). 특히 웨믹의 경우, 그가 외양과 행동을 통해 풍기는 묘한 희극적 분위기와 그의 결혼식 같은 장면이 지니는 희극적 성격 등이 영화에서 효과적으로 잘 연출되었다고 보기 힘들다. 이밖에 펌블추크를 통해 나타날 수 있는 풍자적 희극성이 거의 나타나지 않는다는 것도 아쉬운 것 가운데 하나일 것이다.

한편 작품의 실제 내용상으로 볼 때 이 영화는 이미 언급했듯이 기술적으로나 구성상으로나 앞에서 본 두 편의 〈위대한 유산〉 영화에 비해 원작에 한층 충실하면서도 현대적인 감각이 돋보이는 새로운 각색을 선보이고 있다. 먼저 이 영화에서는 다른 영화에서 생략되곤 하던 원작의 내용 가운데 상당 부분이 되살아나거나 때로는 더 나아가 새롭게 강조되기까지 하고 있다. 그 대표적인 예로 비디와 올릭 부분을 들 수 있는데, 이들은 이전 영화에서는 시간적 길이의 제한 때문에 거의 완전히 생략되곤 했다. 그러나 이 영화에서는 그들과 관련된 내용이 거의 원작에 가까운 비중으로 재현되고 있다. 비디의 경우, 핍과의 연인 같은 관계를 비롯하여 조의 집에 와서 다친 조 부인을 간호하는 부분, 핍과 간혹 어색한 대화를 나누는 장면, 그리고 나중에 학교 선생이 되고 조와 결혼하는 내용까지, 원작에서 행하는 중요한 조연으로서의 역할이 거의 대부분 발견된다. 특히 영화의 마지막 부분에서 그녀는 조와 결혼하는 날 핍한테 실제로 청혼을 받고 당황하는 것으로 새롭게 각색되고 있기까지 한다. 올릭의 경우도, 비디와 비슷하게 이 영화에서 아주 구체적으로 다뤄질 뿐만 아니라 창조적인 각색이 행해지는데, 특히 핍과의 마지막 대결 장면에서 그가 핍을 죽이지 않고 자발적으로 살려 보내는 장면을 통해 관객으로 하여금 원작보다 한층 더 분명하게--그리고 의식적으로--올릭에 대해 공감을 느끼도록 하고 있다. 이밖에 조 부인에 대한 처리를 비롯하여, 웸믹의 사생활 부분, 허버트의 아버지 매튜 포킷, 그리고 런던에서 핍이 가입하는 젊은 한량들의 사교클럽 등 이전 영화에서 보지 못하던 원작의 내용과 인물들이 이 영화에서는 제법 많이 발견된다.

그러나 이 영화에서도 원작의 내용 가운데 아쉽게 생략된 부분들이 없지 않다. 가령, 핍이 런던으로 떠나기 전에 조와 비디와 헤어질 때 그의 속물적 모습이 나타나는 장면과 또 런던으로 조가 찾아왔을 때 핍의 속물성이 다시금 드러나는 희극적이면서도 안타까운 장면들이 생략되어 있어 신사로 변화된 핍의 모습에 대한 비판적 묘사가 좀 부족하다. 그리고 펌블추크가 등장하는 내용들 역시 작품의 풍자적 해학이 드러나는 부분들로 의미가 있는데 이 영화에서는 초반 이후로 펌블추크가 사라지고 만다. 하지만 이 영화에는 이보다 좀 더 중요한 단점, 역설적이게도 위와 같은 생략보다는 오히려 원작의 내용을 너무 많이 반영하려고 한 것에서 비롯되는 단점이 한 가지 있다. 즉, 이 영화에서 감독은 원작의 내용을 가능한 한 많이 충실하게 재현해내려고 애쓰고 있는데, 그 시도가 때로는 성공하지 못해 영화에 대한 자연스러운 이해를 해치는 경우가 발생하곤 하는 것이다. 이것은 대부분 전후에 자연스러운 설명이나 연결 관계가 부족한 채 갑자기 인물이나 상황이 등장하거나 진행됨으로써 발생하는 것들로서, 특히 원작을 읽지 않은 관객에게는 상당히 이해하기 힘든 상황을 낳곤 한다. 가령, 핍이 해비셤의 집에 가게 되는 동기라든가, 비디가 처음 어린 소녀로 등장할 때나 조 부인을 간호하러 올 때의 상황, 해비셤과 재거스와의 관계, 핍이 빚쟁이를 피해 어두운 거리를 도망치듯 달려가는 상황, 핍이 고용한 하인이 잠시 등장하고 언급되는 부분, 매그위치를 탈출시키려는 계획의 전후 진행 상황, 핍이 에스털러의 출생 비밀을 알게 되는 과정 등, 설명이나 전후 문맥이 충분히 제시되지 못해서 원작의 내용을 알고 있지 않은 독자라면 무슨 일이 어떻게 해서 일어나고 있는지 좀 어리둥절해 할 장면들이 종종 있다. 이런 것들은 원작의 내용을 가능한 한 많이 재현하고자 하는 감독의 욕심이 영화의 제한된 길이에 맞게 제대로 소화되지 못한 결과 발생한 것들로서 이 영화의 가장 아쉬운 부분으로 남는다고 하겠다. 하지만 이 결점이 이 영화의 질적 수준이나 완성도를 치명적으로 떨어뜨리는 것은 아니라고 할 수 있다. 왜냐하면 이 영화의 원작에 대한 충실성과 창조적 각색은 그런 결점을 상쇄할 만큼 돋보이고 있기 때문이다.

충실성과 창조성이 잘 성취된 그런 경우의 대표적인 예는 바로 앞서 언급한 비디와 올릭의 경우일 텐데, 여기서는 그보다 비중은 좀 떨어지지만 그에 못지않게 감독이 나름의 관점에서 창조적인 각색을 행하는 다른 예를 몇 가지 간단히 들어보자. 해비셤의 장례식 장면과 매그위치가 물에 빠지는 장면, 매그위치가 죽는 장면, 그리고 핍이 감옥에 잡혀가는 장면 등이 그것들인데, 먼저 해비셤의 장례식 부분은 원작에서는 묘사되지 않는 장면이지만 이 영화에서는 새롭게 추가되어, 장례식에 참석한 핍이 재거스에게 에스텔러의 출생 비밀을 확인하고 비디와 긴장감 어린 대화를 나누는 모습을 보여주는 이중적 효과를 올리는 자리로 활용되고 있다. 그리고 매그위치가 물에 빠지는 장면에서는 핍이 매그위치를 구하러 위험을 무릅쓰고 물에 뛰어드는 방식으로 처리함으로써 매그위치에 대한 핍의 깊어진 애정을 좀 더 적극적으로 나타내 보이고 있다. 한편 매그위치가 죽는 부분에서는 핍이 오딧세우스가 아버지와 재회하는 내용을 라틴어로 읽어주고는 그와 비슷하게 자신도 매그위치를 아버지라고 부르는 장면을 창조적으로 추가함으로써 핍과 매그위치의 관계를 극적 감동으로 잘 연출해내고 있다. 마지막으로 핍이 감옥에 들어갔다가 조에게 구출되는 부분도 원작과 달리 핍의 사회적 몰락과 구원의 감동을 좀 더 극적이고 압축적으로 표현하기 위한 적극적인 추가와 각색이라고 할 수 있다.

이밖에도 이 영화에서는 감독의 창조적 연출을 통해 원작보다 훨씬 실감 날 정도로 또는 매우 인상적으로 처리한 장면들이 자주 발견된다. 가령 핍이 죄수 매그위치와 만나는 첫 장면의 경우, 핍이 들판에서 매그위치한테 쫓겨 달아나다가 교회 묘지에서 붙잡히는 장면을 긴박한 호흡으로 짧게 보여준 뒤 나중에 집에 돌아와 밤에 침대에 누운 핍으로 하여금 다시 그 장면을 되돌아보게 하는 압축적 방식으로 속도감 있게 처리함으로써 원작의 공포 분위기와 강렬한 인상을 매우 효과적으로 표현해낸다. 역시 초반부의 장면인데, 조가 대장간에서 수갑을 고치고 있을 때 뜨겁게 달궈진 쇠를 식히는 물에 핍의 흔들리는 얼굴이 영상으로 비춰지는 장면은 도둑질에 대한 죄의식과 공포에 사로잡혀 있는 떨고 있는 핍의 심리 상태를 짧지만 암시적으로 잘 표현해내고 있다. 그리고 이와 비슷하게, 핍이 처음으로 해비셤 집에 가서 해비셤을 만날 때 해비셤의 얼굴이 어두컴컴한 방안의 거울에 비치는 영상으로만 먼저 한동안 보이게 처리한 것도 현실을 등진 그녀의 유령 같은 성격을 간결한 상징으로 훌륭하게 표현한 경우이다. 그리고 이런 상징적 효과와 더불어 강렬한 인상을 낳는 데 성공하고 있는 또 다른 훌륭한 장면은 바로 1부의 마지막에 성숙한 에스텔러가 어둠 속에서 촛불을 들고 마치 그녀의 이름이 의미하는 별(star)처럼 등장하여 그녀의 이름을 부르는 핍을 향해 서서히 다가오는 장면이다. 그녀의 이 신비로운 등장은 그녀에 대한 핍의 뿌리칠 수 없는 동경과 그 실현 불가능성을 동시에 상징적으로 표현하고 있다. 이 효과는 특히 핍의 곁에서 귓속말로 그녀를 사랑하라고 연속해 속삭이는 해비셤의 말과 표정에 의해 더욱 강화된다.

감독의 창조적 연출은 영화의 마지막 부분에서도 역시 상당히 인상적으로 발휘되고 있다. 이 부분에서 감독 줄리언 재럴드는 일단 데이비드 린의 연출의 영향을 받은 것처럼 보인다. 즉 조와 비디의 결혼 사실을 알고 난 직후의 장면에서 핍은 새티스 하우스를 다시 방문하는데, 거기서 뜻밖에도 에스텔러가 드러믈과 헤어진 뒤 그곳으로 와서 해비셤처럼 세상을 등진 채 살고자 작정하고 있는 것을 발견하게 되며, 이런 전개는 데이비드 딘의 영화와 상당히 비슷한 방식의 각색이다. 그러나 딘의 영화와는 달리 여기서는 에스텔러가 새티스 하우스의 내부를 현대적으로 우아하게 새로 단장해놓은 것으로 나타난다. 그리고 이 자리에서 일어나는 에스텔러의 심경 변화도 딘의 영화에서처럼 핍의 극적인 행동과 외침을 통한 다분히 연극적이고 인위적인 방식이 아니라 아주 섬세하고 미묘한 방식으로 처리되고 있다. 에스텔러에게 억눌리고 왜곡된 감정을 솔직히 인정하고 표현하라고 호소하는 핍의 연기와 대사, 이 호소에 마침내 반응하면서 눈물을 글썽이다가 이를 떨구고 마는 에스텔러의 절제된 표정과 연기, 그리고 이어지는 두 사람의 포옹과 핍의 뺨을 살며시 더듬는 에스텔러의 손길로 유발된 뜨거운 키스는 자연스럽고 부드러우면서도, 영화 첫 장면의 강력한 공포 효과 못지않게 아주 인상적이고 실감 나는 결말을 유도해내고 있다.

그러나 감독의 창조적 연출 솜씨가 특히 돋보이는 부분은 바로 이어지는 장면에서이다. 아직 드러믈과 완전히 이혼한 상태가 아닌 에스텔러는 곧 이성을 되찾아 이러면 안 된다고 하고 핍 역시 이에 수긍하면서 안타까운 심정으로 그 자리를 떠나려고 돌아서는데, 이 순간 에스텔러는 "우리가 서로의 사랑을 실현할 수 없다는 그 이유 하나 때문에 이렇게 다시 헤어져야만 하느냐? 우리는 서로 만나고 교제하는 것조차 박탈당해야 하느냐?"(Do we have to part again simply because we cannot act on our love for each other? Do we have to be deprived of our company, too?) 라고 말하면서 핍을 불러 세운다. 그리곤 이어 두 사람이 테이블 앞에 서로 마주 보고 앉아 옛날처럼 카드놀이를 하며 즐겁게 웃고 이야기하는 장면이 점점 멀어지는 영상으로 처리되면서 영화가 끝난다. 이 결말은 디킨즈의 원작과 내용상으로는 사뭇 다르면서도 분위기에 있어서는 디킨즈 원작의 섬세함과 애매함과 낙관적 성격을 훌륭하게 연출해놓고 있는 결말이다. 핍과 에스텔러가 서로 손을 잡고 달빛을 받으면서 폐허가 된 새티스 하우스의 마당을 걸어 나가는 원작의 결말은 얼핏 두 사람의 행복한 결합을 암시하고 있는 듯이 보이지만 그렇다고 데이비드 린이나 조셉 하디의 영화에서처럼 그것이 확실한 약속으로 선언되고 있는 것은 아니다. 이것은 원작의 마지막 문장이 포함하고 있는 애매성과, 두 사람이 그냥 한 번 길거리에서 만났다가 헤어지게 했던 미출판된 디킨즈의 원래 결말을 통해서도 드러나는 사항이다. 그런데 핍과 에스텔러가 뜨거운 키스를 나누지만 곧 그 사랑을 이룰 수 없다는 인식을 하고, 그러나 그렇다고 바로 헤어지지는 않은 채 옛날처럼 카드놀이를 하며 즐거워하는 이 영화의 위와 같은 결말은 원작과 다른 내용이지만 바로 원작이 지닌 그 섬세함과 애매성과 행복한 결말의 가능성을 모두 훌륭하게 표현해내고 있으며, 따라서 이것은 감독의 창조적 연출 역량의 소산으로서 높이 평가를 해줘 마땅할 것이다.

4

디킨즈 탄생 200주년이 되는 2012년을 즈음해 『위대한 유산』을 영화로 새롭게 만든 두 편의 작품이 발표된다. 하나는 영국 BBC 방송에서 제작한 브라이언 커크(Brian Kirk) 감독의 작품으로 2011년 겨울 크리스마스 때 TV 미니 씨리즈 3부작으로 방영된 영화이고, 다른 하나는 영국과 미국 합작으로 제작한 마이크 뉴얼(Mike Newell) 감독의 영화로 2012년 9월 캐나다 토론토 국제영화제에서 개봉된 작품이다. 2000년대에 제작된 영화들이지만 두 작품 모두 원작의 내용을 비교적 충실하게 반영하고 있는 편이어서 특별히 현대적이거나 눈에 띄게 파격적인 변형은 발견되지 않는다. 다만 원작의 다양한 내용을 취사선택하고 각색 변형하는 세부 과정에서 두 작품은 흥미로운 대조를 보이는데, 특히 미스 해비셤의 성격과 죽음에 대한 해석, 결말 장면의 각색, 매그위치와 콤피슨 사이의 원한 관계 설정, 조 부인이나 비디, 올릭 등과 같은 조연급 인물들의 처리 방식 등에서 상당한 차이점을 드러낸다.

좀 더 구체적으로 두 작품의 특징과 차이를 살펴본다면, 먼저 2011년 커크 감독의 작품의 경우 무엇보다 미스 해비셤에 대한 해석에서 이전과 다른 점이 두드러진다. 길리언 앤더슨(Gillian Anderson)이 연기한 미스 해비셤은 그 어느 영화의 경우보다 훨씬 더 정신적으로 불안한 인물로 나타난다. 피부염이 있는 손등을 신경질적으로 긁어대면서 기이하고 불안정한 표정으로 말을 잇는 그녀의 모습은 자학적 자기도취와 가학적 복수 욕구에 사로잡혀 있는 병적인 심리 상태를 관객에게 분명하게 인식시키는데, 특히 그녀가 자신의 재산을 노리고 찾아오는 친척들이 무서워 자기 방에서 나가지도 못한 채 그들이 가기만을 기다리며 횡설수설 울부짖는 장면은 그녀의 정신병자적 성격이 가장 강하게 부각되는 대목이다. 미스 해비셤의 이런 불안한 정신 상태는 에스텔러를 드러믈과 결혼시킨 것이 남성에 대한 자신의 복수 의도와 정반대되는 결과를 낳자 곧 극단적인 후회와 절망으로 이어지게 되고, 그 결과 그녀는 마지막으로 분신자살이라는 자학적 속죄 행위를 선택하는 것으로 그려진다. 디킨즈 원작에서는 미스 해비셤의 죽음을 자살로 해석할 만한 암시가 전혀 주어지지 않고 있는데, 커크 감독의 이 영화에서는 그녀의 죽음을 과감하게 분신자살로 형상화함으로써 새로운 해석과 관점을 제시하고 있다.

한편 커크 감독의 이 영화는 에스텔러에 대해서도 약간 과감한 각색을 시도한다. 이는 주로 에스텔러의 인간적 본성이 미스 해비셤의 억압적인 교육과 갈등하는 측면을 좀 더 강하게 부각하는 방식으로 수행되는데, 그 첫 번째로 핍이 창백한 어린 신사 허버트를 때려눕힌 뒤의 장면을 들 수 있다.

원작에서는 핍의 승리를 몰래 지켜본 에스텔러가 핍에게 자선을 베풀 듯이 키스를 해도 좋다고 서술되는데 영화는 이것을 에스텔러가 아주 즐거워하는 표정으로 핍을 손을 잡고 이야기를 하며 핍의 뺨에 자발적으로 키스를 하고 가는 장면으로 변형해 놓는다. 그리고 미스 해비셤은 창문으로 이것을 내려다보고는 곧바로 조를 불러 사례금을 주고 핍이 더 이상 오지 못하게 한 뒤 에스텔러의 교육을 다시 시작하는 것으로 나온다. 이후 영화는 미스 해비셤이 이 재교육의 효과를 확인할 겸 핍에게 고통을 주기 위해 청년으로 성장한 핍을 일부러 불러 숙녀 교육을 받으러 파리로 떠나기 직전의 에스텔러를 보여주는 장면을 추가하는데, 여기에서도 에스텔러는 몰래 핍을 뒤따라 나와 애정 어린 말을 건네며 그의 손을 잡는 의미심장한 행동을 통해, 미스 해비셤이 완전히 제거하지 못한 인간적 본성을 드러낸다. 감독이 의도적으로 부각하는 에스텔러의 이런 자연스러운 감성과 본능은 나중에 그녀가 런던의 공원 연못에서 갑자기 스타킹을 벗어 던지고 맨발로 연못에 뛰어들어가 핍과 키스를 나누는 장면, 그리고 드러믈과 결혼하러 예식장에 가는 마차 안에서 그녀가 심리적 갈등을 보이는 장면 등을 통해서도 나타난다. 나중에 그녀가 드러믈을 걷어차 죽인 말의 얼굴을 쓰다듬으며 고맙다고 말하는—역시 원작에 전혀 없는—솔직한 장면이 추가되는 것이나, 영화 마지막이 그녀가 새티스 하우스를 찾아온 핍을 창가에서 내려다보고 먼저 달려나와 그와 포옹하며 키스하는 식으로 각색 처리되는 것도 에스텔러에 대한 커크 감독의 이런 적극적인 관심과 해석의 자연스러운 결과라 할 것이다.

이밖에 커크 감독의 이 2011년 영화에서 주목할 만한 점을 몇 가지만 더 간단히 언급하면 다음과 같다. 먼저, 조 가저리 부인의 사회적 신분 상승 욕망이 원작 이상으로 강하고 분명하게 표현되어 있는데, 가령 올릭이 그녀에게 원한을 품고 복수하는 주된 원인도 핍을 통해 마침내 팔자를 고치게 되리라고 확신한 그녀가 올릭에게 참을 수 없는 계급적 멸시와 모욕을 가한 데 있는 것처럼 처리되어 있다. 다음으로 이 영화에서는 비디가 완전히 생략되어 있는 반면 올릭은 어느 정도 비중 있는 인물로 나온다. 특히 그는 조에 대한 그 나름의 충성심과 애정을 지닌 존재로 묘사되어 있어 조 부인과 핍에 대한 그의 분노와 복수 심리는 비록 공감까지는 아니지만 최소한 이해는 가능할 정도로 실감이 부여되어 있다. 한편 매그위치와 콤피슨을 비롯한 다른 조연급 인물들과 관련해서 영화는 변형을 약간씩 가하는데, 매그위치가 콤피슨에게 원한을 품은 것이 콤피슨이 매그위치의 아내 몰리를 겁탈하려다 실패한 뒤 그녀를 살인미수로 감옥에 넣으려고 한 때문인 것으로 새롭게 언급된다. 그리고 콤피슨도 핍이 드나드는 상류계급의 클럽과 사교계에 덴비라는 이름의 신사로 등장하며, 몰리의 경우는 겉으로는 그의 가정부이지만 사실은 재거스의 정부로 일종의 은밀한 동거 관계에 있는 것처럼 강하게 암시되어 있다.

다음으로 2012년 마이크 뉴얼의 영화를 보자. 이 영화는 앞에서 살펴본 커크 감독의 미니 시리즈 영화보다 원작의 내용을 좀 더 많이 압축하고 생략하면서 사건 전개를 빠르게 진행한다. 이는 영화의 길이가 1시간가량 짧다는 사실과도 무관하지 않은데, 그래서인지 세부 내용의 변형이나 새로운 장면의 추가도 커크의 작품보다 훨씬 적은 편이다. 가장 두드러진 생략은 올릭이 완전히 빠져 있다는 것과 조 부인 또한 초반에 잠깐 등장해 핍을 학대하는 모습을 보인 뒤 곧바로 사라진다는 점이다. 조 부인의 경우 얼마 후 조에 의해 그녀가 자기 격정을 못 이겨 사망한 것으로 간단히 언급되기만 한다. 반면에 커크 감독의 영화에서는 생략되었던 비디가 비중 있게 다뤄지고 웨믹의 사생활 부분도 훨씬 자세하게 묘사되어 있는데, 특히 비디의 경우 그녀와 핍 사이에 흐르는 이성으로서의 애정 관계가 원작에 비해 훨씬 분명하게 그려진다. 그녀가 핍과 함께 강변을 거닐며 이야기를 나누는 장면이 세 번 나오는데, 특히 청년으로 자란 두 사람이 연인처럼 강변에서 데이트를 하는 세 번째 장면에서는 비디가 책을 읽는 핍을 보다가 자신의 강렬한 애정을 누르지 못하고 갑자기 다가가 키스를 하는 상당히 인상적인 장면이 추가되어 있다.

한편 매그위치와 콤피슨 사이의 관계에서도 약간의 압축적인 변형이 일어나는데, 콤피슨이 해비셤의 남동생과 공모해 해비셤에게 결혼 사기를 치는 일에 매그위치도 하인으로 참여하는 것으로 처리되어 있다. 그리고 매그위치의 아내 몰리의 경우도 그녀가 감옥에 간 매그위치 대신 콤피슨에게 복수를 하고자 콤피슨의 아내를 찾아가 그녀를 목졸라 죽이고 그 결과 살인죄로 재판을 받다가 재거스를 알게 되었다는 식으로 약간 색다른 변형을 가한다. 이밖에 드러믈과 에스텔러의 결혼 과정에서는 재거스가 미스 해비셤의 지시를 받고 배후 조종의 역할을 한다는 내용이 간단히 추가되어 있는데, 비록 사소하지만 이것은 커크 감독의 영화와 거의 일치하는 변형이라는 점에서 흥미롭다고 할 수 있다.

하지만 뉴얼의 영화에서 디킨즈의 원작은 물론 커크 감독의 영화와 비교해 가장 두드러지게 차이 나는 부분을 든다면 역시 미스 해비셤과 에스텔러에 대한 묘사를 들 수 있다. 먼저 헬레나 본햄 카터(Helena Bonham Carter)가 연기하는 해비셤의 경우, 그녀는 이 영화에서 무섭고 증오에 찬 귀신의 이미지와는 완전히 거리가 멀다고 할 만큼 상당히 활기찬 모습으로 나온다. 몸놀림이 꽤 민첩하고 말투도 빠르며 이따금 생기 있는 표정을 짓기도 하는 그녀의 거의 발랄한 모습은 커크 감독의 정신병자 같은 해비셤과는 완전히 다른 성격의 해비셤을 보여준다. 그래서인지 그녀를 보면서 한편으로 코믹하고 어색한 느낌이 들기도 하는데, 가끔 의자에 삐뚜름하게 앉아서 졸고 있는 그녀의 모습은 이런 느낌을 강화해주는 듯이 보인다. 그녀가 화재로 죽음에 이르는 대목은 커크 감독의 영화와는 달리 원작에 비교적 충실하게 재현되는데, 다만 그녀가 잘못을 용서해달라고 애원하면서, 그녀를 뿌리치고 나가는 핍을 쫓아가려다가 촛대를 쓰러뜨리고, 그 바람에 드레스에 불이 붙어 화재가 일어나는 식으로 극적 효과가 좀 더 강하게끔 약간의 변형을 가하고 있다.

다음으로 에스텔러에 대한 부분을 보면, 뉴얼 감독의 영화는 에스텔러를 한층 부드러운 성격을 지닌 인물로 그리고 있다. 어린 에스텔러의 경우 원작이나 커크의 영화에 비해 도도하고 거만한 면이 별로 강하지 않을 뿐만 아니라 오히려 핍에게 소녀다운 깊은 관심과 애정을 조심스럽지만 분명하게 보이는 것으로 나온다. 핍이 허버트를 때려눕힌 것을 숨어서 본 그녀가 핍과 함께 대문으로 걸어나오면서 소심한 표정과 어조로 주저하듯이 키스를 해도 좋다고 말하는 장면을 비롯해, 이후 핍과 다정하게 손을 잡고 춤을 추며 노는 장면, 그리고 새티스 하우스에 더 이상 오지 못하게 된 핍을 대문 앞에서 배웅하면서 슬픈 표정으로 작별 인사를 나누고 돌아보는 장면 등은 에스텔러의 그런 부드러운 성격과 이미지를 잘 드러내준다.

성년이 된 에스텔러의 모습도 크게 달라지지 않은 것으로 나타나는데, 가령 드러믈을 놓고 핍과 언쟁하는 장면에서 그녀는 핍에 대한 감춰진 사랑의 감정을 드러내면서 그의 손을 잡고 키스하기 직전까지 간다. 그리고 드러믈과 결혼하기로 작정하고 핍과 작별하는 대목에서도 그녀는 자신에게 사랑을 토로하는 핍을 눈물을 글썽이며 바라보다가 마침내 뜨거운 키스를 나누기까지 한다. 그녀가 핍과 헤어지는 순간 그와 키스를 나누는 이 장면 설정은 오늘날의 관점에서는 얼핏 자연스럽게 보이지만 디킨즈 원작이 드리우는 에스텔러의 무정한 성격을 생각할 때 사실은 매우 적극적인 각색이라고 할 수 있다. 왜냐하면 해비셤의 냉혹한 양육에도 불구하고 에스텔러에게 진실한 사랑의 감정에 교감하고 반응하는 능력이 충분히 존재한다는 과감한 해석이 없이는 에스텔러로 하여금 그처럼 핍과 뜨거운 마지막 키스를 나누도록 하는 데까지 각색을 밀고 나가기는 어려웠을 것이기 때문이다. 이 영화 말고 다른 영화에서는 핍과 에스텔러가 키스로 작별하는 장면을 찾아볼 수 없다는 사실은 이 점을 뒷받침해준다고 하겠다. 그리고 영화의 마지막 장면이 에스텔러가 세월이 지난 후 핍이 근무하는 리버풀에 찾아와 그에게 만나주기를 부탁하고 이 재회를 통해 자신의 잘못과 변화를 고백한 뒤 핍의 변치 않은 사랑을 확인받고서 그와 손을 마주 잡는 내용으로, 즉 원작과는 사뭇 다르지만 에스텔러의 주도적 행위를 통해 일어나는 것으로 처리되고 있다는 사실도 이런 점에서 결코 우연이 아니라고 할 것이다.

5

마지막으로 1998년에 알폰소 쿠아론(Alfonso Cuaron) 감독이 현대적으로 각색한 영화를 간략히 언급해보기로 한다. 쿠아론의 영화는 원작의 시공간적 배경, 즉 19세기 초 영국 런던과 인근 습지 마을을 1980년대 미국 플로리다의 멕시코만 연안 어촌 마을과 뉴욕으로 옮겨 놓고, 대장장이 소년 핍의 이야기를 그림에 소질이 있는 한 소년이 뉴욕의 유명 화가로 성공하는 이야기로 바꿔 현대적 변형을 새롭게 시도한 작품이다. 사랑과 성공의 주제를 중심으로 전개되는 '성장' 이야기의 큰 줄거리는 디킨즈 원작과 비슷하게 유지하면서도 세부 내용을 과감하게 각색하고 그에 걸맞은 현대적 감각과 기법으로 영상을 제작한 이 작품은 영화계 안팎에서 적지 않은 관심과 주목을 받은 작품이다. 특히 '핀'(Finn)이라는 이름으로 바뀐 남자 주인공이 화가이기 때문에 그가 그리는 개성 있는 그림들이 중간중간 볼거리를 제공하고, 여주인공 에스텔러의 세련된 녹색 의상과 해비셤을 대신한 괴짜 노파 노라 딘스모어(Nora Dinsmoor)의 인상적인 연기 등이 훌륭한 시각적 효과를 동반한 멋진 앙상블을 이루어 관객의 시선 집중과 몰입을 성공적으로 끌어낸다.

원작을 현대적 상황으로 바꾼 작품이기 때문에 이 영화는 주인공들의 이름이나 직업이 다르게 설정된 것은 물론이고 주요 사건의 내용과 등장인물

등이 크게 변형되거나 축소되어 나타난다. 특히 남자 주인공 핀이 맺는 개인적 인간관계의 폭이 최소한으로 좁혀져서 누나와 매형 말고는 가령 비디나 올릭, 허버트, 웨믹 같은 의미 있는 조연급 역할을 하는 등장인물들이 전혀 나오지 않는다. 그 결과 주인공의 도덕적 성장에 관련된 복잡한 심리 상황이나 내적 갈등 문제가 거의 없이 오직 두 남녀 주인공 사이의 애정 문제를 중심축으로 비교적 빠르고 명쾌하게 이야기가 진행되며 결말도 단순 명료하게 처리된다. 물론 제한된 상영 시간을 지닌 영상예술 작품으로서 영화의 이런 압축과 집중, 선택과 배제는 당연하고 자연스러운 결과다. 더구나 현대적으로 각색한 영화를 19세기의 원작 소설과 비교해서 평가하는 것은 사실 별 의미나 설득력이 없는 일이다. 하지만 한편의 독립된 영상작품으로 떼어놓고 그 자체로만 따져본다 해도 이 영화의 일부 결말 부분, 즉 핀(핍)의 은인 아써 러스틱(Arthur Lusig)(매그위치)가 핀을 만나러 뉴욕에 오자마자 곧바로 옛 동료 조폭들에 의해 살해되는 것으로 압축한 부분은 아무리 생각해도 너무 고민이 없이 급하게 마무리해버린 것 같다는 아쉬움을 낳는다. 바로 뒤에 이어지는 작품의 아름다운 마지막 장면, 즉 주인공 핀이 죽은 딘스모어의 황폐한 저택 '실낙원'(Paradiso Perduto)을 다시 찾았다가 딸과 함께 있는 에스텔러와 재회한 뒤 바닷가를 바라보며 그녀와 서로 손을 잡는 장면이 아름다운 시적 영상으로 관객의 마음에 긴 여운을 남겨 놓긴 하지만, 그 긴 여운이 이 아쉬움을 완전히 상쇄한다고 말하기는 어렵다.

【부록】 추천 참고문헌 설명

✎ 추천 참고문헌 설명

- Brown, James M. *Dickens: Novelist in the Market Place.* London: Macmillan, 1982.

  『위대한 유산』을 다루는 글에서 핍을 비롯한 작품의 등장인물들이 비인간적이고 소외된 사회 체제에 반응하는 여러 형태와 방식을 설명하고, 이것이 당대 중산계급의 가치관 및 신사 담론과 어떻게 연결될 수 있는지를 규명한다.
- Ghent, Dorothy Van. *The English Novel: Form and Function.* New York: Holt, Rinehart and Winston, 1953.

  『위대한 유산』의 작품 구조와 상징적 기법 등에 주목하는 한편 산업화의 결과로 인간이 사물화된 당대 상황이 작품에 어떻게 반영되어 있는지를 논한다. 그러면서 핍의 개인적 죄의식과 사회 전체의 죄의식 사이의 유기적 관련성을 밝히는 데 공을 들인다.
- Gilmour, Robin. *The Idea of the Gentleman in the Victorian Novel.* London: George Allen & Unwin, 1981.

  '신사 개념'을 키워드로 쌔커리(Thackerary), 디킨즈, 그리고 트롤롭(Trollope) 등과 같은 빅토리아조 소설가들의 작품을 통해 당대 신사 담론을 구체적으로 추적하고 있다. 『위대한 유산』과 관련해서는 자수성가한 작가로서 디킨즈가 개인적으로 '신사' 계급에 대해 보이는 양면적 태도와 작품 사이의 연관성에서 출발해 『위대한 유산』이 빅토리아조 이전 시대와 빅토리아조 당대에 존재했던 '신사'의 이념이나 담론과 어떠한 관련을 맺고 있는지를 밝힌다.

- House, Humphry. "G. B. S on *Great Expectations.*" *Dickensian.* 44 (1948).
  빅토리아조 영국 사회의 문맥 속에 『위대한 유산』을 놓고 작품의 사회 비평적 성격과 그 의미를 살핀다. 계급의식에 사로잡힌 주인공 핍이 보이는 "속물의 행로"(a snob's progress)를 디킨즈가 잘 짜여진 플롯을 통해 설득력 있고 공감할 수 있는 방식으로 묘사하고 있다고 평가한다.
- Leavis, F. R. and Q. D. *Dickens the Novelist.* Harmondsworth: Penguin, 1983.
  여기에 실린 「『위대한 유산』을 어떻게 읽어야 하는가」(How We Must Read *Great Expectations*)라는 글에서 문학작품으로서 『위대한 유산』이 지닌 보편적 주제와 그 의미를 내용분석을 통해 꼼꼼하게 규명한다. 『위대한 유산』을 주인공 핍이 사회가 부과하는 죄의식과 계급적 열등감 그리고 그로 인해 발생된 개인적 이기심 등을 극복하고 마침내 "정신적 자유를 향해 성공적으로 나아가는 이야기"(the history of a successful progress towards spiritual freedom)로 규정하고 디킨즈가 이 과정을 상징성과 사실성의 자연스러운 구사를 통해 치밀하고 호소력 있게 소설로 형상화하는 데 성공하고 있음을 밝힌다.

• Miller, Hillis. *Charles Dickens: The World of His Novels.* Cambridge, Mass.: Harvard UP, 1958.
『위대한 유산』을 다루는 글에서 핍을 "디킨즈적 주인공의 원형"(the archetypal Dickens hero)으로 규정하고 그가 어떤 과정을 거쳐서 진정한 자아와 정체성을 확립하게 되는지를 작품 내용의 세부 전개를 따라가며 설명한다.
• Morris, Pam. *Dickens's Class Consciousness.* Macmillan: London, 1991.
신역사주의(New Historicism)적 관점에서 빅토리아조 사회 갈등을 반영하는 텍스트로 『위대한 유산』의 역사성을 규명하고자 한다.
• Moynahan, Julian. "The Hero's Guilt: The Case of *Great Expectations.*" *Essays in Criticism* 10 (1960).
핍의 죄의식 문제를 보편적인 것이 아니라 개별적인 것으로 보고 그 심리적 특수성을 매우 설득력 있는 논리로 심도 있게 파고든다. 핍이 지닌 죄의식과 범죄적 성격의 실체를 그의 내면에 억압된 공격적 욕구와 분노의 충동에서 찾아내고 이것이 핍의 분신(alter ego)인 올릭을 통해 어떻게 대리적으로 실현되는지를 밝힌다.
• Newey, Vincent. *The Scriptures of Charles Dickens: Novels of Ideology, Novels of the Self.* Aldershot: Ashgate, 2004.
60쪽이라는 긴 분량을 들여 『위대한 유산』을 심도 있게 분석한 글을 포함하고 있다. 텍스트의 표면 아래 숨어 있는 전복적 이면을 읽어내고자 하는 다분히 포스트모더니즘 성향의 이 글에서 필자는 『위대한 유산』의 내용을 전체적으로 꼼꼼히 짚어가며 인물과 사건의 심리적 차원을 중심으로 종합적인 분석을 시도하고 있다.

- Sadrin, Anny. *Great Expectations.* London: Unwin Hyman, 1988.

  작품의 창작 배경부터 신사의 주제, 아이러니와 시점 등과 같은 서술기법, 그리고 『위대한 유산』에 대한 비평의 역사에 이르기까지 『위대한 유산』에 대해 종합적인 고찰과 연구를 수행한 단행본 저서이다. 총 16개 장 중 4개가 신사 주제를 다루는데, 주로 작품 속에 나타나는 신사와 죄수의 대립 구도 양상, 그리고 죄수와 관련된 역사적 문맥과 상황을 설명하는 데 치중한다. 그리고 마지막 장인 "진정한 신사"에서는 주인공 핍이 결국 도덕성을 갖춘 근대적 신사상에 이른다는 일반적인 결론을 제시한다.

- Stange, G. Robert. "Expectations Well Lost: Dickens's Moral Fable for His Time." *Assessing Great Expectations.* Ed. Richard Lettis and William E. Morris. San Francisco: Chandler, 1960.

  성장소설로서 『위대한 유산』을 높이 평가하면서 핍의 죄의식이 지니는 보편적 의미를 파고든다. 핍이 범죄와 죄의식을 매개로 자신과 매그위치 사이의 동질성과 관계성을 깨닫고 이를 통해 사회와 인간 삶의 범죄적 본질과 보편성을 인식해 나가는 과정으로 『위대한 유산』을 읽는다.

- Wilson, Edmund. *The Wound and the Bow.* 1929; New York: Farrar Straus Giroux, 1970.

  여기에 실린 디킨즈 관련 글에서 그동안 무시되어 온 디킨즈의 진지한 작가적 면모와 그 본질을 규명함으로써 디킨즈를 희극적 대중작가의 표면 뒤에 깊은 심리적 차원을 감추고 있는 진지한 예술가로 재해석한다. 당시로서는 상당히 새로운 관점에서 디킨즈를 재평가한 글로 디킨즈 비평의 전환점이 되었다. 『위대한 유산』에 대해서도 작품에 담긴 디킨즈의 페시미즘적 인간관을 높이 평가하고 있다.

찰스 디킨즈의 『위대한 유산』 꼼꼼히 읽기

초판 인쇄 2024년 3월 15일
초판 발행 2024년 3월 15일

저 자 이인규
발행인 정승렬
발행처 국민대학교 출판부
등 록 1975년 6월 17일 제 6-33호
주 소 서울시 성북구 정릉로 77(정릉동)
전 화 02-910-4242
팩 스 02-910-4240
인쇄 · 편집 삼아인쇄사
ISBN 978-89-7812-530-7

가격 21,000원

이 도서의 국립중앙도서관 출판예정도서목록(CIP)은 서지정보유통지원시스템 홈페이지(http://seoji.nl.go.kr)와 국가자료종합목록 구축시스템(http://kolis-net.nl.go.kr)에서 이용하실 수 있습니다. (CIP제어번호 : CIP2020035023)